De La Habana a la paz

Título: *De La Habana a la paz*
Primera edición: abril de 2016

© 2016, William Ospina
c/o Guillermo Schavelzon & Asoc., Agencia Literaria
www.schavelzon.com
© 2016, de la presente edición en castellano para todo el mundo:
Penguin Random House Grupo Editorial, S. A. S.
Cra 5A No 34A – 09, Bogotá – Colombia
PBX: (57-1) 743-0700

Impreso en Colombia-*Printed in Colombia*

ISBN: 978-958-8931-42-5

Compuesto en caracteres Garamond
Impreso en Disonex, S. A.

Penguin
Random House
Grupo Editorial

De La Habana a la paz

William Ospina

DEBATE

Para Ismenia

Un soneto de Shakespeare comienza diciendo: *Si la pesada sustancia de mi carne fuera pensamiento...* Pero todos vivimos la certeza de que los seres que amamos y nos aman viajan sin peso con nosotros, nos acompañan, nos consuelan.

Ahora necesitaré más que nunca, madre, que me acompañes como lo hiciste siempre. A través de los días y de los mares, en esas estaciones lejanas, en esas ciudades, en esas montañas perdidas.

Yo, cuando estaba lejos, temía perderte. Volver y no encontrarte. No oír nunca más tu voz, no estrechar otra vez tu mano, no besar tu frente. Ahora, que he perdido tu voz, que he besado tu frente por última vez, que he estrechado tu mano hasta el último instante, tengo que aprender a no perderte nunca, a dialogar contigo tal vez como nunca dialogamos, aprender lo que significaban tus gestos, tu laboriosidad, tu amor por el orden de las cosas, tu desdén por el estruendo, tu amor por las ciudades, por los viajes, por los objetos hermosos.

Sólo ahora que has muerto averigüé el sentido de tu nombre, y supe que en griego significa "la que espera con ansiedad". Me asombra descubrir cuánto te parecías a tu nombre. Siempre supiste esperar, siempre sentiste que vivir era aspirar a otras cosas.

Tal vez de allí viene mi convicción de que nuestro mundo, de que nuestro país, merece más de lo que tiene, y que la vida sólo tiene sentido como una búsqueda, o al menos como una espera. Fue Milton quien dijo que millares de seres diligentes se afanan por la tierra y el cielo cumpliendo el gran designio, pero que también lo sirve quien solo está y espera.

La violencia te hizo amar las ciudades, la seguridad del hogar; la violencia facciosa te hizo menospreciar la política. Pero existe esa otra política que es la verdadera, el amor por el orden, por el trabajo, la solidaridad, el esfuerzo por hacer las cosas bien, la necesidad de responder ante Dios y ante el futuro por los seres que han sido puestos bajo nuestro cuidado. Es de eso de lo que está hecha la normalidad del vivir, es a eso a lo que verdaderamente llamamos la paz. Algo humilde, anónimo, amoroso, responsable, cotidiano, hecho de pequeños rituales; hecho, como decía el poeta, de pensamientos humildes y sencillas acciones, la piedra firme sobre la que pueden reposar las repúblicas y las mitologías.

Algunas de las cosas que me diste, madre, están menos en las palabras que en el enlace silencioso entre ellas, esa fuerza magnética que une los mundos y que desata los significados, ese silencio que produce música y poesía.

Las cosas que nos diste son las que enseñan a respirar, a amar, a temer, a soñar y a esperar. Por ellas permanecerás en nosotros hasta el día en que se revelen todos los misterios y florezcan todos los enigmas.

Ahora descansa, madre. Allá donde ya no hay días ni años, todavía hay amor y prodigalidad. El dolor grande de los últimos meses, el dolor más grande de nuestra vida, también revelará su sentido, porque como dijo Emily Dickinson, "después de un gran dolor un solemne sentido nos llega".

Mi padre salía por las noches a cantar o a curar a los enfermos en los campos, nos enseñaba a amar el mundo exterior, lleno de peligro, donde eran necesarias la solidaridad y la alegría. Tú permanecías con nosotros en la penumbra del hogar, amando y esperando. Ambas cosas marcaron nuestra relación con el mundo: la poderosa tiniebla exterior, rayada por faros de camiones y por la luz de las linternas, y la tibia penumbra interior donde las palabras arrullan y salvan.

Pero yo sé que lo principal no puede ser dicho.

Gracias por la hierba, por el rumor de los arroyos, por ser esa ola de la que brotamos y que nos une con todo el mar del planeta y del tiempo, por las primeras palabras, por el silencio, por el dolor, por la esperanza, por el miedo y por la alegría, por el cuidado y por el desvelo, por este dolor terrible de saber que hasta lo que negamos lo negamos por amor. Y perdónanos por ese amor egoísta, que no quiere dejar partir al pájaro que ya está deseando alzar vuelo.

Te estoy hablando en nombre de Ludivia, de Jorge Luis, de Nubia, de Patricia, de Juan Carlos, de tus nietos, de tus hermanos, de tus sobrinos, de tus primos, de Adiela, de Soley, de los muchos amigos que se han reunido para despedirte.

Te amamos, madre, y no es que sintamos tu amor, es que somos tu amor.

Prólogo

Hace poco, en una universidad del país, una joven me dijo que no veía motivos para tener esperanzas en Colombia, que no advertía ante sí más que un país desgarrado y un futuro imposible. Le respondí con sinceridad que el futuro de Colombia es esperanzador e incluso magnífico. Decirlo suena a ilusión o a burla, en estos tiempos de extrema desconfianza, de creciente desesperación, pero yo sólo veo motivos para confiar en Colombia. Es uno de los países más llenos de vitalidad que puedan encontrarse, es un país rebelde, insumiso, abundante en individualidades poderosas, rico en recursos naturales, rico en etnias, en lenguas, en culturas. Alguien responderá que esa vitalidad la gastamos en agresividad, esa rebeldía en terror, esa insumisión en delincuencia, esa individualidad en egoísmo; que esos recursos naturales estimulan la rapacidad y el conflicto; que nos agobian el racismo, la incomunicación y la intolerancia. Y yo me apresuro a responder que es la falta de una dirigencia adecuada al país, y de una ciudadanía comprometida con él lo que convierte tantas cosas positivas en defectos y en problemas. Bastarán unas cuantas ideas renovadoras, una nueva dirigencia empeñada en echarlas a andar y una comunidad comprometida con ellas, para que toda la vitalidad de Colombia deje de resolverse en colisiones interpersonales y se convierta en impulso transformador, para que la rebeldía se manifieste en carácter y en criterio, para que la insumisión se resuelva en orgullo y en dignidad, para que el individualismo se transforme en originalidad, para que aprovechemos ejemplarmente la abundancia de nuestros recursos en función del planeta y del futuro, para que este conflictivo mestizaje se revele como un escenario de diálogos fecundos entre tradiciones diversas, para que la pluralidad de las lenguas y de culturas hechice al mundo con la riqueza de sus matices y con la vibración de sus ritmos. Hay países que han sufrido más que el nuestro, hay países que han vivido guerras más despiadadas, y siempre han encontrado su reconciliación y su camino. Por ello la desesperación o el desánimo revelan sobre todo ignorancia de la historia y desconocimiento de los antiguos desafíos de la condición humana, pero son también excusas para no actuar, para no asumirnos como parte entusiasta de la solución. Es triste encontrar un país que, con tantas potencialidades a flor de piel, las vea anuladas, o ninguneadas como dicen en México, por una dirigencia tan precaria que en vez de dirigir desprecia, en vez de estimular desanima, en vez de iluminar oscurece. Estos ensayos se han propuesto reflexionar desde distintos ángulos sobre las convulsiones de nuestra historia, sobre las posibilidades de nuestra comunidad, sobre los desafíos de nuestro presente y sobre las tareas que necesitamos emprender entre todos si queremos ser dignos del país que tenemos, si queremos abreviar la horrible noche. El país admirable que nos espera no nacerá sin nuestro esfuerzo, no dialogará con el planeta sin nuestro concurso, sólo verá la luz por nuestros ojos. Somos ese país, y cada idea nuestra lo hará más lúcido, y cada alianza nuestra lo hará más solidario, y cada acción compartida lo hará más cercano y más posible. Ojalá este libro logre ser digno de los esfuerzos y de los sueños de tantos héroes anónimos que, con pensamiento, con investigación, con creatividad y con solidaridad, día a día, en todas las regiones, están reinventando a Colombia.

William Ospina

PRIMERA PARTE

En tiempos del Caguán

1

Colombia y el futuro

Dicen que cierta vez, ante una discusión encarnizada sobre el porvenir, Oscar Wilde recomendó a los polemistas abandonar el tema diciéndoles: "No hay que preocuparse tanto por el futuro. El futuro no ha hecho nada por nosotros". La verdad es que si bien el futuro nunca ha hecho nada a nuestro favor, sí ha hecho mucho en contra nuestra, ya que a menudo sacrificamos todo nuestro presente en aras del espléndido futuro que viviremos nosotros, nuestros hijos o nuestros remotos descendientes.

La invención del futuro sirvió muchas veces para tener una región del tiempo donde proyectar todo lo que dejamos de hacer en la vida y fue instrumento de toda postergación y aun de toda negligencia. La tradición inventó una asombrosa separación entre los medios y los fines, que llevó incluso a muchos seres humanos a pensar que era posible llegar a la abundancia por el camino de la privación, a la fraternidad universal por el camino de una violencia implacable, a la extinción del Estado por el camino de un infinito fortalecimiento del Estado.

En su crítica del cristianismo, el místico sueco Emanuel Swedenborg sostuvo que en el cielo obtendremos lo que hayamos hecho en la tierra, y que aquel que opte por el camino de la renuncia y de la privación recibirá por toda la eternidad privación y renuncia. Ello al menos puede contribuir a que abandonemos la arraigada convicción de que el sufrimiento es una corona de gloria, de que inevitablemente los últimos serán los primeros y de que nuestra infelicidad presente augura grandes torrentes de felicidad en el porvenir. En ese orden de reflexión, Jorge Luis Borges escribió en sus "Fragmentos de un evangelio apócrifo": "No basta ser el último para ser alguna vez el primero".

Creo que en esta búsqueda de una transformación efectiva de la realidad colombiana, lo primero que tenemos que abandonar es la idea de que estamos trabajando para el futuro. A menudo oigo decir en las reuniones que analizan nuestro drama histórico que ya no podemos tener esperanzas en los hombres del presente, que hay que pensar en los hombres del futuro, los únicos que acaso tengan alguna redención, que por ello la única forma de cambiar a nuestra sociedad es pensar en los niños y que el único instrumento eficaz de esa transformación es la pedagogía. Tal vez en una o dos generaciones —dicen— habremos formado un hombre nuevo y el mundo empezará a ser distinto.

Cuando escucho esas afirmaciones siempre me pregunto quién va a formar esas generaciones afortunadas que se van a salvar del caos de la historia y que van a recibir, por arte de una ingeniosa pedagogía, un mundo feliz. Y comprendo que hay una contradicción profunda en el hecho de afirmar que los seres de hoy no somos hábiles para transformar un presente al que conocemos y padecemos, y que en cambio sí seremos capaces de transformar el futuro, del que nada nos ha sido revelado.

La verdad es que el que quiera cambiar el mundo debe cambiar el presente, y puede estar seguro de que, haciéndolo, cambiará el futuro. Pero para ello es necesario saber qué es lo que hay que cambiar en el presente y ello ofrece muchas dificultades para todos. Principalmente porque la mayor parte de los males que padecemos son fruto de cosas que amamos mucho y de las que no estamos dispuestos a privarnos. Cuando señalamos los males del mundo y de la época, siempre nos situamos en el puesto privilegiado del juez que analiza fríamente, que discurre con objetividad y que dicta sentencia. La culpa, ya se sabe, es siempre de los otros, y como decía Estanislao Zuleta, solemos pensar que nuestros errores son casuales distracciones mientras que los errores del vecino sí son estructurales manifestaciones de su ser esencial. Yo me equivoqué, él es así. Y eso cuando estamos dispuestos a aceptar que nos equivocamos, lo cual no es tan frecuente.

En uno de esos censos cotidianos que solemos hacer los colombianos de las numerosas miserias nacionales, valdría la pena preguntarnos qué participación tenemos nosotros en el hecho del que se habla. Por ejemplo, Colombia es el país con más altos índices de criminalidad en el planeta, ello es un hecho pavoroso que todos reprobamos en lo profundo de nuestro corazón. Pero en el momento de mirar los hechos concretos, lo más común es que asumamos frente a ellos una suerte de tolerancia cómplice. Cuando oímos hablar de que alguien, generalmente una persona pobre, ha sido asesinado, nuestra primera tendencia es decirnos en silencio: "Quién sabe en qué andaría metido"; del mismo modo que cuando se nos cuenta que alguien ha sido víctima de asaltantes en algún sitio peligroso, nuestra reacción mental es: "Quién lo manda a meterse donde no debe". Todas estas respuestas que a veces se hacen explícitas tienen un fondo ético que vale la pena interrogar. Creo que contienen un principio de justificación del hecho por el camino de no culpar inicialmente al agresor sino a la víctima. Algo hace que tendamos a tomar el partido del agresor contra la víctima, pero ello se manifiesta bajo una suerte de elipse mental en la cual se asume que, siendo la realidad tan peligrosa, cada quien anda por el mundo por su cuenta y riesgo y es responsable de su vida.

Pero lo que queremos decir en el fondo no es que el hecho sea aceptable sino que nosotros no tenemos nada que ver con él. Si alguien ha sido afectado, allá él. Esta forma de la indiferencia bien puede ser pensada como un recurso defensivo para no sentirnos expuestos a una realidad dramática que por todas partes nos agrede y que parece exigir de nosotros actitudes y reacciones. Pero es en ese momento cuando lo único que podría generar una reacción sería el no sentirse un ser aislado y ajeno sino un miembro de una comunidad solidaria. Los colombianos hemos crecido en el extremo individualismo y a lo sumo nos sentimos afectados por las cosas que atañen a nuestra familia o a nuestro círculo cerrado de amigos. Más allá de eso, lo que ocurra es asunto de otros y no queremos participar de su duelo.

Esa actitud, sin embargo, es la que permite que los hechos atroces se multipliquen, porque las víctimas están cada vez más solas y más inermes, y los victimarios se sentirán cada vez más libres para obrar y más impunes. Así, una conducta completamente discreta de cada uno de nosotros tiene tremendas repercusiones públicas. Y lo que no queremos advertir es que esa actitud que parece protegernos del caos y salvarnos de la responsabilidad, es la que permite que nosotros también podamos ser víctimas, igualmente inermes, de un clima de insolidaridad que continuamente contribuimos a formar.

Esa indiferencia ante todo lo público y lo comunitario es el principal mal de nuestra nación. Donde nadie se identifica con el otro, donde nadie se reconoce en el otro, nadie puede llegar a creer en el interés común. Toleramos los delitos de los funcionarios públicos y de los agentes del Estado con la misma indiferencia con que toleramos los delitos de los particulares, sin advertir que los delitos cometidos por quienes tienen la función de hacer respetar la ley y de sancionar a quienes la transgreden son muchísimo más graves que los delitos de los demás. Si un ciudadano cualquiera delinque, ahí están los guardianes de la ley para castigarlo, pero si los guardianes de la ley la profanan o la envilecen, todo el orden social queda alterado y el principio mismo de la seriedad de la ley se derrumba. Colombia ha llegado a ese estado extremo en el cual todo lo que fue respetable, todo lo que fue sagrado, todo lo que fue venerable, ha sido profanado. Se desconocen las fronteras entre la verdad y la mentira, entre la legitimidad y la usurpación, entre la inocencia y la culpa.

Al comienzo del *Macbeth* de Shakespeare las brujas pronuncian una sentencia que, al decir de Borges, "de manera bestial o demoníaca

18

trasciende la razón de los hombres" y abre el camino del vasto desorden que llenará esas páginas tremendas: *Fair is foul and foul is fair.* "Lo bello es asqueroso y lo asqueroso es bello". Shakespeare, de alguna manera, anunciaba con ello el nihilismo que se ha convertido en el alma de esta civilización. Ya todos parecemos querer negar nuestros errores no demostrando nuestra inocencia sino señalando los errores ajenos. Ya el hecho de que muchos incurran en una conducta descalifica a los otros para señalarla o censurarla. Sólo en ese sentido se ha impuesto la democracia, en su arbitrariedad estadística.

Pero también la estadística se convierte a menudo en un instrumento falaz de manipulaciones y de desinformaciones. Todos los discursos del poder son tramposos, pero sólo los discursos del poder alcanzan efectivamente a las muchedumbres, ya que el progreso consiste en la capacidad de la técnica para permitir la manipulación espiritual de millones de seres humanos. Acabamos de ver cómo la agresión bélica de un Estado contra otro puede ser utilizada como un instrumento publicitario para ganar la adhesión de las mayorías, exactamente a la manera como lo hicieron en otro tiempo los peores fascismos. Vemos cómo los países poderosos pueden desconocer la magnitud de sus propios problemas, descargando la responsabilidad de ellos sobre sus socios más débiles.

Los colombianos hemos valorado ampliamente, durante mucho tiempo, algunas de nuestras legendarias virtudes. La viveza ha sido considerada prueba suprema de inteligencia. La capacidad de hacer trampa, una condición de supervivencia. La competitividad que supone el triunfo ostentoso sobre el otro, una prueba de superioridad, incluso cuando la astucia ayuda a inclinar la suerte. El humor es considerado como una potencia saludable, incluso si se lo utiliza exclusivamente para burlarse de los débiles, para ridiculizar a los desvalidos y para perpetuar prejuicios inhumanos. La laboriosidad y la capacidad para hacer industria son unánimemente admiradas, aunque su fondo sean la codicia y la depredación, aunque supongan una privación efectiva de los goces del mundo. El éxito es una virtud absoluta, aunque se logre a expensas del fracaso de muchos.

Y finalmente la riqueza material es la virtud máxima, aunque haya sido preciso envilecerse en su búsqueda. Sin embargo, todas esas virtudes han ido convirtiéndose en nuestros verdugos, hasta el punto de que se han vuelto a llenar de sentido las famosas palabras del filósofo: "Perecerás por tus virtudes".

Yo tengo la certeza de que el principal mal de Colombia es de índole cultural. No tenemos una cultura, una cultura que nos agrupe a todos en una memoria común, en una sensibilidad común, en un proyecto compartido, en una mitología fundadora y unificadora, en un sueño nacional. Y allí es bueno tener en cuenta que cada vez que se habla de un proyecto nacional surgen los apóstoles de la ultramodernidad, proclamando que las naciones han muerto, que con ellas han muerto los proyectos nacionales, y que ahora sólo existen las bienhechoras corporaciones transnacionales. Sin embargo, basta ser colombiano para saber que Colombia tiene, repitámoslo, el mayor índice de criminalidad del planeta. Que evidentemente hay en nuestro país, a despecho de muchos problemas compartidos con los países vecinos, una larga serie de males que son completamente nuestros, que ellos dependen en gran medida de la especificidad de nuestro transcurso histórico, y que ello le confiere a nuestro país unas características singulares.

La solución de esos problemas exige consultar esa singularidad, así como para no resolverlos basta asumir que todos los países son iguales y que, por lo tanto, habría que tratar nuestra delincuencia generalizada, hija de la exclusión, de la pobreza, del resentimiento y de la ignorancia, con los mismos métodos con que se trata la delincuencia del hastío o de la patología en Suiza o en Noruega. Como si la justicia no tuviera nada que ver con la historia, y como si la conducta humana no fuera fruto casi siempre de las circunstancias.

En este país donde las castas políticas saquean a la nación, donde los presidentes mienten y traicionan, donde el Estado paga cada año fortunas por causa de su irresponsabilidad pero no la corrige, donde las autoridades violan la ley, donde los empresarios incumplen sus deberes fiscales, donde la dignidad de la prensa suele ser subordinada a criterios puramente comerciales y empresariales, donde se cometen crímenes estimulados o protegidos por el Estado, a los únicos a los que se trata implacablemente, con la inexorable espada de la ley, es a los pobres. Las manos que nunca firman decretos para castigar a los grandes criminales siempre firman los decretos que vuelven hacia los delincuentes pobres las bocas de los fusiles. Y nos hemos acostumbrado a que la injusticia, la arbitrariedad, el cinismo y la crueldad sean el alimento cotidiano de una sociedad que no encuentra argumentos para rechazar la infamia ni mecanismos para transformar una realidad que desaprueba.

A veces pienso que Colombia no requiere un discurso para la sociedad en su conjunto, sino generar la posibilidad de un discurso de cada uno de sus individuos. Un discurso que le permita saber, con mínima claridad, qué aprueba y qué rechaza, qué admira y qué desprecia, qué produce en él alegría y qué produce indignación. Porque la enfermedad que gradualmente nos carcome es esa falta de carácter, esa falta de criterio que hace que nos parezca aceptable una conducta, por vil que sea, si alguien que nos desagrada la reprueba. No reaccionamos, pues, éticamente, en función de nuestros principios, sino que asumimos posiciones con respecto a las personas que amamos u odiamos, y en ello se revelan nuestra inmadurez y la volubilidad de nuestra conducta. Los hechos no nos parecen buenos o malos en sí, sino en función de quién los realiza. Toleramos en los amigos conductas que repudiaríamos en los enemigos. Y ello es lo que ha permitido que en todos los campos de la realidad no obremos con respecto a las ideas, a los principios, a los criterios, a las convicciones, y a unos preceptos que admitan cierta validez universal y que puedan ser exigibles a todos por igual, sino con respecto a las personas, a los sentimientos propicios y adversos que nos aproximan a ellas o, lo que es aún peor, a los beneficios prácticos que podamos derivar de esa relación.

Yo diría que en esa medida todo el problema del presente de nuestra nación es un problema ético y estético. Y en ambos casos es, como lo decía, un problema que compromete la cultura de la que deberíamos formar parte todos, y el lenguaje que establece entre nosotros los vínculos ideales y prácticos que hacen la cohesión de la sociedad. En esa medida, si es cierto que la única manera de cambiar el futuro es cambiar el presente, la única manera de cambiar el presente será modificando profundamente el orden mental en el que estamos inscritos y el lenguaje a través del cual nos relacionamos unos con otros. Tanto el lenguaje del amor como el lenguaje de la vida práctica, tanto el lenguaje del trabajo como el lenguaje del ocio, tanto el lenguaje de la memoria como el lenguaje de la esperanza.

Thomas Mann afirmó, a través de alguno de sus personajes, que toda música es políticamente sospechosa. Yo creo que esa forma entrañable de la música que es el lenguaje en el cual estamos inscritos, ese lenguaje que es el legado de las generaciones, el fruto de la historia, el resultado final de todas las conquistas y todas las dominaciones, de todos los sueños y todas las frustraciones, de todos los coloniajes y todas las temeridades, es lo primero que resulta políticamente sospechoso cuando un pueblo llega, como el nuestro, a una de esas encrucijadas en que cada quien se dice, íntimamente, que si el país no cambia, se destruye. Yo estoy seguro de que hemos llegado a uno de esos momentos a la vez pavorosos y venturosos en que todo nos exige un radical cambio en el orden de la sociedad. Pero ahora no ignoramos que ese cambio social supone y exige un cambio en los individuos que constituyen ese tejido común, que ese cambio sólo se dará a partir de una reelaboración de los lenguajes que intercomunican esos mundos individuales y que instauran esa realidad compartida.

¿Seremos capaces los colombianos de cambiar la viveza por la inteligencia, la astucia por la lealtad, la competitividad enfermiza por la generosidad, el egoísmo mezquino por la cordialidad, la mera acumulación de bienes por el verdadero goce de vivir? Tal vez esta plétora de situaciones insostenibles nos esté enseñando por la vía abreviada que ningún país puede persistir indefinidamente en una estructura infernal. Creo que en este momento un sector considerable de las clases dirigentes tradicionales de Colombia está llegando a la conclusión de que el modelo que implantaron aquí es insensato y altamente peligroso. Porque nadie ignora que en Colombia, donde ser pobre fue siempre no una desdicha sino una maldición, ser rico se ha vuelto aún más desagradable que ser pobre. Ningún rico del mundo tiene que soportar los niveles de zozobra que están soportando ahora los miembros de las clases privilegiadas, y ello es apenas el precio natural que pagan por su tradicional mezquindad y por su ilusión de que era posible vivir en la opulencia sin la menor inquietud sobre el destino del resto de la sociedad.

Yo me preguntaba hace un rato: ¿quién será el encargado de enseñarles a las nuevas generaciones todo lo que tienen que aprender para vivir en un país medianamente habitable, justo y razonable? Evidentemente, los maestros tendremos que ser los adultos de hoy. La siguiente pregunta es: ¿y quién nos enseñará a nosotros, malformados por la educación, por la tradición familiar, por la exclusión social, por un Estado irresponsable y por unos prejuicios mezquinos, cómo construir un país habitable, razonable y medianamente justo? Y me respondo que la realidad nos está enseñando. Un montón de verdades, que parecerían exageraciones y exabruptos hace veinte años, ahora son evidencias elementales. Las causas invisibles ahora saltan a la vista. Y si bien ello no garantiza nada, ya que también es preciso que tengamos la perspicacia de advertir todo eso que se hace evidente, creo que los colombianos estamos aprendiendo a advertirlo.

Hace apenas unos días leí, por ejemplo, en un artículo de prensa firmado por un venerable caballero de industria, unas afirmaciones que hace veinte años parecerían los desvaríos de un extremista. Decía que es necesario hacer un relevo generacional en la conducción de los destinos del país; que es necesario desplazar a toda la clase política corrupta que ha precipitado al país en el desorden, en la delincuencia y en el cinismo; que es necesario hacer la paz con la guerrilla, a las buenas o a las malas, y que ello requerirá sin duda grandes concesiones y grandes cambios en el campo; que es necesario poner a producir la tierra y que ello supone una intervención estatal para que no haya predios ociosos, y para que los impuestos prediales se paguen; que en un país como Colombia no debería haber campesinos sin tierra; que es necesario reestructurar a las Fuerzas Armadas; que hay que estimular la productividad y, por lo tanto, me imagino yo, también el mercado interno; en fin, cuando leí aquello sentí que la realidad también educa, y que no hay sociedad, por tozuda que sea, que no termine aprendiendo de los descalabros lo que no quiso o no supo aprender de las advertencias.

Creo que tarde o temprano todos los colombianos, hastiados del precario destino que nos ha ofrecido la sociedad que hemos hecho con nuestra pasividad y con nuestro silencio, formaremos parte de un movimiento de opinión lo suficientemente civilizado para sugerir e imponer cambios sensatos en nuestro orden social, cambios que no sólo lleven a Colombia a la altura de los más emprendedores países contemporáneos, sino que nos permitan proponer un modelo de sociedad que tenga en cuenta nuestras más importantes singularidades. Una sociedad que tenga propuestas audaces y renovadoras en el campo de la utilización y protección de la biodiversidad; que sea capaz de oponerse al consumo desaforado de las sociedades que carecen de una relación profunda con la tierra y con su misterio; que sepa valorar y estimular la creatividad humana sobre las opresivas inercias del consumo. Y creo que lo lograremos superando las taras de la dependencia, del colonialismo espiritual, la superstición del subdesarrollo que cree que progresar es dejar de ser lo que somos y poner a los indios guambianos a bailar ballet clásico. El mismo carácter que nos hace falta para aprender a diferenciar entre la mentira y la verdad, entre la legitimidad y la usurpación, entre el amor por un pueblo y el amor por un puesto, entre la amistad y la complicidad, nos hace falta también para aprender a diferenciar entre el progreso y la mera novedad, entre la adulación de unas masas y el verdadero respeto por una cultura, entre la educación y la domesticación.

Hagamos que los medios se parezcan a los fines, o lo que es mejor aún, aprendamos a enriquecer y ennoblecer el presente, y no tendremos que preocuparnos por el futuro. La realidad que hay que cambiar está aquí y ahora. Los seres a los que tenemos que transformar somos nosotros.

Leído en la Universidad Autónoma
Latinoamericana de Medellín,
el 15 de septiembre de 1996

2

De chigüiros y cipreses

Como buena parte de los colombianos, fui formado en una cultura marcada por el signo colonial: por la veneración de modelos ilustres. En el culto, nunca exagerado pero sí exclusivo de la cultura europea, de la literatura europea, de la civilización europeo-norteamericana. Y en la voluntad o la tendencia a no mirar mucho el mundo al que pertenecía.

En el curso de mis trabajos como escritor he advertido que hay algo, complejo de expresar, que ha mantenido a nuestra sociedad en una situación de enorme dificultad para reconocerse y apreciarse a sí misma, y tiene que ver con el lenguaje en que hemos crecido.

Como dice el habla popular, "el camino del infierno está empedrado de buenas intenciones", y Colombia ha sido víctima de algunas buenas intenciones que imperaron sobre ella durante siglos. Ha sido, por ejemplo, malformada por la superstición de la pureza. Cuando yo era niño, se celebraba el Día de la Raza, no sé si se celebra todavía. Pero si en algún país del mundo no es posible hablar de una raza, yo diría que es en Colombia.

Hay países de América que son básicamente euroamericanos, donde hay primacía de los pueblos blancos europeos, como Canadá, en gran medida Estados Unidos, Argentina y Uruguay; hay países indoamericanos, es decir, países donde la gran mayoría de la población es indígena, como México, Guatemala, Ecuador, Perú y Bolivia; hay países que en lo fundamental son afroamericanos, como Haití, como Jamaica, como Cuba, como Brasil. Pero en Colombia no es posible mostrar la hegemonía de una raza o de unas etnias particulares.

Colombia es el país más mestizo del continente. Un país de enorme diversidad étnica y cultural, y esa idea del Día de la Raza no deja entonces de ser extraña, de ser significativa. Es importante tenerla en cuenta, porque forma parte del modelo mental en que crecimos, de ideas que imperaron aquí durante mucho tiempo.

Hubo filósofos, diría yo, entre comillas, que sostenían por los años treinta y cuarenta del siglo xx que aquí era muy necesario importar rubios europeos para mejorar la raza. Esas tesis, aunque no eran muy originales, porque obedecían a ciertos parámetros de la mentalidad occidental muy en boga en aquel tiempo, se vieron enfrentadas violentamente a una circunstancia que produjo notables consecuencias. Durante la Segunda Guerra Mundial, una de las sociedades famosamente más civilizadas de la Tierra, paradigma del progreso, de la civilización y de la plenitud intelectual, la sociedad alemana, que había producido las obras admirables de Kant, de Hegel, de Nietzsche, de Marx, de Freud, de Einstein, para no hablar de las novelas de Goethe o de los poemas de Hölderlin, o de la música de Beethoven; esa cultura, que parecía la demostración misma de que los pueblos de Europa marchaban, como quiso Hegel, de una manera lineal y ascendente hacia las cumbres de la civilización y de la plenitud intelectual y material, súbitamente se vio precipitada en abismos de barbarie y de horror inimaginables.

Este hecho, con toda justicia, precipitó a la humanidad, de una manera gradual, en la sospecha sobre las excelencias de la civilización de Occidente, y sobre la idea de que la historia marcha necesariamente de un modo lineal hacia la plenitud y el progreso. Creo que nos ha enseñado a ser más cautelosos en la valoración de lo que tenemos, a ser más reflexivos ante la pregunta de cómo conservar lo que hemos llegado a construir, a tener en cuenta cuán fácil es para una cultura perder de pronto sus mayores conquistas para precipitarse en el vacío ético y en abismos de horror.

Esa idea de la pureza de la raza, que imperó en otras regiones y también entre nosotros, tiene sin duda unas explicaciones históricas. Yo no creo que la historia sea necesariamente gobernada por unas fuerzas malignas. Creo que es un error pensar que la suma de nuestros males es fruto de la voluntad de unas cuantas personas que, perversamente, han diseñado un horror colectivo.

Como decía, a veces las crisis y los males históricos suelen ser producto de buenas intenciones, y también por eso es saludable desconfiar de ciertas buenas intenciones. Los griegos, por ejemplo, tenían prejuicios estéticos comparables a los que aquí hemos padecido. Algunos incluso les impidieron durante mucho tiempo ver ciertas cosas del universo con claridad. La idea del círculo como la figura perfecta, por ejemplo, les hizo pensar que las órbitas de los planetas tenían que ser circulares, y ello les impidió formarse una idea ajustada del sistema solar. La concepción de órbitas elípticas no cabía dentro del prejuicio de la perfección del círculo.

Hay cosas que son centrales para nosotros y que hemos ido percibiendo de manera muy lenta y gradual. Somos hijos de una gran fusión no sólo de razas sino de modelos complejos de civilización. El modo como se fusionaron la cultura europea y la americana durante la Conquista no ha sido pensado suficientemente. Todos aquí vivimos hoy las consecuencias infinitas de ese encuentro, pero no hemos dedicado todo el esfuerzo que es preciso para tratar de comprender y asimilar qué ocurrió realmente. Por eso, hace algunos años, cuando se celebró el quinto centenario del Descubrimiento, algunos disidentes tenían ganas de salir a las playas de la República Dominicana para decirle a Colón que no desembarcara.

Claro que era un poco tarde para eso, pero el hecho evidencia que no hemos asimilado bien la complejidad de aquel encuentro, como lo evidencian también muchas cosas que, gústennos o no, ocurrieron, y sin las cuales no somos concebibles como pueblos ni como individuos.

En lo que respecta al pasado, lo mejor es aprender a convivir con él, a recibir su herencia, y lo único que verdaderamente estamos en condiciones de cambiar es el presente y el futuro. Sobre ellos sí tenemos derecho a tener toda clase de sueños, a salir a todas las playas e impedir el futuro que no nos interesa vivir.

Reflexionando sobre la literatura colombiana y latinoamericana, advertí que había una diferencia grande entre lo que habían hecho los escritores de otras tradiciones y lo que hicieron los autores latinoamericanos de finales del siglo XIX, y ello me llevó a pensar en la importancia de que la lengua que hablamos no sea una lengua nacida de nuestro territorio. El territorio en que vivimos difiere mucho del llamado Viejo Mundo, donde la lengua latina, el árabe y el castellano se desarrollaron.

Cuando llegó la lengua castellana a América, no llegó con una vocación de convivencia, a tratar de entrar en relación de igualdad con las lenguas de las otras culturas, que sí habían nacido de este territorio. El castellano no sólo no correspondía en principio al mundo al que llegaba, sino que hacía irrupción de un modo excluyente y autoritario, y esta actitud que caracterizó a la Conquista y a la colonización hizo lento y tenso el proceso de colaboración entre las lenguas, que era indispensable.

¿Cómo hablar de América con la lengua de España? Una lengua es algo que no se puede recibir de una manera autoritaria. La lengua sólo se puede recibir de una manera amorosa y tierna, porque es el instrumento en el cual expresamos a lo largo de la vida lo que somos, nuestros anhelos, nuestros secretos, y si esa lengua no cabe en nuestra sensibilidad y no está escrita en las fibras de nuestro ser, hay como un abismo entre la realidad y el lenguaje. Yo me atrevo a afirmar que, de muchas maneras distintas, Colombia muestra ese abismo entre la realidad y el lenguaje.

El proceso de conquista de una lengua propia ha sido un proceso muy largo, muy hermoso, en él participan necesariamente todos los que hablan la lengua, no sólo los escritores y los poetas sino todas las personas, las comunidades, la sociedad. Esta lengua nacida en Europa no era ni siquiera fruto de la invención de los españoles, ya que derivaba de otra lengua. Borges lo dijo de un modo irónico: "Ese latín venido a menos, el castellano", para hablar de cómo en España no es que la lengua latina se hubiera enriquecido y perfeccionado, sino que más bien el latín, una lengua de tanta fuerza y resonancia, una gran lengua de sensibilidad y de pensamiento, había perdido algunas de sus virtudes en ese proceso de adaptación particular al mundo ibérico.

La lengua latina era altamente filosófica, enormemente capaz de reflexión, y todos sabemos lo pobre que es la tradición filosófica de la lengua castellana. A pesar de ser una lengua milenaria, no tiene ni ha tenido en los últimos siglos el brillo que mostraron en el campo de la filosofía el francés, el inglés o el alemán.

La lengua que nos llegó estaba hecha para nombrar un mundo distinto. No tenía palabras para designar buena parte de las realidades que aquí encontraba, y venía llena de palabras para las cuales no había una realidad correspondiente. Era más fácil trasladar el inglés de Inglaterra al territorio de Estados Unidos, donde el régimen de climas, la secuencia de las estaciones y la latitud son similares, que trasladar la lengua española a los trópicos americanos, ya que hay una gran diferencia entre la naturaleza europea y su territorio con respecto a nuestras regiones tropicales y equinocciales. Aquí tenemos la mayor variedad de aves del mundo, o la teníamos, porque eso tiende a perderse, pero el pájaro que más abunda en nuestros poemas y en nuestras canciones es el ruiseñor, que aquí sólo existe en el tesoro de la lengua y que no puede encontrarse en nuestros bosques.

En relación con muchos elementos de nuestra realidad, una cosa era la lengua en que hablábamos y otra el mundo en que vivíamos. En los últimos tiempos estuve empeñado en escribir un ensayo extenso sobre la obra de Juan de Castellanos, un poeta cronista del siglo XVI que realizó una obra asombrosa. Asombrosa por su extensión, asombrosa por su intención, asombrosa por la complejidad de sus recursos: las *Elegías de varones ilustres de Indias*.

En mis lecturas de poesía siempre deploré que un hecho tan vasto, tan complejo como la Conquista de América, no hubiera dejado huellas en la poesía; no guardara en la poesía el recuerdo de episodios tan asombrosos como debieron ser los de aquella edad; y siempre me pregunté por qué no está más presente en nuestra vida un hecho de las dimensiones míticas de la conquista del territorio, tanto en su costado heroico y admirable como en su costado salvaje y terrible, ya que, como canta Homero, "los dioses labran desdichas para que a las generaciones humanas no les falte qué cantar".

Por eso fue tan grande mi sorpresa cuando encontré las *Elegías de varones ilustres de Indias,* de Juan de Castellanos. Descubrí de pronto que en ningún lugar del continente había sido conservada tan minuciosamente por la poesía la sustancia turbulenta de la Conquista de América como en la Nueva Granada. Las *Elegías de varones ilustres de Indias* son el poema más extenso de la lengua castellana. Cuenta detalladamente el avance de los conquistadores y de las distintas expediciones: la de Juan Ponce de León sobre Puerto Rico, la de Ortal y Sedeño sobre Trinidad, la de Garay sobre Jamaica, la de Sebastián de Belalcázar por el sur, la de Pedro de Heredia por el norte desde Cartagena sobre el reino de los zenúes, la de los alemanes Ambrosio Alfinger y Felipe de Utten por tierras de Venezuela, más las expediciones de Jorge Robledo por el río Cauca, por Anserma, hasta Santa Fe de Antioquia, el descubrimiento del Chocó, las primeras incursiones de los piratas ingleses contra los puertos del Caribe, y los primeros viajes por el Amazonas. Juan de Castellanos nombra minuciosmente el territorio, cuenta las aventuras y las desventuras de los guerreros y de los pueblos; mira con curiosidad la naturaleza, enumera los árboles, describe los bosques y los fenómenos naturales, y habla de los pueblos nativos con respeto y con admiración, a pesar de uno que otro prejuicio típico de quien había sido un conquistador. Sin embargo, lo hace todo con una curiosidad que parecería más bien la de un expedicionario contemporáneo, la de un hombre formado en las disciplinas de la antropología y no de un guerrero de hace cinco siglos. Es una obra asombrosa por su complejidad, que ha permanecido oculta y no forma parte visible de nuestra tradición, de nuestra memoria. Como sabemos tan poco de nuestro pasado y de nosotros mismos, ahí está ese tesoro de la lengua y de la poesía casi completamente inexplorado.

También me tocaba averiguar por qué durante cuatro siglos esa obra no fue aceptada y valorada, y por qué la mayor parte de sus pocos lectores se aplicaron a descalificarla diciendo que se trataba de una crónica seca y poco poética. "Falta de vuelo poético", es la expresión que usan los críticos para hablar de ella, para sentenciar que Juan de Castellanos ha debido redactar una crónica en prosa y no entorpecer la historia que narraba con el aparato de las rimas, en las ilustres octavas reales de don Ludovico Ariosto.

Pero a mí me gusta leer poesía. Y cuando me aburro, dejo caer el libro inmediatamente, porque pienso, tal vez injustamente, que si un libro no apasiona, uno no tiene nada que hacer con él. Que el libro ya no les dará nada ni a la inteligencia ni a la sensibilidad. Algunos grandes críticos y doctores trataron de disuadirme de esa lectura, que consideraban tediosa e insípida, pero cuando yo abría el libro de Juan de Castellanos descubría una obra apasionante, llena de peripecias, de aventuras asombrosas, un libro de una gran destreza verbal, pero sobre todo un libro en que yo reconocía la vastedad, la desmesura del mundo americano, la enormidad de sus tempestades, lo asombroso de su naturaleza, un libro en que veía vivir ante mí, por primera vez, el mosaico agitado de los pueblos americanos como fueron durante milenios, y sus padecimientos ante el avance avasallador de los invasores. Entonces empecé a preguntarme cuál fue la causa que impedía su valoración.

La descubrí un día, leyendo uno de los principales juicios críticos que se hicieron sobre Castellanos, el que mayor peso tuvo sobre nuestra tradición. Es el juicio del polígrafo español Marcelino Menéndez y Pelayo, quien a mediados del siglo XIX escribió una relación de la poesía colombiana muy atenta y erudita. Allí hace la valoración de Juan de Castellanos, de Hernando Domínguez Camargo, de la madre Francisca Josefa del Castillo y Guevara, de Francisco Álvarez de Velasco y Zorrilla, de todos esos poetas de los tiempos coloniales a los que conocemos fragmentariamente y que forman los comienzos de nuestra tradición.

El juicio que hacía de Castellanos era muy curioso. Le pareció que era un autor admirable, que evidentemente sabía escribir, a quien las octavas reales le quedaban muy bien elaboradas, que tenía ritmo y fluidez, un buen cronista, que narraba con interés y rimaba con naturalidad, que no usaba rimas fáciles, que tenía gran conocimiento del mundo al que cantaba, pero que cometió el error de llenar su obra de tal cantidad de barbarismos y de salvajismos que afean la sonoridad clásica de la lengua y que alteran de tal modo su pureza natural, que terminó construyendo un híbrido monstruoso, que no tiene paralelo en lengua alguna. Es esto, finalmente, lo que priva a la obra a su gusto de la posibilidad de ser poética.

Allí comprendí por fin el problema de los lectores en España y en América durante varios siglos. Que una crónica, como la de Bernal Díaz del Castillo o la de Pedro Cieza de León, o una historia, como la de Gonzalo Fernández de Oviedo, incluyera palabras americanas, llamara por sus nombres indígenas a los árboles o a los hombres, podía pasar, pero que un poema pretendiera concederles dignidad poética a las palabras de América y las pusiera a rimar en condiciones de igualdad con las palabras ilustres de la península, era al parecer un crimen estético. Las palabras que don Marcelino consideraba bárbaras y salvajes eran palabras como huracán, canoa, manglar, hamaca, caney, guanábana, caimito, sin las cuales es imposible hablar de América. Pero sobre todo le incomodaban terriblemente los nombres de los indígenas americanos que dejaron su sangre en las lanzas españolas, eran palabras impronunciables, eran meros caprichos fonéticos que malograban la exquisitez de una tradición.

Pero es evidente que las palabras que venían de Europa no podían abarcar toda la complejidad del territorio en que vivimos. ¿Cómo nombrar con palabras españolas a los yarumos, a los guamos y a los guásimos? ¿Cómo buscar esas palabras en Lucrecio o en Cicerón? Lo que Juan de Castellanos hizo, con gran perspicacia, y con una mirada digna de un hombre del Renacimiento, fue ir tomando palabras prestadas de las lenguas indígenas del Caribe y de los Andes, para comenzar el proceso fecundo de mestizaje del idioma, con el cual hoy, después del arduo e inspirado trabajo de las generaciones, finalmente hemos llegado a conseguir de una manera casi plena una lengua que de verdad nos sirva para nombrar el mundo al que pertenecemos, para habitar con plenitud en él.

Lo ilustre era decir cipreses, y era un poco obsceno en aquel comienzo nombrar los gualandayes. Hubo así una discordia durante mucho tiempo, de la que es testimonio buena parte de la literatura nacional. En otras regiones del mundo se vivía también el prejuicio, contra el que ha combatido todo el arte moderno, de pensar que el mundo estaba simétricamente dividido entre lo poético y lo prosaico, lo uno ilustre y venerable, lo otro insignificante y desdeñable. Pero más grave aún es que ese prejuicio haya asumido entre nosotros un carácter profundamente colonial. Y la verdad es que cuando yo empecé a intentar hacer poesía, comprendí que aquí, a menudo, las palabras poéticas eran aquellas que pertenecían al ilustre mundo europeo, o a las tierras distantes y legendarias, ya exaltadas por una tradición, y las prosaicas las que derivaban de nuestro casi innominado mundo americano. En cierto modo era más fácil para nuestros poetas hablar de

el ebúrneo cisne sobre el quieto estanque

o escribir sobre

dos lánguidos camellos de elásticas cervices

que poder hablar de los chigüiros que abundan en las llanuras orientales de Colombia.

Aprendimos que la cultura venía de afuera, que la lengua vino de afuera, que la belleza verdadera era la condensada en los cánones ilustres de Fidias y de Praxiteles; y crecimos en la incapacidad de mirarnos, de reconocer lo que somos, de aprender a valorar la naturaleza y la originalidad de nuestro mundo.

Parecería algo irrelevante pero es algo esencial, es la valoración posible de nosotros mismos, del mundo natural, de nuestra fisonomía, de nuestra lengua. Es advertir y corregir el que se haya impuesto en Colombia, por una red de prejuicios coloniales, que rápidamente dejáramos de ser americanos y nos hiciéramos europeos, del mismo modo como hoy otra vez se predica que hay que dejar de ser rápidamente lo que somos, que nos montemos en el tren del progreso, del desarrollo, en un sentido que otros definen, en una historia que nos va a redimir para siempre.

Pero jamás nos redimirá algo distinto de conocernos, de comprender nuestra historia, de apreciar nuestros rostros, y no estar soñando que cada vez que nos asomemos al espejo aparezca en su cristal el *Apolo* de Belvedere, para poder aceptarnos y asumir nuestro mundo, para poder ingresar en la estima de nosotros mismos.

El hecho de hablar una lengua que sólo parcialmente se parecía al mundo en que vivimos hizo arduo el camino de nuestra literatura; después de la aventura maravillosa de Castellanos, en el siglo XVI, que fue rápidamente silenciada y borrada. Curiosamente, sólo hay una obra similar en el Siglo de Oro español, el siglo de la plenitud clásica de las letras en lengua castellana, y es *La Araucana,* de Alonso de Ercilla, un poema hermoso que versifica la resistencia de los araucanos de Chile contra el avance de los conquistadores.

Alonso de Ercilla estuvo tres años en Chile y volvió a España a escribir *La Araucana,* una obra que ganó rápidamente renombre y aprecio en la cultura imperial española. Más allá de su belleza y de su calidad poética, la principal razón de esa acogida es que Ercilla sí escribió en una lengua castiza. Era un caballero de la Corte, y procuraba escribir para esa Corte a la que pertenecía, procuraba dar a sus lectores, no la extrañeza incongruente de un mundo desconocido, no la desmesura un poco monstruosa de otro mundo, sino una imagen reconocible del universo poético europeo, trasladado a una realidad a medias idealizada. Por eso sus héroes indígenas provienen más de Virgilio que de los pueblos guerreros de América. A diferencia de Ercilla, quien estuvo tres años inspirándose en el mundo americano para dar algunos matices a su epopeya clásica, Castellanos había llegado a los diecisiete años al Caribe y vivió aquí hasta su muerte, a los ochenta y cinco, es decir, vivió casi setenta años en América, tomando posesión de su realidad, nombrándola, procurando introducir todo un continente innominado en la conciencia de Occidente. No volvió jamás a Europa, y un día comprendió que, contra su intención inicial de triunfar y de ser reconocido como poeta en su mundo de origen, en realidad estaba escribiendo para los americanos del futuro, les estaba dando un pasado a las generaciones del porvenir. A lo mejor habrá adivinado que él sería para la América equinoccial a la vez el Homero y el Plinio, el fundador en el lenguaje de una cultura mestiza que aún hoy tarda en asumirse, pero que entonces era casi una imposibilidad mental.

El esfuerzo por conquistar una lengua propia sería largo y complejo, y sólo a finales del siglo XIX vino a abrirse camino de nuevo en la literatura. Sólo tres siglos después, las intuiciones de los cronistas, y en particular de este poeta asombroso, encontraron una generación capaz de asumir el desafío de hacer americana la lengua castellana. Para que esto ocurriera, los pueblos americanos tuvieron que recorrer un largo camino de reconocimiento, y por fin aprendieron a respirar con naturalidad en la lengua. Es a ese fenómeno colectivo al que hoy llamamos el modernismo latinoamericano, en el que advertimos de qué modo nuestra cultura continental, después de varios siglos de postración y de silencio, comenzó a hablar la lengua con una gracia y una fluidez antes desconocidas.

Comparar la manera como escribían Julio Arboleda o Miguel Antonio Caro con el tono y el ritmo de los poetas modernistas es advertir cuánto ganamos por fin en expresividad, en capacidad de decir las cosas. Todos esos nuevos poetas surgieron simultáneamente: Gutiérrez Nájera en México, José Martí en La Habana, Jaimes Freyre en Bolivia, Leopoldo Lugones en Argentina, José María Eguren en el Perú, José Asunción Silva en Colombia y Rubén Darío en Nicaragua, con quienes, ya de una manera plena, no sólo los americanos conquistamos la plenitud de una lengua propia, una manera plena y nuestra de respirar y de sentir la lengua, sino que incluso los españoles vieron renacer la musicalidad, la expresividad y la gracia de su propia manera de hablar. Con los modernistas, y con Darío, que fue el gran enviado de sus contemporáneos hacia España, y otra vez el emisario de la juventud creadora de España hacia América, se transformó para siempre la lengua castellana, y volvió a ser un instrumento de las grandes aventuras del espíritu.

Porque después del Siglo de Oro la lengua española había entrado, en España y en América, en un gran silencio, al que hoy podemos mirar también como una enorme y silenciosa gestación. Mientras las otras lenguas de Europa, a lo largo del siglo XVIII y del siglo XIX, vivieron un gran esplendor creativo, la lengua española permanecía en una penumbra lateral, sin presencia en los ámbitos del pensamiento, de la sensibilidad ni de la imaginación, cuando Europa y Norteamérica vivían la gran aventura de la Ilustración, del empirismo, del racionalismo y finalmente la gran síntesis a la vez verbal y vital del movimiento romántico.

Cuando Hölderlin le estaba dando por primera vez a una lengua moderna el esplendor y la respiración que sólo había tenido el griego clásico, cuando se renovaban las inquietudes de la civilización europea, nuestra lengua permanecía en una especie de limbo histórico, el castellano parecía destinado a derivar en una lengua marginal, sin importancia para el mundo, sin peso en las aventuras del pensamiento y de la creación. Pero desde América empezó a renovarse la lengua castellana, y poco después ese indio nicaragüense, Rubén Darío, le dio un ritmo y una musicalidad que no había tenido nunca: así se comprobaron las misteriosas virtudes del mestizaje, y se reveló el sentido profundo del arraigo de la lengua en tierra americana, y Darío sedujo a los españoles, porque la música es ineluctable, y los escritores de la península se dividieron casi enseguida entre los seguidores de Darío y los adversarios de Darío, porque nadie podía ignorar ese soplo vivificante, esa gracia que estaba ingresando en la lengua y que era una síntesis de lo que los jóvenes creadores del momento estaban conquistando en todo el continente.

Hay que repetir que nunca la lengua castellana había sonado así, que nunca había tenido esa elasticidad, ese ritmo, ese don, la virtud que súbitamente irrumpía con los modernistas. No es lo mismo la rigidez marmórea, expresiva y llena de profundidad de la obra de Quevedo, la tensión extasiada de los versos de san Juan de la Cruz, la fluidez armoniosa de los sonetos de Lope de Vega, el álgebra de exquisitos sonidos de las construcciones de Góngora, que la naturalidad continua, la delicadeza y la transparencia, esa gracia que muestra la obra de Darío aun en sus versos más ornamentales.

Sus estrofas pueden ser decorativas, incluso decorativas en un estilo particularmente europeísta, pero su ritmo al hablar es siempre ya el de un hombre que es por completo dueño de la lengua que habla, conocedor de todos sus secretos. Pensemos en uno de sus poemas, no muy hondo en términos filosóficos, no muy cargado de emotividad profunda, más bien anclado en un agradable juego de apariencias, y sentiremos que sin embargo la música lo hace profundo, la cadencia y el modo como se entrelazan las palabras lo tocan de misterio y de poder inefable, porque el autor demuestra que domina los recursos de su instrumento, que conoce sus enlaces más secretos:

Era un aire suave de pausados giros,
El hada Armonía ritmaba sus vuelos,
E iban frases vagas y tenues suspiros
Entre los sollozos de los violonchelos.

Bajo la glorieta, junto a los ramajes,
Diríase un trémolo de liras eolias,
Cuando acariciaban los sedosos trajes
En su tallo erguidas las blancas magnolias.

Cerca, coronado con hojas de viña,
Reía en su máscara Término barbudo,
Y como un efebo que fuese una niña
Mostraba una Diana su mármol desnudo.

Es impresionante la manera como él y sus compañeros tomaron posesión de la lengua. Ya no están hablando como miembros de una cultura marginal, subalterna, que se creen en el deber de pedir permiso a Menéndez y Pelayo para soñar y para sentir. Gracias al enorme esfuerzo de estos hombres, y de las generaciones a las que representan, la lengua aprendió a expresar sus sentimientos desde América, y así comenzó este proceso tan rico y tan complejo que se fortaleció a lo largo del siglo XX, de aprender a utilizar la lengua para intentar hacer realidad nuestros sueños y para trazarnos un alto destino.

Todos los autores previos del siglo XIX, viviendo en una provincia marginal de la historia, también intentaban y conquistaban cosas de la lengua, pero su labor era mucho más silenciosa y tardaría en dar sus frutos. No se puede decir que pasaron por la lengua sin dejar huella: cada quien iba conquistando algo, algo que parecía perderse en la enormidad del territorio y en la falta de ecos, pero todo fue recogido por ese vasto movimiento que fue el modernismo. Hay un sueño que tenían esos autores y que nunca vieron cumplido: que alguien más allá de las fronteras de la América Latina conociera sus obras, que alguien en Europa pudiera apreciar lo que hacían, tener cierta existencia más allá de nuestro horizonte. Pero era un sueño demasiado quimérico, nuestra cultura era demasiado marginal para que ello fuera posible. Cómo se asombrarían de ver lo que pasa hoy en el mundo, les costaría creer que la cultura, que la lengua latinoamericana, que las literaturas latinoamericanas están hoy entre las más leídas, entre las más apreciadas e influyentes del planeta.

Es importante señalar esto con énfasis, porque el esfuerzo de nuestra cultura por construir una gran tradición y por recoger su herencia ha sido muy fecundo y exitoso. Sin ese esfuerzo tan largo no habría sido posible la obra de Gabriel García Márquez, que es hoy uno de los autores más leídos del mundo. Sin ese esfuerzo no habría sido posible la obra de Pablo Neruda, uno de los poetas más vastos e importantes del siglo XX. Sin ese esfuerzo no habría sido posible la obra descomunal, vertiginosa, de Jorge Luis Borges, sin la cual ya es inconcebible la literatura del siglo.

Hay que decirlo, porque cuando uno mira la obra de García Márquez, de Neruda, de Borges, tiene la tentación de decir: ¡qué asombro! ¿De dónde habrá salido tanto talento? ¡Qué hecho inexplicable! Y uno puede no advertir todo lo que hay detrás, la labor continental que hay detrás de cada una de esas voces. Porque García Márquez, el colombiano, es imposible sin Rulfo, el mexicano, y es imposible sin Borges, el argentino, pero Borges es imposible sin Alfonso Reyes, el mexicano, y Reyes es imposible sin Rubén Darío, el nicaragüense, de modo que todos trabajan para todos, que esa fue la gran labor de todo un continente.

La manera como Neruda nombra su América, la libertad con que construye su poesía, que a veces es digna de compararse con la libertad mental y verbal de Shakespeare, es asombrosa. Los *Veinte poemas de amor y una canción desesperada* son hermosos poemas, aunque tal vez es cierto que, como diría Schopenhauer, cualquier enamorado en estado de arrebato lírico puede hacer poemas de amor memorables, en cambio *Residencia en la tierra,* o el *Canto general,* son libros que sólo se pueden escribir con una libertad mental, una audacia espiritual y una riqueza de recursos verdaderamente prodigiosa. Nombrando a Chile, Neruda es capaz de tomar cuatro palabras bien distintas y articular este verso:

Tu antártica hermosura de intemperie y ceniza

Es un verso de una resonancia profunda, porque cada palabra nombra uno de los elementos de esa geografía, de esa región del mundo. Los desiertos del sur, el frío, el desamparo de una tierra que se siente distante de todo, su carácter volcánico,

Tu antártica hermosura de intemperie y ceniza

es sólo un ejemplo del modo como Neruda sabe construir versos de gran resonancia, que combinan la elocuencia y el ímpetu con la riqueza de sentido, gracias a esa recién conquistada capacidad de pertenencia de la lengua al mundo que está expresando.

Fue largo el proceso para llegar a una lengua como la de Borges, que sintetiza nuestras distintas tradiciones, que reúne todo lo que somos como herederos de Europa y recoge mucho de lo que somos como americanos, como herederos del planeta entero, lo mismo que nuestro sueño de tener una patria aquí, de amar este suelo. Es sabido por todos que Borges no es sólo un gran conocedor de las lenguas y de las culturas europeas sino también un conocedor de remotas culturas asiáticas, un hombre interesado en el budismo, en la cábala, en la tradición islámica, un hombre que se pregunta continuamente por las tradiciones de los pueblos americanos, que escribe relatos sobre el sentido de lo divino en la tradición indígena, como *La escritura del Dios*. Es un hombre de verdad universal pero arraigado en un territorio particular, y la universalidad que ahora nos predican es que olvidemos quiénes somos y dónde estamos, y rápidamente nos volvamos universales, pero sin rostro. Pero es mejor ser universales con rostro, porque, como decía Goethe, "para ser algo hay que ser alguien".

Para redondear estas reflexiones y digresiones quisiera señalar algo que se relaciona más inmediatamente con nosotros, y es sobre la obra de Gabriel García Márquez. Qué curioso: tanta oposición al mestizaje de la lengua como se dio por parte de los gramáticos y de los académicos ante la poesía de Juan de Castellanos, tanto miedo a que la lengua castellana se contaminara del barbarismo de las lenguas indígenas, tanto miedo a que nuestra supuesta raza blanca, liberal y católica, se contaminara de esas cosas terribles que eran nuestros pueblos indígenas y africanos, y hay que ver el resultado: una obra como la de García Márquez, que fascina al mundo entero precisamente por no ser una obra europea, porque ningún europeo habría podido escribirla, ya que sólo parcialmente pertenece al hilo de esa tradición. Su sintaxis, por supuesto, pertenece al hilo de la tradición europea, se acoge plenamente a la certeza de que nuestra lengua es la lengua castellana, llena de elocuencia latina, pero llena ya de la flexibilidad y el colorido de la lengua mestiza, de la lengua de los modernistas, es decir, no ya la lengua que nos llegó de España sino la lengua castellana transformada, enriquecida, hecha más flexible, más rítmica y más poderosa por el esfuerzo a lo largo de cinco siglos de muchos pueblos y de innumerables seres humanos viviendo en un mundo y aprendiendo a nombrarlo.

Es bueno recordar que de los 450 millones de personas que hoy hablamos castellano en el mundo, menos de 50 son españolas. Las otras 400 somos americanas, y es por eso evidente que el centro de gravedad de la lengua ha cambiado, que ahora no puede ser la Real Academia Española la que nos puede decir cómo hablar, cómo pensar, cómo sentir, y cuál es la manera correcta de respirar en castellano.

La superstición de la pureza imperó mucho tiempo. No sólo estaba el Día de la Raza, sino también el Día del Idioma. Pero ello nos hacía ignorar persistentemente que en nuestra cultura nacional existen todavía 60 naciones indígenas con sus lenguas y tradiciones nacidas de este mundo, con la sabiduría de este mundo, con nombres para los fenómenos, con mitos que es necesario interrogar. No creo que terminemos hablando fluidamente u'wa o sikwani, pero sí podemos aprender, como lo han hecho los grandes autores a lo largo del siglo, que no hay que tener miedo de esa aproximación entre las lenguas, que es así como se enriquece la tradición.

La obra de García Márquez lleva a su plenitud la elocuencia de la lengua de Borges y de Rubén Darío, pero yo diría que es inconcebible sin la savia de la tradición oral de los pueblos wayús, que están en la vecindad del mundo donde García Márquez nació y a cuya etnia él vagamente pertenece. La madre de García Márquez hablaba wayú en su infancia, él mismo está arraigado en una tradición oral muy visible, y sin ese aporte tal vez no habría surgido una obra tan sugestiva, tan embriagadora, con esa virtud asombrosa de satisfacer las expectativas de lectores de todas las regiones del mundo. Porque García Márquez satisface a los profesores de Oxford y también a gentes que nunca han leído ni leerán otro libro.

Esa capacidad de capturar la atención del lector e introducirlo en una suerte de embrujo, ese permitir que la literatura sea algo que obra no sólo sobre la razón sino sobre los sentidos, sobre la imaginación y sobre la memoria, es un misterio que no es explicable a la luz de los cánones de una sola tradición. Hay una manera de narrar en García Márquez que no sigue el hilo mental de la tradición europea. Si Thomas Mann quisiera contamos de qué manera se vive la relación profunda entre una madre y un hijo, recurriría a largas explicaciones, porque la novela de Thomas Mann, como la de buena parte de los autores europeos, oscila entre la narración y el ensayo, está moviéndose continuamente entre los hechos, las peripecias de los personajes y la reflexión filosófica. Es una característica, no un error, pero hay otra manera de narrar, que se encuentra en Homero, en la *Canción de los nibelungos* y en *Las mil y una noches,* donde la imaginación, la fuerza de las imágenes, es lo central y lo que más cautiva la atención.

García Márquez tiene esa extraña virtud de soñar con libertad y de crear sueños envolventes, de los que no es fácil escapar. No sólo maneja el registro argumental, la elocuencia latina, sino una capacidad de condensación, una suerte de síntesis gráfica que se parece más a los pictogramas indígenas. Hay líneas que parecen definir el tipo de relación psíquica entre los personajes, afectos que pueden ser mostrados por un dibujo.

Uno, por ejemplo, no sabe muy bien qué tan intensa es la relación entre Úrsula Iguarán y su hijo José Arcadio, porque la novela no nos lo ha contado. Pero en el momento en que José Arcadio, huyendo de su responsabilidad como padre, se escapa del pueblo y se va con los gitanos, la madre abandona todo lo que estaba haciendo y se va en su busca. No sabíamos que ella dependiera tanto del hijo como para justificar ese abandono, y Úrsula desaparece mucho tiempo, hasta que encuentra, finalmente, el camino hacia el mundo exterior que los hombres habían buscado en vano desde siempre. Ella vuelve, y con ella entra otro mundo en la realidad de la novela. Tiempo después, cuando el hijo regresa, lo vemos recorrer el pueblo, recorrer la casa saludando vagamente a los que encuentra en el camino, pero sólo se detiene cuando llega hasta ella, repitiendo a la inversa el camino que ella había recorrido buscándolo. Así nos muestra el autor cuán intenso y profundo es el vínculo que une a estos dos seres, cuyo diálogo nunca nos había revelado esa dependencia y esa proximidad. Pero a García Márquez no le basta mostrar cómo la madre sigue el camino del hijo y cómo el hijo desanda el camino hacia la madre, sino que encuentra ese otro elemento, fascinante y asombroso, que ocurre cuando el hijo muere: un hilo de sangre sale de las sienes del hijo y se va recorriendo las calles, sube escaleras, cruza puertas, y no se detiene hasta llegar donde está ella. Y Úrsula, siguiendo ese hilo rojo, que parece un diseño indígena, encuentra el cadáver del hijo.

Esta manera de mostrar, sin una larga argumentación filosófica, o psicológica, sino mediante un diseño, de qué manera se da ese vínculo profundo entre los seres, es algo muy americano, algo muy hermoso que ha subyugado al mundo. Demuestra que nuestra superstición de la pureza, la idea de hablar sólo en una lengua castiza, de ser fieles a unos paradigmas impuestos por la tradición colonial, era un error. Que en verdad nuestra manera de pertenecer al mundo, de tener presencia en él y de llegar a ser valorados y respetados por él, sólo es posible si partimos del reconocimiento de todo lo que somos, si aprendemos a vivirlo con conocimiento y con orgullo.

Mayo de 1997

3

Colombia en la encrucijada

"Si usted quiere conocer el Caribe, vaya a Cuba o a República Dominicana; si quiere conocer el océano Pacífico, vaya a Chile; si quiere conocer la cordillera de los Andes, vaya al Ecuador; si quiere conocer la selva amazónica, vaya al Brasil; si quiere conocer las culturas precolombinas, vaya a México o al Perú; pero si quiere ver todas esas cosas reunidas, vaya a Colombia". Éste es el modo como una agencia de viajes francesa presentaba al país a los viajeros hace algunos años, y sin duda es una elocuente presentación.

Pero la diversidad de Colombia no se agota en esa enumeración. Situado en la esquina noroccidental de Suramérica, el país se asoma por cada costado a un mundo distinto, es el país más mestizo del continente, es decir, donde ninguno de los elementos raciales, el blanco europeo, el indio americano y el negro africano, es predominante; tuvo fama por siglos de hablar el mejor castellano, aunque ello se debía sobre todo a la pasión por la gramática de sus intelectuales y sus políticos, y fue siempre un país ultracatólico, donde todavía hoy impera un concordato con la Santa Sede y donde la Iglesia tiene una gran influencia sobre la sociedad. Varios de sus cardenales ocupan hoy cargos de nivel ministerial en las jerarquías del Vaticano.

Dos partidos políticos, el liberal y el conservador, han gobernado al país durante casi dos siglos, aunque también hay que decir que lo han ensangrentado, en la medida en que el siglo XIX estuvo marcado por las guerras civiles entre ambas fuerzas históricas, y a lo largo del siglo XX se recuerdan dos confrontaciones feroces: la guerra de los Mil Días, a comienzos de siglo, cuya peor consecuencia fue la pérdida del istmo de Panamá a manos de los norteamericanos, quienes aprovecharon la debilidad y el desorden institucional en que había quedado el país; y la guerra de los años cincuenta, desencadenada a partir del asesinato del líder popular Jorge Eliécer Gaitán, llamada genéricamente la Violencia, que produjo 300.000 muertos. Ésta no fue gran noticia en el ámbito internacional porque Europa acababa de salir de una guerra que dejó 50 millones de víctimas, pero al final presentaba también altos grados de horror y de depravación.

Los partidos firmaron un armisticio en 1958, y convergieron en un Frente Nacional que, en dos décadas de relativa paz, administró la precaria modernización del país, pero al mismo tiempo, por el maridaje que generan esos procesos de alternación antidemocrática, perdió toda capacidad de fiscalización, lo cual condujo a un deterioro gradual del mundo político, que hoy presenta niveles de corrupción escandalosos. Con todo, la peor consecuencia política del Frente Nacional consiste en que llevó a su extremo la tradición nacional de exclusión, hija de las estratificaciones coloniales, por la cual sólo unos sectores privilegiados tenían acceso al poder y a la administración, y las grandes mayorías despreciadas se vieron por fuera de toda oportunidad de promoción, privadas a menudo del derecho a la dignidad e incluso a la supervivencia.

Esta clausura de la libre competencia política estimuló la transformación de viejas guerrillas agrarias en grandes ejércitos insurgentes que hoy libran su lucha contra el establecimiento recurriendo a métodos tan poco justificables como el secuestro, la extorsión, la guerra de emboscadas, los atentados contra los recursos naturales y el terrorismo. Lo criminal de sus métodos no impide reconocer que en esas guerrillas militan muchos campesinos a los que el establecimiento no les brindó otra oportunidad, pues las ciudades de miseria que ciñen a las capitales colombianas demuestran suficientemente que grandes sectores de la sociedad no tienen motivos para defender el sistema político y económico que impera en el país.

El crecimiento de las ciudades colombianas ha sido incontrolable en el último medio siglo. Bogotá pasó de tener medio millón a tener casi ocho millones de habitantos. Medellín, de tener ciento cincuenta mil a tener tres millones. Cali, de cien mil a dos millones y medio. Este fue sin duda un fenómeno continental, pero en Colombia estuvo marcado menos por la atracción de las ciudades que por la expulsión violenta de los campos, y las barriadas de miseria trajeron a las ciudades modernas de los años sesenta la idealización del viejo mundo campesino tan dramáticamente perdido. Esas muchedumbres despojadas de todo tenían como complemento simétrico el fortalecimiento de la vieja casta de terratenientes y la formación de otra nueva. Pero la movilidad de los conflictos sociales de Colombia es enorme, y podría decirse que en las últimas décadas no se ha visto una guerra sino una sucesión de conflictos, que van cambiando de cariz a medida que los grandes problemas se ahondan y que los poderes en pugna se fortalecen.

Después de la breve primavera de paz de los primeros años sesenta irrumpieron las guerrillas comunistas, cuyo principal símbolo fue el cura guerrillero Camilo Torres, un sociólogo idealista a quien la impaciencia arrojó en brazos de las guerrillas castristas del ELN, y que murió casi enseguida. Desde antes existían, y no dejaron de crecer, las Fuerzas Armadas Revolucionarias de Colombia (FARC), guerrillas campesinas de orientación comunista que son hoy el principal poder insurgente, con más de quince mil hombres en armas, y frentes guerreros en todo el país. Otras guerrillas han pasado por el escenario; una de ellas, el M-19, compuesta sobre todo por jóvenes de las clases medias, firmó la paz con el gobierno en 1991, y participó en la redacción de la nueva Constitución que rige a Colombia desde aquel año.

Fue a partir de los años setenta cuando entró en escena el poder que más ha afectado la vida colombiana en las últimas décadas, y que es, si no la principal causa, por lo menos el principal estímulo de la violencia creciente de la sociedad colombiana: el narcotráfico. Éste no sería tan poderoso si no tuviera como condición y complemento la capacidad de consumo de estupefacientes en los países industrializados y su voluntad de invertir sumas astronómicas en la satisfacción de sus vicios. Pero la realidad colombiana era especialmente propicia para la aparición del cultivo y para el tráfico de la droga.

Siendo la hoja de coca un producto tradicional de las culturas indígenas en los países de la América equinoccial, no existía la predisposición a considerar como un crimen su cultivo. Esto es muy difícil si se piensa además que hay un gran comprador legal de hoja de coca: la planta central de Coca-Cola, en Atlanta (Estados Unidos). Por otra parte, el destino de los países latinoamericanos desde la Conquista de América fue el de sólo poder producir aquello que las metrópolis estaban dispuestas a consumir. Esto no sólo condicionó la extracción de oro y de plata durante los siglos de la Colonia, lo mismo que la exportación de perlas y de esmeraldas, sino la gradual especialización de estos países en los monocultivos que tuvieran demanda en los mercados poderosos. Así nacieron las repúblicas bananeras, las repúblicas cafeteras, las repúblicas azucareras, las repúblicas ganaderas, y casi nunca estos países tuvieron la oportunidad de decidir por sí mismos qué necesitaban producir, consultando sus necesidades internas. No resulta demasiado difícil entender que en países pobres, ante una tal demanda, aparezcan comerciantes sin escrúpulos que estén dispuestos a incurrir en un delito que ha tenido sus épocas de bonanza hasta en los países más virtuosos. Lo más grave son las dimensiones que este negocio ha alcanzado, convertido en una verdadera multinacional en la época del todopoder del mercado; la magnitud de las fortunas ilegales que permitió acumular, en el marco, tan propicio a la violencia, de la prohibición y la clandestinidad, y en el contexto de países como Colombia, cuyo Estado ha ido perdiendo día a día su capacidad de control por efecto de la corrupción política, de la exclusión social, de la guerra de guerrillas y de la delincuencia estimulada por la miseria y la falta de oportunidades para la población.

Sería injusto perder de vista que a pesar de esos defectos de las instituciones colombianas, hubo esfuerzos por parte de algunos sectores del establecimiento por construir una democracia moderna, participativa y pluralista. Los presidentes del Frente Nacional fueron ejemplo de honradez, y, por lo general, volvieron a la vida privada tan pobres y dignos como habían salido. Les tocó gobernar el país en los años en que se invirtió la proporción de habitantes del campo y la ciudad, cuando las ciudades llegaron a hospedar al 70% de la población, y ello supone desafíos tremendos en países de baja competitividad y débil articulación social. El sector cafetero de la cordillera Central ha sido por mucho tiempo un modelo de producción agrícola sostenida por una base de minifundistas con excelente control de calidad, y si por algo se conoce a Colombia en el mundo es por la suavidad de su café, tal vez el producto que debe cumplir más pasos distintos desde su condición de fruta madura hasta su consumación como bebida lujosa y refinada.

Pero también es digno de atención que a lo largo de su historia Colombia ha sido proveedor de materias exquisitas para el mundo, de productos y sustancias que tuvieron siempre la condición de lujos y a veces de vicios. Epicentro legendario, como su vecina Venezuela, de la mítica región de El Dorado, la Nueva Granada fue el mayor productor de oro desde los tiempos de la Conquista, sus orfebres precolombinos fueron extraordinarios, y el Museo del Oro del Banco de la República, con sede en Bogotá y en otras ciudades, exhibe uno de los tesoros más singulares y hermosos del mundo. También fueron célebres las granjerías de perlas en el cabo de la Vela, las esmeraldas de Muzo en la región montañosa central, la producción de tabaco y de caucho a comienzos del siglo anterior, de café y de banano más recientemente. Hoy, las flores de exportación colombianas se encuentran en todos los mercados de Europa.

Oro, perlas, esmeraldas, café y flores: no son malos símbolos de un país exuberante, de un país de selvas lluviosas y de bosques de niebla; de un país en el que crecen 45.000 especies de plantas; de un país que tiene la mayor variedad de aves del mundo (1.753 especies);

la mayor variedad de anfibios (583); que es el cuarto en el mundo por su variedad de reptiles (475), y el sexto por su variedad de mamíferos (453). Sin duda es el hecho de que sobre cualquier palmo de su territorio graviten cuatro grandes fuerzas planetarias: el océano Atlántico, el océano Pacífico, la cadena volcánica que forma parte del círculo de fuego del Pacífico y la selva del Amazonas, lo que produce esos excesos de vitalidad.

Tal vez esto contribuye también a darle al colombiano su complejo perfil de ser enérgico e indócil, laborioso y creativo, pero impulsivo e impredecible. El colombiano es enormemente recursivo, pero reacio a la disciplina; de vigorosa individualidad, pero también egoísta e insolidario; capaz de las mayores hazañas individuales, pero poco propenso al trabajo en equipo. Ello ha sido agravado por un régimen político en el que el Estado ha sido siempre muy inferior a sus deberes, de modo que pagar impuestos y cumplir la ley nunca ha tenido para los colombianos la lógica contraprestación de una administración eficiente, y de un Estado que proteja de verdad la vida y los bienes de los ciudadanos. En esas condiciones no es asombroso que éstos se vuelvan escépticos, egoístas, recursivos hasta la transgresión, y terminen cuidando sólo de sus intereses personales y familiares.

Sin embargo, es evidente que Colombia, por su decidida pertenencia al orden mental europeo, necesita fortalecer su democracia e ingresar en un ámbito de modernidad de las ideas, de tolerancia política y de productividad que le permita superar sus escollos y su creciente violencia. El auge del narcotráfico es el retrato perfecto de una sociedad excluyente, que empuja a sus ciudadanos a la delincuencia, que los hace desconfiados de la ley, que no estimuló el enriquecimiento lícito por la vía de la iniciativa empresarial, y que no ha emprendido la urgente revolución educativa que lo integre masivamente a los debates y las preocupaciones de la época.

Colombia vive un proceso creciente de deterioro de la paz pública. En su raíz está la debilidad del Estado y en la raíz de ésta la falta de una ciudadanía activa, vigorosa y consciente de sus responsabilidades. La falta de soluciones para el campo generó la aparición de las guerrillas, pero éstas se convirtieron en una amenaza no sólo para el establecimiento político sino para los terratenientes e incluso para los medianos productores del campo. Ante la imposibilidad del Estado para brindarles protección, éstos terminaron contratando bandas de paramilitares que ahora se han convertido en un ejército paralelo que pretendiendo asumir la defensa del Estado de derecho, en verdad lo hace violando la ley, recurriendo al crimen y a las masacres de campesinos desarmados a los que acusa de ser guerrilleros. La verdad es que la población civil, y sobre todo las clases medias, que tendrían que ser el principal soporte de la democracia, terminan perdidas entre dos fuegos. La guerrilla no alcanza a ver desde sus campos de guerra a los poderes reales que manejan el mundo, y los confunden con los pequeños empleados y propietarios que tienen auto y finca, así que han terminado librando su guerra contra la clase media, secuestrando a pequeños comerciantes y propietarios, creándose un clima de rechazo visceral en ciertos sectores. Y muchos grandes y medianos propietarios amenazados terminaron fortaleciendo ejércitos criminales paralelos al Estado, de los que ya se sabe cómo comienzan pero nunca cómo terminan.

Una verdadera formación democrática, siempre postergada, debería haber enseñado a los ciudadanos que cuando el Estado se revela insuficiente para garantizar la paz pública y para proteger a los ciudadanos, la más urgente tarea es la de fortalecer ese Estado en términos democráticos, aumentar su legitimidad haciéndolo más incluyente, ampliando su base social, y dándole los mecanismos y recursos para combatir o someter a los rebeldes, de modo que la protección de la sociedad se inscriba en el marco de la ley. La solución desesperada pero también irresponsable de crear cuerpos militares paralelos, no sujetos a la ley, es un suicidio público, porque esos cuerpos no tardan mucho en convertirse en verdugos de toda la sociedad, incluidos aquellos que inicialmente los financiaron. Además, recurrir al crimen para combatir el crimen termina convirtiendo a los defensores de la civilización en monstruos idénticos a aquello que combaten, o aún peores. Y es una lección antigua que el horror es un instrumento eficaz para combatir a la civilización, pero no puede ser un instrumento para defenderla.

Tal vez lo que alienta en el fondo de la guerra son sectores interesados en su prolongación. Tal vez hay sectores a quienes favorece la guerra, a quienes conviene que el Estado sea débil, que no exista la justicia, que las Fuerzas Armadas tengan que desgastarse combatiendo guerrilleros, y por lo pronto es evidente que el narcotráfico financia sospechosamente a los bandos contrarios que están por fuera de la ley en esta guerra cruel, y claramente se benefician de ella.

En los últimos años, la guerra entre fuerzas al margen de la ley se ha incrementado y la presencia del Estado se ha debilitado. Las grandes ciudades todavía disfrutan de una paz relativa, aunque asediada por la delincuencia común y ahora ahogada por la recesión, pero en pueblos y campos la zozobra crece, y los casos de criminalidad aberrante aumentan de un modo dramático.

En 1998, el recién elegido presidente Andrés Pastrana se reunió en las montañas de Colombia con el líder guerrillero Manuel Marulanda, en un gesto que abrió por primera vez en mucho tiempo la posibilidad de un amplio proceso de paz con las guerrillas izquierdistas. Desde entonces, en medio de la guerra que, como es natural, se ha recrudecido a medida que se hace visible la posibilidad de una paz negociada, el gobierno y las FARC han estado sentados a la mesa de negociación, y han logrado algunos acuerdos importantes. Recientemente, una comisión conjunta del gobierno y de la guerrilla sorprendió al mundo realizando un recorrido por varios países para estudiar alternativas políticas y productivas, y para mostrar su voluntad de llegar a una solución negociada.

Ese proceso de paz es la única oportunidad que tiene hoy Colombia de salir de su tragedia histórica y tal vez de abrir un horizonte para su riqueza natural y cultural, y para la recursividad de sus gentes. Si el proceso fracasa, a Colombia sólo la espera una guerra brutal que en unas cuantas décadas arrasará con toda posibilidad de prosperidad y de civilización, y cuya siguiente fase será la irrupción de la violencia política en las ciudades. De modo que el gobierno ha sido clarividente, y ha sabido además mantener su voluntad a pesar de los previsibles obstáculos y del coro de desalientos que suele acompañar estos procesos, y que procede a veces de los grandes medios de comunicación, a veces de sectores empresariales alarmados por las concesiones que puedan hacerse a las guerrillas, y a veces de las clases medias desesperadas por el secuestro y la extorsión.

Lo que no todos los empresarios advierten es que la negociación que hoy se propone es muy distinta de la que podría haberse hecho hace unos diez años, cuando se preparó la Constitución actual. Desde 1989 el contexto mundial cambió de un modo dramático, y esto enciende una luz de esperanza para el proceso colombiano. En efecto, antes de la caída de la Unión Soviética, todavía las guerrillas podían alentar la ilusión de tener un modelo económico y político alternativo, podían procurar imponer a sangre y fuego el comunismo. Hoy el socialismo radical se ha consumido en sus propias contradicciones, y las guerrillas sólo pueden negociar en el marco de la economía de mercado. Casi toda concesión que se les haga terminará favoreciendo la productividad en el marco del sistema imperante, y lo más extremo que podría salir de este experimento sería una socialdemocracia capitalista como la de algunos países nórdicos. Algo mil veces preferible, para los industriales, al caos en que tienen que desarrollar hoy su actividad en un país que gasta todos sus recursos en la guerra, y que sobre todo sacrifica sin tregua la vida de sus jóvenes, reclutados por todos los bandos. No hay comunismo a la vista, y no sólo para las guerrillas colombianas: incluso Fidel Castro, que tiene en sus manos el poder desde hace cuarenta años, no puede hacer otra cosa que derivar hacia la economía de mercado, procurando salvar algunas de las conquistas sociales de su revolución asediada.

Pero Colombia debería estar haciendo un esfuerzo más profundo aún que el del proceso de paz del presidente Pastrana. El verdadero mal de Colombia es la falta de una ciudadanía vigorosa, comprometida con la democracia, capaz de formarse un Estado responsable, fuerte en términos de justicia y de administración, y no serán ya los partidos tradicionales, el liberal y el conservador, los que puedan educar al país en esa nueva dinámica de dignidad, de criterio y de participación.

Todas las reformas que hoy se contemplan bajo la amenaza guerrillera habrían podido hacerse en paz y por los civiles. Su postergación insensata ha forzado la guerra, ya que *la guerra,* como escribió Wallace Stevens, *es el fracaso periódico de la política.* Pero sería grave que el nacimiento del nuevo país tuviera que atribuírsele completamente a la fuerza de las armas y de la violencia. Por ello es indispensable que en el pacto de la nueva nación se sienta aflorar una nueva ciudadanía, que no esté cobrando deudas viejas, pero que no represente a quienes han hecho del país lo que hoy es.

Es preciso tener conciencia de que si bien hay unos responsables de la corrupción, de la desigualdad económica, de la exclusión política, todos los colombianos somos responsables del grado de deterioro de la moralidad ciudadana, y tenemos unas conductas con respecto a la ley que tienen que ser pensadas y confrontadas con la necesidad de un mínimo orden social. Colombia vive hoy el desafío de la democracia, el reto de la justicia y de la productividad, y enfrenta muchas preguntas sobre la estructura de Estado que necesita de acuerdo con su complejidad, la protección y respeto de su naturaleza, el aprovechamiento sensato de sus recursos, su presencia en el orden internacional, el fortalecimiento de sus culturas, la prioridad de una educación que forme ciudadanos y seres humanos antes que meros profesionales, y el equilibrio entre conservación y modernización, en un medio natural a la vez exuberante y frágil.

En este proceso será muy importante el poder de los medios de comunicación, y es urgente comunicarse con el resto del mundo y contar con su apoyo. La globalización hace necesario que cada país tenga una ciudadanía responsable, un Estado legítimo y operante, y una prensa libre que pueda hablar en nombre de la comunidad. ¿Es consciente Colombia de todo lo que merece en términos de bienestar, de seguridad, de educación, de salud, de dignidad y de orgullo, en uno de los territorios más privilegiados del mundo, con su demografía moderada, su ubicación estratégica, sus recursos poderosos, la recursividad de sus gentes, sus reservas de agua y su carácter de potencia cultural? Quien esté comprometido con su futuro debería recordarlo continuamente.

Febrero de 2000

4

Negociar es el reto

Hace poco la embajadora de Estados Unidos en Colombia, Anne Patterson, presentó ante el Departamento de Estado un documento en el que habla de la situación de nuestro país frente a los inversionistas extranjeros, de las condiciones de seguridad de las empresas y los trabajadores norteamericanos aquí, y de las perspectivas de Colombia en el futuro inmediato. Sorprendentemente, en estos tiempos en que tantos augures profetizan una implicación creciente de Estados Unidos en la guerra colombiana, temiendo incluso una abierta intervención militar, y denuncian su interés en patrocinar un infierno, primero en el Putumayo y después en el resto de nuestro territorio, la embajadora, quien acaba de cumplir una misión exitosa en el proceso de paz centroamericano, habla de la importancia "de mantener los negocios norteamericanos en Colombia en vez de animarlos a que se vayan a cualquier otra parte". Habla también "del potencial del mercado con buenas oportunidades de negocios a largo y mediano plazo en Colombia, y del posicionamiento del país como un eje regional caribeño y andino". Ello puede sorprendernos viniendo de un pragmático funcionario de Estados Unidos, ya que en Colombia nadie parece dar hoy un peso por las negociaciones de paz, y pocos avizoran en nuestro futuro inmediato algo más que un negro horizonte de metralletas. Pero me parece evidente que a los intereses inmediatos de Estados Unidos no les conviene una intensificación de la guerra en Colombia y que a sus intereses estratégicos les debe interesar menos aún alimentar un polvorín en el centro de la América Latina y en su propio patio continental. Yo quiero creer que la embajadora no se equivoca, me parece que cree sinceramente en la posibilidad de una negociación, y pienso que el diálogo con la guerrilla podría avanzar positivamente en poco tiempo, si lograra superar algunos de sus más obstinados escollos.

El primero de ellos es, por supuesto, la guerra misma. La decisión de dialogar en medio del fuego era inicialmente inevitable, y ha permitido con las FARC unos acuerdos básicos, el más importante de los cuales es la definición de la agenda de negociación, pero nos ha llevado a un círculo vicioso y galimático: las partes dialogan porque hay guerra, para tratar de resolverla, pero cada vez más frecuentemente se niegan a avanzar en el diálogo con el pretexto de que los enemigos les están haciendo la guerra. Así, acaban exigiendo que la guerra se termine para poder resolverla. El hecho exige decisiones, y después de haber demostrado ambas partes durante dos años su voluntad de diálogo, deberían atreverse a dar el paso más importante: acallar por un tiempo las armas bajo una estricta vigilancia internacional, y con el acuerdo de las fuerzas en conflicto, incluidas las paramilitares. Dados los avances de la negociación con el ELN y las declaraciones en ese sentido de las autodefensas, no parece imposible un acuerdo inicial que permita que la negociación avance hacia una fase de alto al fuego.

Ello, por supuesto, presumiendo que las partes y la sociedad crean de verdad que la negociación es conveniente y posible. La decisión del presidente Pastrana de establecer la zona de distensión, el modo como el Caguán se ha convertido en uno de los centros de la vida política nacional, y hasta el viaje por Europa de los delegados del gobierno y de la guerrilla, significan una sola cosa: que el gobierno ve, en los insurgentes, interlocutores en una perspectiva política. El ejército, que tiene el deber de enfrentarlos y que padece sus agresiones continuas, sigue tratándolos como bandidos y hablando de malhechores dados de baja, como si no existieran los diálogos y como si no se hubiera dado ese reconocimiento desde el gobierno, pero ello es también consecuencia de esa doble cara de la guerra, y la ciudadanía no deja de ver con asombro que los mismos bandos que sonríen y se abrazan en el Caguán siguen combatiendo sin misericordia fuera de allí.

El segundo escollo grave es la actitud de las partes mismas. Dos años de conversaciones no han logrado disminuir la desconfianza e incluso parecen haberla aumentado. Las FARC sienten, a veces con razón, que se las trata como si fueran las únicas que están haciendo la guerra. Algunos movimientos cívicos pusieron todo el énfasis en denunciar el secuestro y la extorsión, cosa que hay que hacer sin descanso, pero se han quedado cortos en la denuncia de las masacres y del desplazamiento de seres humanos, y en este caso las cifras son también escalofriantes. Se diría que el problema del pacifismo consiste en que espera que la guerra se acabe de pronto, mágicamente, y exige con exasperación que los guerreros obedezcan una suerte de orden civil de paz inmediata: pero las guerras se han larvado y han madurado pacientemente en el organismo de la sociedad, y extirparlas exige también un proceso paciente. A menudo, por su lógica natural de extras y despachos de última hora, los medios crean la sensación de que no hay una guerra de ataques y atentados recíprocos sino unas bandas de maleantes sembrando el terror en un territorio.

El gobierno, por su parte, y el resto de la sociedad, sienten que la guerrilla se contradice. Pretendiendo luchar por los humildes, sacrifica sin tregua en su lucha a jóvenes soldados y policías que no son precisamente representantes de los grandes poderes económicos sino seres humildes reclutados a la fuerza o sencillos empleados tan pertenecientes al pueblo colombiano como ellos mismos. Las víctimas de la guerra son casi siempre los jóvenes de las clases populares, y estos grupos que pretenden luchar por la justicia social no dejan de enlutar continuamente a familias pobres que ya nunca podrán ver en ellos a luchadores por la causa del pueblo. También es evidente que las guerrillas confunden con un potentado a toda persona que ha luchado la vida entera por tener un carrito y una finca, de modo que han terminado torpemente librando su lucha contra las clases medias, clases que podrían apoyar una negociación seria, porque son conscientes de que Colombia necesita algunos cambios para ser un país más democrático y más justo. Finalmente, las guerrillas ignoran que a los medios de comunicación se los puede odiar pero no se los puede menospreciar. Su falta de tacto y de sutileza en el manejo de los medios demuestra que son gentes del campo, a las que no se les puede exigir que adopten los modales de las clases medias urbanas, su debilidad por la seducción y la cosmética. Han estado dos años ante las cámaras, y ni un solo día han aprovechado esas pantallas para hacerse propaganda política, para proyectar una imagen seductora ni para inclinar a su favor la tremenda insatisfacción social que sacude a Colombia.

El presidente Belisario Betancur intentó a comienzos de los años ochenta esta negociación, pero la verdad es que algo que hoy está casi al alcance de la mano era en esos tiempos prácticamente imposible. En estas dos décadas el panorama internacional cambió totalmente. Entonces existía el bloque socialista, existía la amenaza del comunismo, y las guerrillas tenían o creían tener un modelo económico y político alternativo que imponerle a la sociedad. Hoy el comunismo no es más que un fantasma en el horizonte de la historia, y las guerrillas sólo están en condiciones de negociar en el marco de la economía de mercado. No hay comunismo a la vista, y no sólo para las guerrillas colombianas: Fidel Castro es dueño absoluto del poder en su isla desde hace cuarenta años y lo único que puede hacer es maniobrar un aterrizaje de emergencia en el capitalismo, tratando de salvar en términos de la socialdemocracia liberal algunas de las conquistas sociales de su revolución. Esto no parecen saberlo algunos sectores empresariales colombianos que se acostumbraron tanto a temer al comunismo que no han podido ver que desde hace diez años es un fantasma, y lo importante no es lo que las guerrillas piensen de sí mismas sino lo que están en condiciones de hacer en el contexto de una historia mundial que no depende ciertamente de su voluntad.

Pero una negociación verdadera, así como exige confianza entre las partes, exige también respeto mutuo, y admitir la posibilidad de que en ella todos ganen. Lo que impidió muchas veces las negociaciones en Colombia fue la actitud de negociar con el enemigo sólo la rendición. Creo que en las condiciones actuales de Colombia, los puntos que se discuten no son ya ni una enajenación de la soberanía, ni un atentado contra la propiedad privada, ni la llegada de una dictadura tiránica de los guerreros, sino la conquista de algunas reformas liberales que incluso son necesarias para el que modelo económico en que vivimos realice sus verdaderas posibilidades. La inviabilidad actual de nuestro país se debe a la corrupción, a la incompetencia de los dirigentes y a su tremenda insensibilidad, que han acabado con el capital social, con la educación y con las posibilidades de millones de seres humanos.

Estudiándolo con atención, no me parece que en esta negociación se estén planteando más reformas que las que ha debido realizar la democracia liberal hace muchas décadas. Las reformas liberales que hizo Benito Juárez en México en la segunda mitad del siglo XIX, las reformas liberales que hicieron Roca e Irigoyen en Argentina y Eloy Alfaro en el Ecuador a comienzos del siglo XX. Que Colombia requiere una reforma agraria desde hace setenta años es algo que aquí no ignoran ni los políticos ni los empresarios, y esa reforma agraria no tiene por qué ser una ingenua distribución de minifundios, para que los pobres campesinos sin capacidad de competir los pierdan de nuevo en pocos años, ni una irresponsable división de predios productivos, sino una estrategia de productividad y tributación que favorezca a las mayorías campesinas y que estimule a los empresarios comprometidos con la reactivación y con el país. Más que distribuir la riqueza, de lo que se trata en Colombia es de liberar la energía creadora para que produzcamos más riqueza que pueda ser más adecuadamente repartida.

Necesitamos una estrategia económica para el futuro que no esté gobernada por un absurdo sentimiento de venganza contra los que tienen más, pero que sí replantee seriamente las oportunidades de los que tienen menos. Como decía Felipe González, con lo que hay que acabar no es con la riqueza sino con la pobreza. Pero el principal enemigo de ese sueño son los privilegios y las exclusiones, las inmensas propiedades que ni producen ni tributan, la privatización del territorio nacional por quienes no creen tener deberes sociales. Y es verdad que en ciertos sectores de Colombia hay una estructura de propiedad perfectamente medieval, que no nos ha permitido entrar en la modernidad y asumir los desafíos de producción, de consumo, de competencia, de responsabilidad con el planeta y con el futuro, en la era de la globalización. Otra de las prioridades de esa reforma, en un país como Colombia, cuya fortaleza hacia el futuro está en la biodiversidad y en las fuentes de agua, será la protección ecológica de vastas regiones de páramos y de selvas, hoy atenazadas por los narcocultivos y por la economía de subsistencia, que no pueden ser proyectadas como tierras de explotación sino que tendrán que ser protegidas como vitales reservas de agua y de oxígeno para el mundo, y por las que el mundo sabrá retribuirnos.

Lo absurdo es que estas reformas liberales no se hagan por la iniciativa del establecimiento, que será su principal beneficiario, sino que se esté permitiendo que sean las guerrillas las que se atribuyan el mérito de imponerlas. Si los partidos políticos, extraviados en el saqueo de los bienes públicos y el forcejeo burocrático, tuvieran sentido de la grandeza, se habrían propuesto sacar adelante esas reformas, y les habrían quitado esas banderas a una guerrilla que recurre a métodos harto reprobables para hacerse oír y para ser tenida en cuenta.

Creo que la negociación, con todo, permitirá que nuestra economía y nuestra política lleguen a un nuevo comienzo, y creo que debería ser vista como una inversión, con la condición de que no ponga en peligro la unidad nacional ni la validez del sistema democrático en el que cree la gran mayoría de la población. Las guerrillas no son tan grandes para que alguien piense seriamente que negociar con ellas significa entregarles el país. Pero sí tienen la suficiente fuerza y la suficiente capacidad de poner en jaque nuestra vida cotidiana para que se les niegue la importancia que tienen y su posibilidad de obtener unas concesiones de la sociedad.

Sin embargo, pienso yo, lo más importante para el gobierno, e incluso para la guerrilla, no debe ser lo que a ellos individual o colectivamente se les conceda, sino lo que se obtenga para el país. Si Colombia ha sido capaz de resistir sin hundirse esta combinación tremenda de conflicto social y recesión económica, ¿cómo no va a tener razón la embajadora de Estados Unidos al pensar que nuestras potencialidades son enormes?

Estoy seguro de que una negociación bien llevada, sin trampas hacia el interlocutor, pero con firmeza y con inteligencia, y teniendo los intereses de toda la comunidad como suprema guía del proceso, será no sólo un hecho histórico ejemplar ante la comunidad mundial, sino, por decirlo así, un buen negocio.

¿Qué nos impide avanzar hoy en ella? Yo diría que el tercer escollo es un cúmulo de prejuicios y de formalismos, favorecidos por una extrema desconfianza, y el viejo hábito nacional de girar en un tiovivo de venganzas que parece prohibirnos para siempre la reconciliación y el perdón. Hay, por supuesto, sectores interesados en que la guerra continúe, todos los sectores para los que la guerra es mejor negocio que la paz. Los traficantes de armas, los que ven amenazados algunos privilegios medievales, algunos que han sufrido ofensas espantosas de la guerrilla o de los paramilitares y no se sienten capaces de olvidar su sufrimiento, los que creen que en la paz pasarán a un segundo plano, y de esos hay en todos los bandos. Incluso me gustaría estar seguro de que esta guerra dramática no es vista como un negocio rentable por algunos medios de comunicación. Pero la inmensa mayoría del país, sus sectores empresariales y hasta sus políticos deberían estar convencidos de que una negociación bien llevada no sólo puede dejar satisfechos a los bandos en pugna sino que será lo más benéfico para el país y que nada fundamental puede entregarse en ella.

Quienes predican en cambio la guerra total, que sin lugar a dudas es la otra posibilidad de poner fin a la guerra, tal vez no calculan lo infinitamente más costoso que sería ese camino, no sólo en vidas humanas y en sufrimientos de todo tipo sino en destrucción de la riqueza nacional, en daños al ecosistema y en perpetuación de la cadena de las venganzas, que siempre hizo que en Colombia cada guerra engendrara la siguiente. Repito que si bien tienen una capacidad enorme de hacer sentir su poder, las guerrillas no son tan grandes para que se piense que una negociación signifique rendirnos ante ellas y sacrificar el modelo en que creemos y por el que votamos en cada elección todos los demás colombianos. Lo máximo que podrá salir de allí será una socialdemocracia a la latina con algunas pinceladas nórdicas, pero ¿qué empresario dirá que eso no es enormemente preferible a este caos donde toda prosperidad está amenazada y donde nadie puede estar seguro de lo que tiene?

Publicado en El Tiempo, *febrero de 2001*

5

Lo que está en juego en Colombia

En el siglo XVI, el territorio de lo que hoy es Colombia vivió, como el resto del continente, pero de modo especialmente severo, las guerras del oro. Poderosos ejércitos europeos de ocupación arrebataron a los pueblos nativos todo el oro elaborado de sus santuarios, de sus casas y de sus ornamentos personales, y después sondearon en las venas de la tierra y explotaron, mediante el trabajo de los indios y de los esclavos traídos de África, el oro de las minas. Por los mismos tiempos, en Cumaná y en el cabo de la Vela, se vivió la guerra de las perlas, en la cual fueron sacrificados decenas de miles de seres humanos. Estaba esa guerra en su plenitud cuando una región remota del territorio vivió la guerra de la canela: la expedición de Gonzalo Pizarro había remontado violentamente con sus tropas y con miles de siervos indígenas las cumbres nevadas de Quito, buscando unos legendarios bosques de caneleros que no aparecieron jamás. En esos mismos tiempos, el valiente y cruel Pedro de Ursúa libró cuatro guerras feroces: una contra los panches, en el país de montañas azules de Neyva; otra contra los muzos, en el país de las esmeraldas; otra contra los chita-reros, en los páramos de Pamplona hasta el cañón del Chicamocha, y otra contra los tayronas, en el país de ciudades de piedra de la Sierra Nevada de Santa Marta. En aquel tiempo estas tierras fueron escenario de algunos episodios centrales de la historia occidental, y epicentro de los grandes mitos de la época: el país del oro, el país de las perlas, el país de la canela, el país de las amazonas.

La Colonia fue una época de crueldades y de injusticias, pero no hubo en ella grandes conflictos armados, sino una sola sombra larga, la extenuación de siervos en las encomiendas y de esclavos en minas, campos de algodón y planicies de caña de azúcar. Los choques armados reaparecieron cuando se libró la guerra de Independencia, que enfrentó a los criollos con los españoles. Esa guerra supuso también un reordenamiento de los mercados, una redistribución de las influencias de las grandes metrópolis, y contó con la colaboración eficaz de los franceses y los ingleses, interesados en abrir nuevos horizontes para sus mercaderías. Así, con el discurso de la Revolución francesa, de la división de los poderes públicos, las nuevas repúblicas, inspiradas en el pensamiento de la Ilustración, abrieron camino al libre cambio, al comercio de maderas, de quina y de tabaco, a las promesas de la modernidad. Y de allí nacieron otros conflictos: conflictos mercantiles entre artesanos proteccionistas y comerciantes librecambistas; políticos, entre federalistas y centralistas; económicos, entre defensores de la esclavitud y abolicionistas. Entre estos últimos se libraron varias guerras, hasta el triunfo precario, pero significativo, de la abolición.

La primera riqueza nacional que no parece haber producido inmediatamente una guerra fue el café. Pero ello se debió a que el territorio necesario para esa economía había sido previamente despoblado por la Conquista y abandonado después, hasta comienzos de la república, a las inercias de la naturaleza, hasta que oleadas de colonizadores antioqueños y caucanos del siglo XIX prepararon con hachas y con incendios el terreno donde habrían de ordenarse los cafetales. Con el final del siglo XIX, la guerra de los Mil Días, cuyas causas fueron a la vez la disputa por la tierra y las nuevas pautas de modernización, terminó precipitando el zarpazo imperialista sobre el territorio donde se construiría el más importante canal interoceánico del hemisferio occidental. No había cicatrizado el país de la secesión del istmo de Panamá, cuando comenzaron las crueles guerras del caucho, consecuencia de la invención del automóvil y de la desaforada demanda de materia prima para neumáticos por parte de la industria naciente. Vino después la guerra de la industrialización, que se manifestó sobre todo como persecución contra las organizaciones de trabajadores fluviales, contra los sindicatos y contra los trabajadores bananeros, uno de cuyos episodios fue la nunca olvidada masacre de 1928.

A partir de 1940 comenzó una nueva guerra, a la que se ha llamado a secas la Violencia, pero que bien podría llamarse la guerra del Café, ya que se centró en los departamentos cafeteros de Colombia, es decir, los que sostenían al país, pues desde hacía casi un siglo el café se había convertido en la principal fuente de ingresos de nuestra sociedad. Esa guerra permitió que una región de minifundios democráticos se convirtiera, al cabo de veinte años, en una región de numerosos latifundios cafeteros, y que las ciudades colombianas crecieran de un modo desmesurado con la población desplazada de los campos. Esa guerra también podría llamarse la guerra contra la pequeña agricultura, sobre la que reposaba la riqueza nacional, o la guerra urbanizadora, o la guerra paralela al frustrado proceso de industrialización del país.

Apenas terminaba la violencia que dio origen a nuestras ciudades modernas cuando recomenzó la violencia guerrillera, que ahora unía a las guerras agrarias por la tierra, los conflictos engendrados por la pobreza, la exclusión y el resentimiento, y que tuvo como acicate la guerra estatal contra toda oposición democrática. No hay que olvidar que el Frente Nacional funcionó siempre sobre la base de una periódica suspensión de las garantías constitucionales para la población a través de la coartada despótica del Estado de Sitio; así, la violencia fue utilizada para reprimir el descontento y las demandas democráticas de la población; la violencia era el sustituto de las reformas liberales. También se dio entonces el avance violento de la colonización y de los desplazados sobre los territorios menos explorados del país, sobre la Orinoquia y la Amazonia, y el descubrimiento de nuevas riquezas, con el inevitable presagio de nuevas guerras derivadas de ellas. Así nació la guerra de la marihuana, y gradualmente después la guerra de la coca, que acabaría enfrentando a los grandes traficantes de cocaína con el Estado, al Estado con los pequeños productores de hoja de coca, y a una comunidad pobre, forzada a vender lo que le compran, con un imperio opulento y hastiado que nunca pagó tan bien los frutos del trabajo honesto y abnegado de nuestros campesinos. A esas guerras se han sumado recientemente los conflictos por la biodiversidad, la disputa por territorios que se adivinan ricos en petróleo y una reviviscencia de las guerras del oro, porque al parecer mucho oro queda todavía en lo que fue por siglos la región más aurífera del continente. Las minas que produjeron el metal en otro tiempo fueron explotadas con recursos artesanales, de modo que todavía sus filones profundos pueden ser desentrañados por la gran tecnología contemporánea.

¿Quiero decir con este largo catálogo que la nuestra ha sido una historia de guerras? En parte sí, pero también quiero señalar que en nuestra historia cada guerra parece haber correspondido a una riqueza particular: al oro, a las perlas, a las esmeraldas, al café, al caucho, a la marihuana, a la coca. Incluso a veces a riquezas fantásticas como la canela, a riquezas potenciales como el canal interoceánico, a riquezas infames como la esclavitud. Y ello parece también presagiar tristemente que toda nueva riqueza, o toda riqueza que responda a nuevas necesidades, podría dar pie entre nosotros a nuevas violencias, a nuevas guerras. Ello nos hace pensar y temer que la biodiversidad, la gran riqueza del futuro, y el santuario de los páramos colombianos puedan suspender sobre nuestro porvenir la amenaza de las guerras de la biología, de las guerras del agua, cada vez más escasa en el planeta.

Algún funcionario internacional afirmó recientemente que nosotros padecíamos la maldición de la riqueza, es decir, que nuestro mal no es la precariedad sino la abundancia, que nuestra desdicha está en ser ricos. Sin embargo, creo que es necesario mirar el problema más en detalle, para advertir que ese análisis esconde un error de perspectiva. No es posible negar que a cada riqueza nuestra ha correspondido una guerra particular, pero hay que añadir inmediatamente que muchos países poseen riquezas semejantes, y que no todos presentan una sucesión de guerras derivadas de esas riquezas. Para empezar, es bueno advertir que en toda su historia, Estados Unidos, un país rico en oro, en petróleo, en otros metales y minerales, en fauna y flora, en tierras agrícolas y en recursos diversos de la tierra y del mar, sólo ha padecido en su territorio tres grandes guerras: la guerra de exterminio de la población aborigen; la de Independencia, concluida en 1786, y la guerra de Secesión, en la segunda mitad del siglo XIX, aunque también una serie de conflictos importantes entre los cuales podemos enumerar la conquista del Oeste, que culminó con la fiebre del oro de California a fines del siglo XIX, la guerra de intolerancia contra los hijos de los esclavos, y la guerra de las mafias de Chicago y de Nueva York en las primeras décadas del siglo XX. La mayor parte de las grandes guerras de Estados Unidos se han librado lejos de su territorio, en aguas de Cuba, dos veces en las trincheras de Europa, en el Pacífico Sur, en Corea, en Vietnam, en Bagdad y en Kosovo, y en ellas, por supuesto, no estaban en juego sus riquezas sino las de los otros.

¿Qué es lo que permite que las riquezas se conviertan en fuente de guerras para un país? Yo diría que, fundamentalmente, la incapacidad de defenderlas y la incapacidad de compartirlas. La incapacidad de defenderlas hace débiles a los países frente a las rapacidades colonialistas e imperialistas. La incapacidad de compartirlas los trenza en crueles y cíclicas guerras civiles. Y esto modifica entonces el planteamiento: no es que nuestras riquezas tengan que producir fatalmente guerras, es que esa abundancia de riquezas, unida a una crónica debilidad del Estado y a las discordias de la sociedad, no le permiten a un país tener la fortaleza para defenderlas ni el acuerdo para compartirlas y aprovecharlas. Así, de la sospecha de que lo que produce las guerras es la riqueza, pasamos a la sospecha de que lo que produce las guerras es la imposibilidad de unos acuerdos nacionales duraderos que permitan tanto la convivencia interna como la resistencia y la firmeza ante los poderes externos.

Cada vez creo con mayor intensidad que sólo hay dos posibilidades de resistir a los poderes imperialistas: la fuerza y el carácter. Hoy la China es el único país con poderío económico, cohesión política y fuerza militar para confrontar al gran Estado norteamericano, en el clímax de su poder sobre el mundo. Eric Hobsbawm, y otros historiadores, han afirmado que nunca un imperio en la historia tuvo tanto poder y tanta influencia sobre el planeta como Estados Unidos. Si hace poco el periódico *Le Monde Diplomatique,* último vocero de la altivez europea frente al nuevo orden mundial, señalaba con consternación que el otrora orgulloso ejército inglés se convirtió en dócil subalterno de Estados Unidos en su campaña contra Irak y contra Kosovo, qué no podrían decir de la actitud de nuestro país frente al gran imperio. Evidentemente, hoy también se han hecho menos altivos los franceses, los italianos y los españoles: los aeropuertos de España, como los del norte de Italia, son incondicionales centros de provisión de los aviones militares norteamericanos. Hoy, el imperio se sirve de casi todo el planeta para sus fines particulares, pero por supuesto ejerce un poder más irrestricto donde encuentra menos resistencia. Y es allí donde entra en juego el segundo elemento que he mencionado: el carácter. México es un país menos poderoso que Estados Unidos, pero siempre ha sabido relacionarse con el imperio desde la perspectiva de una profunda dignidad. Tal vez porque sus gobernantes no ignoran que, como decía Alfonso Reyes, México representa el frente de una raza, o al menos de un ámbito cultural muy distinto del estadounidense y mucho más definido: el de la América mestiza. Recientemente el presidente Chávez, en Venezuela, ha sabido jugar con inteligencia en el escenario de la economía mundial y prácticamente ha duplicado los ingresos de su país por concepto de exportaciones de petróleo. Muchos en Colombia sienten recelo ante él y lo tratan como a un dictador golpista, olvidando que fue elegido por una amplia mayoría y que ha realizado sus reformas políticas de un modo ejemplarmente pacífico, sobre todo si lo comparamos con el baño de sangre que padece hoy por hoy nuestro territorio. Pero a pesar de que nuestras élites lo miren con recelo, pienso yo que sobre todo por ser mulato, nuestros empresarios no ignoran que en Venezuela se han incrementado de un modo notable las ventas de productos importados de Colombia; que hoy Colombia, gobernada por sus elegantes señores blancos, se está beneficiando de la bonanza petrolera propiciada por Chávez y está derivando importantes ingresos de sus vecinos venezolanos y ecuatorianos. Cuba es un país pobre: no tiene economía ni tiene poderío militar, tal vez lo único que tiene es un señor furioso gritando desde una tribuna, pero eso le basta para mantener a raya al mayor imperio del mundo. Como me decía hace poco un amigo en Bolivia, Estados Unidos no muestra mucho respeto por el señor Castro, lo ataca sin cesar por todos los medios, pero no hay duda de que respeta a Cuba. En general, Cuba es un país al que pocos envidian pero al que muchos respetan, incluido el gobierno español, incluido el papa, incluidos muchos empresarios norteamericanos que no ven la hora de que se acabe el bloqueo para poder invertir sus capitales en un país que será el mayor destino turístico del futuro próximo y que está para ellos al alcance de la mano, e incluidos muchos cubanos que están sosteniendo al país con sus aportes en dólares desde todo el planeta.

Si nuestros dirigentes tuvieran al menos la fuerza de carácter, el espíritu nacionalista que tuvo en sus comienzos el Partido Revolucionario Institucional mexicano, otra sería nuestra suerte. Pero desafortunadamente si algo ha caracterizado a esa dirigencia ha sido un espíritu sumiso y obsecuente frente a los socios imperiales. Les duelen más las críticas que se hacen a Estados Unidos que las críticas a su propia torpeza, y siempre les interesó más quedar bien con las metrópolis que quedar bien con el país. Su capacidad de regateo a la hora de firmar los tratados y los convenios internacionales es nula, y siempre creyeron que esa era la mejor manera de asegurarse el respeto de los norteamericanos. Pero yo tengo para mí que los imperialistas no son meros filibusteros que saquean e invaden a cualquier precio, como piensan algunos, sino que son negociantes inteligentes y astutos que se aprovechan de las debilidades y el servilismo de sus socios, y que en cambio son capaces de respetar las expresiones de resistencia, de dignidad y de firmeza.

Pero decía que la crónica debilidad del Estado, unida a la discordia de la sociedad, son los elementos que permiten que las riquezas del país sean causa a la vez de dependencia y de guerras civiles. Es necesario preguntarse por qué, y de qué manera, nuestra historia fue produciendo esa debilidad frente a los poderes planetarios. Hace cuatro siglos nuestra sociedad giraba en torno a la poderosa corona española, hace dos giraba en torno a la Revolución francesa y al mercantilismo inglés, hace uno giraba como una luna febril en torno a los mandatos del Vaticano, pronto hará un siglo perdió una parte esencial de su territorio a manos de su gran socio norteamericano, hace siete décadas abandonó el sueño inglés de tejer una gran red de ferrocarriles porque ya parecía abrirse camino el gran mandato norteamericano de tender carreteras y de llenarlas de automóviles. Hace poco más de diez años el querido socio norteamericano rompió el convenio cafetero sobre el que había girado la estabilidad de nuestra economía, precipitando la ruina gradual de los cultivadores del café, y en ese momento firmamos con ese mismo país una apertura económica calamitosa que nos invadió de mercancías de todo tipo y arrasó con la agricultura nacional y con la pequeña industria.

Hoy, en el pleno viento de trompetas de la globalización, cada país europeo discute su intercambio con los demás renglón por renglón y tonelaje por tonelaje. España accede a producir menos aceite de oliva para que Italia pueda producir un poco más, si a cambio de eso se les permite exportar un poco más de vino de Rioja o de Ribera del Duero, o algún otro producto. Francia es un país totalmente inscrito en los lenguajes mediáticos y en el horizonte cibernético, pero no ha abandonado ni un solo instante su vocación agrícola, y la tierra que hace milenios sembraron los galos y los romanos sigue produciendo sin cesar sus uvas y sus hortalizas, sus cereales y sus manzanas. Aquí cada día nos llegan con una moda nueva que justifique acabar con una tradición. Y todo se define de acuerdo con un increíble orden de prioridades, dentro del cual la última preocupación de los economistas es qué consumen los propios colombianos.

¿De qué manera enlazar esto con la meditación inicial de que aquí cada riqueza produjo una guerra? Tal vez podamos decir que nunca la prioridad en los beneficios de esa riqueza fue la gente colombiana. Se sacó oro porque Europa estaba ávida de ese metal, se buscó canela porque Europa aromaba su vida con ella, se reventaron los pulmones de los indios de Manaure extrayendo perlas porque esos collares les fascinaban a las señoritas de Toledo y de Habsburgo, se sembró café porque esa oscura bebida era el aroma del *après-midi* en unos salones remotos, se crearon los campos de concentración del Putumayo para extraer la leche de los cauchos porque los automóviles se habían apoderado del sueño americano, se sembró banano porque míster N. lo había encontrado exquisito, se produjo azúcar porque las guerras de Europa habían devastado los campos de remolacha, se saturaron de fertilizantes y pesticidas los campos de flores para que adornaran las salas de Estados Unidos y los entierros de las princesas de Europa, se carcomió la selva para cultivar hoja de coca y se arrasaron los páramos sembrando amapola porque así lo exigían los desvelados adictos de Wall Street y los desdichados heroinómanos de Amsterdam. Pero en las casas de la gran mayoría de los colombianos no hubo nunca oro, ni perlas, ni se supo nunca cómo preparar café *espresso*, ni hubo automóviles, ni se consumieron esos bananos sin mancha que cargan los mulatos corteros hacia los barcos presurosos, ni hubo rosas ni nardos ni astromelias salvo en algún velorio, ni se conocía coca ni morfina, como dice la canción, ni habría con qué comprarlas aunque se conocieran.

Es una desdicha ser mentalmente desde siempre un habitante de las periferias del mundo, pertenecer a países que primero se llamaron a sí mismos colonias, después se llamaron países subdesarrollados, y después se resignaron a formar parte de una entelequia llamada el tercer mundo. Porque lo que hace que los países piensen primero en sí mismos a la hora de producir y a la hora de consumir es que se permitan la ilusión poética de sentirse en el centro del mundo y en el corazón de la historia; lo que hace que sus gentes sean la primera prioridad de sus gobiernos es que no imperen en ellos castas privilegiadas y excluyentes que se avergüencen de sus conciudadanos y utilicen la fuerza para impedirles ser parte de la nación y acceder a la dignidad; lo que hace que se desarrollen de acuerdo con sus propias necesidades y sus propias posibilidades es que no se plieguen de un modo sumiso o servil a las pautas de desarrollo que les dictan otras sociedades, y que no sean víctimas de la ideología perversa de la marginalidad y de la inferioridad; lo que les permite construir grandes civilizaciones es la capacidad de ser ellos quienes crean el pensamiento, quienes establecen los criterios, quienes hacen la valoración de los avances sociales, y quienes dignifican y hacen habitable su espacio llenándolo con los lenguajes estéticos originales de una comunidad, creando desde ellos la inédita poesía de un mundo.

¿Qué son las guerras actuales de Colombia sino la mezcla de todas esas carencias? Colombia sigue siendo una sociedad llena de riquezas pero llena de exclusiones y de privilegios, que posterga siempre a sus ciudadanos, donde se gobierna siempre en función de unos cuantos caballeros de industria pero se espera que sólo el pueblo dé la vida por las instituciones, donde falta un orden de prioridades en el cual lo primero sean la educación y la dignificación de la comunidad, donde falta un esfuerzo de cohesión y de equilibrio social que permita aprovechar esas riquezas en función de su propia gente, donde se siente cada vez más dramáticamente la falta de una nueva dirigencia orgullosa y generosa que sepa inscribir a su país en el mundo sin servilismo y sin simulación, sin las postergaciones de la mentalidad colonial, conociendo el país y valorando sus singularidades y su indudable originalidad.

Aquí siempre se ha gobernado, por acción o por omisión, contra la gente. En Colombia, en los años cincuenta, se arrasó la base democrática de la producción de café y se permitió que los campesinos fueran expulsados a las ciudades mientras la zona cafetera se llenaba de latifundios. En Colombia, en los años sesenta, se intentó una industrialización pero se prohibió en la práctica todo reclamo democrático, se hostilizó y se manipuló la organización de los trabajadores industriales y se persiguió hasta el exterminio las luchas de los campesinos por la tierra. En Colombia, en los años setenta, se ahogaron los reclamos de los estudiantes por una educación moderna, adecuada a la realidad de su país y que dialogara orgullosamente con el mundo. Así se postergó siempre la gran revolución de la educación que permitiera a las nuevas generaciones formarse una idea más compleja del país al que pertenecían y ser el nuevo puente con la realidad planetaria. En Colombia se pasó, en los años ochenta, de producir café y petróleo a producir marihuana y cocaína para esos mercados lejanos que siempre fueron prioritarios. En Colombia se desdeñó, por imposición de las metrópolis y por falta de decisión de la dirigencia, crear un mercado interno y orientar las pautas de la producción por la satisfacción de esas mayorías. En Colombia se llegó a creer que era posible importarlo todo sin producir aquí riqueza alguna, como si uno pudiera adquirir cosas sin entregar nada a cambio; se creyó que se puede tener un país de comerciantes sin tener un país de productores, pero eso sólo permitió que grandes industrias clandestinas y violentas sustituyeran todo el andamiaje de la economía tradicional. En Colombia vastas regiones no existieron nunca para el Estado, hasta que se inventaron sus propias fuerzas paraestatales y sus propias economías anormales. En Colombia una crisis de dirigencia y un profundo colapso de convivencia nos son hoy presentados como una inexplicable irrupción del mal, que sólo puede corregirse mediante una tardía y ya imposible guerra de exterminio.

Pero lo que más me interesa señalar hoy es que este tipo de guerras no son nuevas aquí, aunque ciertamente nunca habían alcanzado el grado de complejidad y la magnitud de la presente; que este tipo de dependencia no es nuevo; que este tipo de presencia de la política norteamericana entre nosotros no es menos interesado que hace cien años, cuando otra guerra intestina desbarató el país, debilitó sus instituciones y abrió las puertas a la pérdida de una parte del territorio. Que, sin embargo, la única manera eficaz de luchar contra la dependencia y de protegerse de un posible zarpazo imperialista consiste en renovar la república y en relegitimar y fortalecer a un Estado que en este momento ha colapsado en todos los órdenes, y que la única manera de fortalecer ese Estado nacional es poniendo fin a la guerra mediante una negociación patriótica en la que todos los bandos pongan la supervivencia y la transformación de la república por encima de cualquier otra consideración e interés.

Nuestras guerras son complejas y son antiguas. Hay viajeros como el filósofo mediático francés Bernard Henri-Lévy, que vienen aquí, visitan el sitio de una masacre, hablan con un guerrillero y con un paramilitar, y simplifican irresponsablemente este dramático y complejo conflicto al declarar que es una guerra entre un psicópata y unos mafiosos, porque esas teorías tienen compradores en alguna parte, pero sinceramente no nos ayudan en nada a remediar nuestros viejos males. Hay profesores de Oxford que vienen a sosegar la conciencia de nuestros dirigentes diciéndoles que también en Inglaterra hay pobres y hay terratenientes, como si fuera útil postergar este urgente proceso de dignificación ciudadana contra largas discriminaciones en un país que no ha conquistado todavía su autonomía mental, que no les ha impuesto unos mínimos contratos sociales a sus Guillermos de Orange, ni ha conquistado el orgullo nacional del que en cambio vive Inglaterra, ni ha podido modelar para cada hijo de su patria, a partir de una bárbara cosmogonía, una poética de la historia como tan admirablemente lo hizo Shakespeare hace cinco siglos. Aquí hay profesores que vieron al país en una tregua de civilidad hace treinta años y han decidido negar esta larga cadena de guerras no resueltas y de conflictos que comprometen las más hondas dificultades de convivencia, pensando que nuestros problemas son los de una democracia europea.

Pero hay algunas cosas nuevas en la guerra actual. Desde la Conquista no se sentía que nuestra historia, es decir, nuestra guerra, estuviera tan conectada con los grandes asuntos contemporáneos. La conquista de América fue un gran hecho histórico universal, como lo fue la época de la Independencia, que puso estatuas de Bolívar en el Parque Central de Manhattan, junto al puente Alejandro III de París y en las plazas de El Cairo. Pero desde entonces nuestra historia estuvo marcada por un sentimiento de marginalidad y de ausencia.

Y como ni siquiera nos acordábamos de nosotros mismos, no podíamos censurar el que el mundo no se acordara de nosotros. Todas esas cosas que otros tomaban de nuestro suelo ni siquiera tenían denominación de origen, sello de procedencia. Pero Colombia ha vuelto a estar en el ojo del huracán del mundo contemporáneo. En más de un sentido hemos dejado de ser periferia, aunque no sepamos responder con claridad qué tipo de centro somos. El de la droga es un gran problema mundial y responde a hondas inquietudes de la civilización, aunque todavía se lo esté tratando como un trivial asunto de policía. Pero muy pronto se abrirá camino en el mundo un debate serio sobre el sentido profundo de esta crisis de la cultura, y nosotros tendremos que ser protagonistas de ese debate. Otro gran tema de nuestra realidad presente es el del tráfico de armas y el terrorismo. En todo el mundo el terrorismo nace de la falta de diálogos culturales, de choques entre fanatismos e intolerancias, de las centrífugas de la exclusión. No menos importante es el tema de la biodiversidad, de la conservación de los recursos naturales, de un replanteamiento del sentido de la naturaleza para la especie humana; de las demandas de agua y de oxígeno que nos plantea el futuro, y no ignoramos que también en ese aspecto tendremos cosas que decir.

Hoy el mundo vive las consecuencias de un choque entre la sociedad industrial y el universo natural, y una de sus consecuencias es la amenaza de un colapso ecológico. En el centro de nuestros conflictos está también el tema del mestizaje, el tema de la valoración de las culturas nativas, y la vigencia de sus mitologías frente a la defensa de la naturaleza. Tal vez no hay un sólo tema crucial de la sociedad contemporánea que no tenga vigencia y expresión en

Colombia, y podemos añadir que no los estamos viviendo como temas de reflexión y de debate sino como urgentes conflictos de nuestra vida práctica, lo cual nos impone la búsqueda de soluciones y de respuestas: el tema de la diversidad étnica y geográfica, el tema del desarrollo desigual del campo y la ciudad, el tema de la urbanización acelerada con todos los conflictos sociales que genera, el tema de la pérdida de tradiciones y de su improvisada sustitución por modas, el tema del debate religioso entre formalidad y ética, el auge tardío entre nosotros de la Reforma protestante, la actitud de los jóvenes sin horizonte enfrentados a encrucijadas de peligro y violencia, el tema de la construcción de Estados nacionales en sociedades de gran diversidad, en estas sociedades poscoloniales, deformadas por la exclusión y violentadas por la injusticia, el tema del choque entre el individualismo de la sociedad de consumo y la necesidad de sociedades coherentes, solidarias y con valores comunitarios: podemos decir que lo que está en juego en Colombia es ya lo mismo que está en juego en todo el mundo contemporáneo.

Colombia no es simplemente una sociedad en crisis, es un vasto laboratorio de los conflictos de la época y de sus soluciones, y todos ellos ponen como una prioridad el deber del país de asumir su modernidad, de comprender que es ya uno de los nuevos centros de la esfera, porque ahora el centro está en todas partes, como querían Giordano Bruno y Pascal. Comprender que sin un cambio radical de actitud, que le permita a cada ciudadano darse cuenta de cuántas cosas esenciales, apasionantes y nuevas se están jugando en su tierra, cuántas respuestas urgentes para el futuro se están formulando en las encrucijadas del conflicto, no será posible superar una larga historia de discordia social y de debilidad nacional resuelta siempre en guerras alrededor de cada mina de oro, de cada árbol de caucho y de cada planta de coca. Así, el país de las guerras antiguas, de las guerras coloniales, de las guerras de aldea, de los conflictos tribales y medievales, se ve de pronto asediado por la más moderna de las guerras, y está en la obligación de interrogar profundamente la realidad en que esa guerra está inscrita. Decidir si seguirá subordinando su destino a la satisfacción de las necesidades, de los deseos y de los vicios de los habitantes de las viejas metrópolis, decidir si seguirá sacrificando su orgullo y su respeto por sí mismo a la interpretación y la valoración que otros hagan de su destino, decidir si va a sacrificar su naturaleza a unas pautas de desarrollo que ya han mostrado en otras regiones del mundo su fracaso, decidir si va a asumir sus saberes y sus conocimientos con firmeza y con dignidad.

Hasta finales del siglo XV, los habitantes de esta tierra llevaban el oro en su casco de guerra y como un ornamento sagrado sobre su cuerpo, y el oro era la condensación mágica de la luz del sol. Mascaban con cal las hojas de coca que llevaban en su poporo, y gozaban de una suerte de alimento místico lleno de propiedades. Cubrían su cuerpo de perlas y así los vio por primera vez Colón con su catalejo, hombres con sartas de perlas en el cuello, los brazos y las piernas, que remaban en largas canoas sobre el mar espumoso. Hacían pelotas de caucho para jugar a un juego en el que no podían utilizarse los brazos. Todo lo que amaban y lo que producían era para ellos, y era para todos ellos. Y se sabían en el centro del mundo, y crearon un universo de mitos y de símbolos nacido de una relación profunda con su propia realidad. Yo diría que nuestros antepasados eran universales y que nosotros somos aldeanos. O mejor aún, que nuestros antepasados eran aldeanos que asumían una responsabilidad universal y que nosotros somos universales pero ni siquiera asumimos la responsabilidad de la aldea. Los aztecas demolían sus templos si advertían que no se ajustaban a las pautas astronómicas correctas. Estaban en el universo y nosotros escasamente estamos en el barrio. Los bárbaros de la Conquista y los civilizadores de la Independencia recorrían a caballo todo el continente. Hoy no podemos ir de una ciudad a otra, estamos más encerrados que nunca y sólo se van los que no pueden regresar. Nuestro mundo parece más amplio, pero no somos capaces de entender a nuestros vecinos. Tal vez las guerras también se deban a eso, y en la transformación de nuestro destino no todo dependa de las negociaciones políticas y de las constituciones. Tal vez llegue a tener algún peso la mirada que arrojamos sobre nosotros mismos, el pequeño pero hondamente significativo giro de dejar de sentirnos en la periferia y en un tiempo rezagado, de empezar a sentirnos en el misterioso y apasionante centro del mundo, en el urgente y decisivo corazón de la historia.

Agosto de 2001

6

Lo que se gesta en Colombia

El azar de las circunstancias violentas que enfrentamos cada día no siempre nos permite advertir el modo vasto y complejo como Colombia está cambiando. Ningún país deja de vivir transformaciones, pero Colombia vio en las últimas cinco décadas un cambio radical de su orden social, y se convirtió, por obra de la violencia entre liberales y conservadores de los años cincuenta, y también por su obediencia a imperiosos paradigmas de modernización, en un país urbano. Pero urbano no significa necesariamente moderno, y muchos sostienen que el modo como los campesinos expulsados de los campos se integraron a la vida urbana representó aquí menos una urbanización de la población campesina que una suerte de ruralización de las ciudades, invadidas por mentalidades, estilos de vida, tradiciones y músicas que no respondían muy claramente a las pautas de la modernidad.

Pero es que uno de los males de nuestra tradición consistió siempre en tratar de ajustar el acontecer histórico a unas pautas, casi siempre tomadas del curso de la tradición europea o de su versión norteamericana. Si Europa había tenido una época de esclavismo, luego una época feudal y luego una edad capitalista, había que rastrear nuestra historia para identificar en ella esos mismos momentos.

Muchos dogmáticos investigadores de años pasados ni siquiera lograban preguntarse por qué seguíamos siendo premodernos si el llamado Descubrimiento de América había fundado la modernidad, si las riquezas de América, la plata de Veracruz y de Potosí y el oro de la Nueva Granada fueron el sustento material del Renacimiento europeo, si nuestra incorporación como colonias al orden o desorden de Occidente hizo posible lo que llamo Marx la acumulación originaria del capital y la instauración de la sociedad mercantil.

Aquí llegaron en el siglo XVI las fuerzas de la Edad Moderna, pero curiosamente impusieron, como punto de partida, un tipo de servidumbre más severo aún que el de la Edad Media en Francia o en Inglaterra, un régimen esclavista más inhumano que el que Europa había vivido en la antigüedad. Los siervos de la gleba del medioevo eran considerados grupos humanos subalternos pero jamás se dudó, como aquí con los indígenas, de su humanidad. Los esclavos de la antigüedad eran prisioneros de guerra que perdían su libertad por un revés de la fortuna, no, como en nuestro siglo XVII, miembros de razas cuyo destino natural era la esclavitud. La Colonia supuso el sometimiento de los americanos como siervos y de los africanos como esclavos a la tiranía de Europa; la América indígena y el África negra arrodillados a los pies del amo europeo, como puede verse todavía en la lujosa escultura de Felipe II que centra con no extinguido orgullo la primera sala del Museo del Prado en Madrid.

Nuestra tradición colonial nos habituó a mirar el mundo a través de lentes ajenas, y hasta para intentar liberarnos de nuestras maldiciones terminábamos solicitando las interpretaciones de Europa. Yo suelo pensar que los países de la América hispánica tenían el cuerpo aquí y el alma lejos, y Colombia fue siempre un país que, como una figura anómala de la geometría, tuvo su centro fuera de sí misma. El centro de nuestra cultura fueron sucesivamente la corona española, el Vaticano, la Revolución francesa, el mercantilismo inglés, la sociedad de consumo norteamericana. Y ello es grave porque la condición de los pueblos que han llegado a tener un lugar en la historia consistió siempre en sentirse en el centro del mundo. Existe una leyenda judía según la cual, si desde el cielo alguien dejara caer una rosa, ésta caería en el centro del templo de Jerusalén. Sentirse en el centro del mundo es una ilusión poética necesaria, que resulta incluso mucho menos soberbia en los tiempos modernos, ya que en la superficie de un mundo esférico o todos están en el centro o ninguno lo está. Además, una de las verdades de la época está expresada en aquella vieja metáfora de Pascal que ha renovado Borges: "El universo es una esfera cuyo centro está en todas partes y la circunferencia en ninguna".

Pero en aquellos tiempos, el lugar a donde se tributaba, donde estaba el poder, configuraba un centro indudable. E incluso se diría que en tiempos de la Colonia y hasta poco antes de la Independencia, el gran problema de los americanos no fue siquiera el sometimiento a la metrópoli sino la meditación melancólica de que a esos reyes de España, a esas potestades que se habían lucrado de América por siglos y habían obtenido de ella la certeza de un imperio planetario, a pesar de los miles de toneladas de oro y de plata, a pesar de las perlas y de las esmeraldas, a pesar de los bosques de caoba que fueron a llenar de retablos fantásticos sus templos, no se les hubiera ocurrido nunca venir a ver por sí mismos los vastos territorios que les dieron los conquistadores, este mundo donde razas enteras se extenuaban para que los santos de la catedral de Sevilla fueran de oro macizo, para que fuera de oro macizo, bajo el vuelo de las golondrinas, el Cristo crucificado del Escorial.

América se sentía una provincia marginal de la historia, y aunque formaba parte del primer imperio del mundo, lo hacía bajo la especie de unas menospreciadas orillas que tributaban su esfuerzo pero languidecían en el olvido. Tiempo después Arthur Rimbaud, ese inspirado prófugo de Occidente, dio con la frase en que podíamos reconocernos: "La verdadera vida está ausente. No estamos en el mundo".

Años antes de la Independencia, los patriotas todavía gritaban "¡Viva el rey y muera el mal gobierno!". Muchos habrían visto con buenos ojos que los reyes de España vinieran a reconciliarse con este mundo que de tal manera los extrañaba. Se diría que la principal diferencia psicológica que tuvimos con nuestros vecinos brasileños consistió en que para ellos, por un breve momento, el cuerpo y el alma del imperio coincidieron en suelo americano, cuando el emperador de Portugal decidió fijar su residencia en territorio del Brasil: porque allí la colonia se exaltó por un tiempo en metrópoli.

Otra era nuestra historia. Siempre nos mirábamos con ojos ajenos, nos juzgábamos a partir de pautas remotas, no lográbamos encontrar un modelo mental, ni estético, ni moral que se pareciera a nosotros. Algunas aventuras a lo largo del tiempo intentaron tomar posesión de la realidad y desarrollar un pensamiento, un discurso, que consultara nuestra situación. Lo habían intentado los cronistas de Indias con desigual fortuna, lo había intentado la Expedición Botánica, que estudiaba con asombro la naturaleza americana, que miraba y pintaba los rojos salvajes de estas bromelias equinocciales e intentaba decirle a la cerrada sociedad europea que estas formas también eran flores. Todavía a fines del siglo XIX un novelista europeo seguía considerando monstruosos esos anturios colombianos que vio exhibidos en una muestra universal de flores en el Jardín de Plantas de París, y un polígrafo español descalificaba al poeta cronista Juan de Castellanos por haber llenado de nombres americanos un poema sobre América. La valoración del mundo en que vivíamos la intentaron algunos rebeldes en tiempos coloniales, y algunos paladines de la Independencia, pero la palabra independencia resulta excesiva para el contenido real de aquella gesta.

A pesar de los sueños de Bolívar que anhelaban construir en América grandes naciones contemporáneas, la Independencia no fue completa y sobre todo no llegó al espíritu. Fue más bien un rechazo al mundo colonial que tantas cosas importantes había construido, que tantos símbolos culturales había mezclado. La Conquista había significado una aniquilación de vastas proporciones, el sometimiento de los hombres, la sustitución de los mitos, la renuncia a la memoria milenaria de América. Todavía se puede ver en los valles del Sinú el entramado de canales que los zenúes trazaron para manejar su agricultura sacando provecho del régimen de lluvias e inundaciones.

Las sabidurías milenarias existían, pero la cultura recién llegada no estaba dispuesta a aceptar que las tribus bárbaras tuvieran algún saber, que hubiera algo que aprender de ellas. Pasaron siglos antes de que comprendiéramos el valor del conocimiento de los médicos de la selva, y antes de eso ya doscientas grandes empresas farmacéuticas de los países industrializados se habían lanzado a la conquista del saber de los chamanes amazónicos, que conocen desde hace mucho el secreto curativo de hasta seis mil especies de plantas, de modo que esas empresas han empezado a patentar fórmulas como la SP-303 de Shaman Pharmaceuticals contra el herpes, o la CP-02, para la cicatrización de las heridas.

Nuestro deber a comienzos del siglo XIX era la Independencia pero no el olvido. Sin embargo, una vez cumplido el proceso político de separación de la metrópoli renunciamos a las ventajas de ser europeos, pero conservamos todo el andamiaje excluyente de la sociedad colonial. En teoría éramos libres, éramos naciones nuevas, inspiradas en los ideales de la Ilustración y de la Revolución francesa. Pero toda la jerarquizada y excluyente estructura de la Colonia había pasado a la república sin romperse ni mancharse, las legislaciones siguieron siendo las mismas, la estructura administrativa cambió muy poco y muy lentamente. Si todavía ahora, en los primeros soles del siglo XXI, hay sectores en nuestras sociedades que se sienten elegidos por Dios y por el destino para ser dueños de todo y miran con crispación que las multitudes reclamen sus derechos y luchen por mayores conquistas, no logra uno imaginarse cuán absurdo sería el modelo en sus orígenes, cuando las repúblicas supuestamente igualitarias todavía sostenían formas de la encomienda, cuando los dueños de las haciendas seguían metiendo en el cepo a sus esclavos. En la hacienda del poeta Julio Arboleda, quien murió abaleado por sus adversarios políticos siendo presidente electo de la república, los viajeros ingleses se admiraban de los muebles lujosos, de los jabones de Windsor, de los perfumes, de las lámparas, y sobre todo de los mil esclavos de los que la familia era propietaria.

Procurando impedir la abolición de la esclavitud hubo aquí en el siglo XIX varias guerras feroces, semejantes a la guerra que en Estados Unidos costó más de quinientos mil muertos. Pero todavía es bueno recordar que en muchas regiones del continente los principales adversarios de la abolición de la esclavitud fueron los propios esclavos, que sabían muy bien que quedar libres, sin que se hiciera un esfuerzo político, económico, pedagógico y cultural para integrarlos en condiciones de igualdad a la sociedad, no era más que una ficción para dejarlos libres de comida y de techo. Hoy, en buena parte del continente, los descendientes de los esclavos siguen siendo tratados como seres inferiores, siguen forzados a la marginalidad, y no se ha realizado la gran Revolución de la Dignidad que proclame para todos de qué profundo modo son parte de la mitología de América, que les dé su lugar en la economía, en la vida social, en la política y en la cultura de nuestras naciones.

No de otro modo en tiempos de la Independencia muchas comunidades indígenas vieron con malos ojos nuestra separación de la corona española. Después de las atrocidades de la Conquista, la legislación española había desarrollado una actitud de protección de las comunidades indígenas, y fue precisamente por la aparición temprana de las Nuevas Leyes firmadas por el emperador Carlos V en 1541, que intentaban proteger a los indígenas contra los conquistadores, que se dio el levantamiento de los encomenderos del Perú, dirigidos por Gonzalo Pizarro, quien intentó nombrarse rey de estas cordilleras de indios y de plata. El llamado derecho humanitario al menos había procurado proteger mínimamente a los nativos, aunque al precio de descargar los mayores trabajos en los hombros de los esclavos, y al aproximarse la Independencia muchos indígenas temieron, con razón, que los criollos ricos que heredarían el dominio sobre los países serían más crueles y más excluyentes con ellos que los mismos españoles. La primera guerrilla de que se tenga noticia en Colombia nació en Pasto, y fue una guerrilla de indígenas, y estaba a favor del rey y en contra de la Independencia. Cómo no iban a tener razón, si todavía hace cuarenta años los periódicos de Colombia revelaron que los dueños de haciendas de los Llanos Orientales solían salir de cacería por la Orinoquia, y se complacían en cazar, no venados ni jaguares, sino indios de la llanura. Si hace cincuenta años había gente en Colombia que no sabía que matar indios era un delito.

Ya que nos independizábamos, era preciso romper con la estructura social de la Colonia, con su tendencia a la subordinación mental, teníamos que reconocer nuestro territorio, valorar a nuestras comunidades, exaltar a los indígenas, incorporar a los esclavos a la libertad, a la igualdad y a la fraternidad. Pero eso sería pedirles demasiado a unas castas de criollos arrogantes que veían en el vago matiz blanco de su piel la prueba de su derecho a ser los nuevos amos del mundo.

A fines del siglo XIX, Jorge Isaacs, ese hombre grande que conoció como nadie nuestra naturaleza, que hizo en la novela *María* un mostrario de la vegetación del Valle del Cauca y un rastreo del origen de nuestras comunidades negras, que exploró el país descubriendo sus riquezas futuras, que encontró las minas del Cerrejón, se propuso hacer también, en La Guajira y en la Sierra Nevada de Santa Marta, un estudio sobre los pueblos indígenas del Bajo Magdalena. Estaba prácticamente fundando nuestra etnología y nuestra antropología, pero la recompensa por ese trabajo generoso y pionero fue la censura que mereció de los poderes republicanos, ya que don Miguel Antonio Caro, presidente de la república, traductor de Virgilio y último centurión del Imperio romano, se proponía dejar a las comunidades indígenas bajo la desintegradora tutela de las misiones eclesiásticas, y esa valoración que hacía Isaacs de los indígenas, sus lenguas y sus mitos, era una peligrosa expresión de ideas modernas, perturbadoras para la tradición.

El país que hoy tenemos es muy distinto del país en que crecimos. La gran verdad de la Colombia contemporánea es que en el curso de las últimas décadas la idea del país que nos proveyó la escuela, la que acuñaron los profesores republicanos, se ha derrumbado. Y ante nuestros ojos ha aparecido un país mucho más diverso geográficamente, mucho más complejo étnicamente, mucho más rico culturalmente, del que nos había legado la tradición. El discurso en que se sustentó la república en el último siglo no veía más que un país blanco, católico, europeo, de lengua castiza, educado por la Iglesia católica, donde en la teoría y en la práctica estaba prohibida la lectura libre. Una democracia fundada sobre la ignorancia de las muchedumbres, sustentada en la tiranía de las bellas palabras, en la intimidación y en el soborno. Los gobernantes no se hacían elegir mediante programas discutidos con la comunidad sino mediante elocuentes discursos plagados de figuras retóricas, o mediante la feroz desfiguración de sus oponentes, para infundir el miedo al contrario, o mediante la obscena distribución de sancochos de gallina y botellas de aguardiente, costumbre que persiste hasta hoy, y desde el comienzo de la vida republicana se vio esa grotesca manipulación de masas iletradas, tiranizadas por las tribunas y por los púlpitos.

Tal vez las castas dominantes en Colombia siempre pensaron que la mejor manera de conservar el poder consistía en mantener a los electores en condiciones de dócil subordinación. Educarlos, tratarlos como ciudadanos, podía desencadenar muchas exigencias. Tal vez se pensó que si la comunidad se ilustraba terminaría tomando posesión del país, cosa siempre desagradable para la mentalidad señorial. No advirtieron que la dinámica social es distinta: una comunidad educada aprende a reclamar y a conquistar sus derechos en el ámbito de la movilización y de la democracia, mediante el reclamo y la negociación; una comunidad sin educación y excluida termina hundiéndose en el resentimiento y busca la solución de sus necesidades por el camino del delito.

Se dice que durante la Colonia nuestros países fueron extrañamente pacíficos. Y si nos fijamos en el viaje del barón De Humboldt por América, pocos años antes de la Independencia, advertimos que casi en ninguna parte encontró peligros ni tropiezos, y que su preocupación, y no excesiva, eran sólo los insectos y las serpientes. Algunos historiadores sostienen que la causa de esa extraña paz social, en tiempos de desigualdades y de injusticias aberrantes, se debía a que el discurso que reinaba sobre la sociedad no estaba en discordia con el orden social imperante. La autoridad del rey, como ya he dicho, no estaba en discusión, ni el poder de la Iglesia, ni los derechos de los funcionarios del poder virreinal, y cada quien sabía con resignación cuál era su lugar en el orden social: los criollos criollos, los siervos siervos, los esclavos esclavos. Curiosamente, fue con la llegada de la república cuando se precipitaron los conflictos civiles, las rebeliones y también la violencia cotidiana. Pero es que ahora el discurso que imperaba sobre la sociedad era el de las libertades, el de los derechos humanos, el de la Ilustración y la Revolución francesa, el de la libertad, la igualdad y la fraternidad, y sin embargo la sociedad seguía sujeta a las mismas jerarquizaciones de la Colonia, a la misma opresión de los siervos, a la misma extenuación de los esclavos. En eso la humanidad es noblemente previsible, casi como una ley natural: la humanidad tolera a veces la opresión, pero no tolera el engaño. Y si se le predica la igualdad pero en la práctica se consagran los privilegios y la exclusión, la gente asume que la trampa es legítima, y empieza a su vez a hacer trampa, porque sabe, y a eso llamamos aquí la malicia indígena, que si quienes predican la ley no la respetan, todo no es más que un juego diseñado para que pierdan los débiles.

A mediados del siglo xx el discurso tradicional de la política sufrió en Colombia un cambio imprevisto. Frente a la oratoria de los demagogos, que excitaban al pueblo con el trémolo de sus frases vacías, surgió el discurso de Jorge Eliécer Gaitán, quien era todo lo contrario de un demagogo: un pedagogo. Y en el contexto de una política hecha siempre para aletargar a las muchedumbres y para hacerles olvidar sus circunstancias, surgió otra política, hecha para despertar y para recordar. El efecto fue abrumador y el viejo bipartidismo colombiano se vio contrariado por el despertar de un pueblo consciente de las grandes reformas que eran necesarias para que Colombia ingresara de verdad en el mundo moderno, después de siglos de insensatas postergaciones. Como ha escrito Marco Palacios, el papel de Gaitán en la historia de Colombia iba a ser el más significativo: a través de su proyecto populista (aunque sería menos peyorativo llamarlo simplemente popular) se iba a cumplir la incorporación del pueblo colombiano, siempre excluido, a la nación, a la leyenda nacional. El pueblo colombiano iba a pertenecer por fin a la nación colombiana, iba a ingresar a la mitología de la nación, al gran relato de la historia.

Por fin, y esto lo sintieron intuitivamente, como una evidencia, las gentes, por fin la historia social y la historia íntima de los colombianos iban a coincidir, después de siglos en que la historia sólo les pertenecía a unos cuantos. Pero como siempre que surgía el anhelo de una vida feliz, de una vida más plena para las gentes humildes, se alzó en Colombia el poder criminal de las élites para detener y conjurar ese asomo de reivindicación popular. Y después del sacrificio del líder, los jefes políticos magnificaron una maraña de diferencias retóricas entre ambos partidos, recurrieron monstruosamente al método de la intimidación, y de repente los campesinos colombianos, que habían convivido desde siempre con las gentes del otro partido en sus veredas, en sus propias familias, empezaron a ver a los otros como enemigos irreconciliables, y una fiesta de horror y de sangre, muy bien alimentada por los directorios políticos, por los medios de comunicación y por los púlpitos, se apoderó de Colombia. Así se logró detener, mediante el sacrificio de cientos de miles de seres humanos, la modernización del país y la transformación de un sistema de privilegios y exclusiones en una democracia más accesible, en una democracia menos aparente.

Pero ya Colombia había empezado a cambiar de un modo incontenible. Desde los años veinte, cuando un sector de las élites comprendió que era necesario formar parte del mundo moderno; cuando se fundó Scadta, la segunda aerolínea comercial del mundo; cuando los trabajadores del río Magdalena y de las industrias nacientes comenzaron a organizarse; y desde los años treinta, cuando Alfonso López Pumarejo encabezó el esfuerzo por reformar la propiedad de la tierra y por modernizar la economía, empezaron a desatarse fuerzas nuevas y miradas nuevas sobre nuestra realidad.

Eran los tiempos en que, hastiado de una cultura de aldea que lo rechazaba desde el racismo y la homofobia, Porfirio Barba Jacob emprendió aquel periplo que llevó casi por primera vez a un colombiano, desde la Independencia, a vivir un destino continental. Aquel hombre salido de un país encerrado en sí mismo, en sus limitaciones y en sus prejuicios, fue de verdad contemporáneo de las notables generaciones americanas de aquel tiempo, y se halló deslumbrado viviendo y creando en esas grandes ciudades imperiales mucho más vinculadas al mundo, como México y La Habana. Todo el ámbito de la lengua lo oyó decir de sí mismo:

Vagó sensual y triste por islas de su América,
en un pinar de Honduras vigorizó el aliento,
la tierra mexicana le dio su rebeldía,
su libertad, sus ímpetus, y era una llama al viento...

Fueron los tiempos en que grandes investigadores europeos, como Paul Rivet y Gerardo Reichel-Dolmatoff, emprendieron el estudio de las culturas indígenas de nuestro territorio, una aventura intelectual que terminó revelándonos la dignidad y la complejidad de los lenguajes, de las mitologías, de los saberes, de esos noventa pueblos distintos que forman parte de nuestra nación. Sólo entonces empezaron a ingresar en nuestra conciencia el conocimiento de los kogis, sus mitologías, su hermoso himno de la creación; empezamos a comprender que la Sierra Nevada de Santa Marta no era sólo la cordillera litoral más alta del mundo, con los cuarenta ríos que bajan por sus laderas, sino que es también un santuario del pensamiento y el nicho de antiguas y refinadas civilizaciones; y supimos del sistema de canales de los zenúes, del modo de cultivar las parcelas de los paeces, del *Canto para curar la locura,* de los cunas, de los mitos de los u'was, tan fuerte y bellamente arraigados a la tierra, de esas palabras de la lengua de los sikwanis que no tienen equivalente en lengua alguna, de las leyendas de los pueblos amazónicos, del árbol de los frutos, del río engendrador de hombres, de la anaconda constelada cuya piel extendida es el firmamento, leyendas que podrían ser el presagio de los grandes mitos ecológicos del futuro.

También nuestra literatura se volvía a mirar asombrada este territorio. Desde la violenta y apasionada *Vorágine* de José Eustasio Rivera, que no sólo denunció los infiernos de las caucherías de la Casa Arana en las selvas del Putumayo sino que procuró recordarle a Colombia la existencia de esas tierras del oriente y del sur que sólo ahora han vuelto a hacer irrupción en nuestra conciencia y en nuestra imaginación, porque ya no es posible borrarlas ni borrar a la humanidad, ni a la poderosa naturaleza que las llena, hasta los primeros poemas de Álvaro Mutis, pasmados ante la fecundidad insolente de la naturaleza, ante las borrascas y las crecientes de los ríos en las fincas de tierra caliente, era ya posible ver en los años cuarenta, los mismos años de los discursos de Gaitán y de las reflexiones lúcidas de Germán Arciniegas sobre la historia americana, que una nueva mirada estaba naciendo en Colombia, una nueva conciencia de nosotros mismos.

Esos procesos históricos no pueden cumplirse en poco tiempo, son fruto de grandes maduraciones a la vez visibles y secretas; son, como diría el poeta Aurelio Arturo, "una luz que nunca es súbita". Y fue precisamente Aurelio Arturo quien en la década de los cuarenta cifró en su hermoso poema *Morada al sur,* la primera mirada verdaderamente amorosa sobre nuestros campos que empezaban a perderse, que pronto serían abandonados por una violencia salvaje, respuesta de la codicia a ese viejo amor de los campesinos por su tierra. Pero el poema de Arturo no sólo evocaba desde la nostalgia el paisaje de las tierras del sur, el viento que pasa sobre los sembrados trayendo sus franjas de aroma. Arturo estaba descifrando la complejidad de su país, con versos que después de mirar el mundo se detienen en cada detalle y nos invitan a detenernos en cada cosa, versos que resuenan cada vez más nítidos en la Colombia presente:

Te hablo también, entre maderas, entre resinas,
entre millares de hojas inquietas, de una sola
hoja:

pequeña mancha verde de lozanía, de gracia,
hoja sola en que vibran los vientos que corrieron
por los bellos países donde el verde es de todos los colores,
los vientos que cantaron por los países de Colombia.

Y llegaron los años cincuenta con sus violencias y sus desterrados, pero también con el esfuerzo de los jóvenes por cambiar una historia de silencio y de miedo. Qué notables y originales fueron los trabajos, por ejemplo, de algunos jóvenes antioqueños de aquel tiempo, cultivados, talentosos, ávidos de un nuevo país. Allí comenzó la labor pictórica de Fernando Botero, ese irónico juego de estampas tropicales a través del cual leía y sigue leyendo nuestra historia; allí comenzó la labor intelectual de Estanislao Zuleta, su diálogo sereno y paciente con las grandes obras de la inteligencia y del arte de Occidente; allí comenzó la aventura insolente, apasionada y hondamente humana de Gonzalo Arango, que desafiaba al país de los dogmas heredados y de la paciente pedagogía del odio, proponiendo un movimiento literario juvenil que era sobre todo una gran amistad.

Allí estaba simultáneamente el ejercicio de toda aquella admirable generación del medio siglo, que no iba a renunciar a su deber de ser generosa y de ser lúcida ante unos dirigentes políticos que se hundían en el sectarismo y en la mezquindad. Allí estuvo Jorge Gaitán Durán con su revista *Mito,* que pensaba el país y lo vinculaba con el mundo, y la revista *Eco,* de don Karl Buchholz, que renovó nuestro pacto de lucidez con el pensamiento occidental. Los jóvenes artistas se abrieron a los lenguajes del arte contemporáneo, con una mirada contraída en el amor de su tierra, y se hizo visible el diálogo que sostenían con la abstracción escultórica moderna, sin renunciar al aprendizaje de los diseños indígenas, las obras admirables de Eduardo Ramírez Villamizar y de Édgar Negret. Y se hizo más perceptible para las nuevas generaciones la poesía traviesa y profundamente colombiana de León de Greiff:

Sin brújula en la bitácora,
Bitácora non había,
Soplando en mi chirimía
Una vez tomé la vía
Que va de Aguadas a Pácora.

En él, nuestra lengua poética había aprendido a jugar, con una mezcla de travesura y de inocencia, hondamente sostenida en el edificio de una gran cultura. Eco de muchos otros juegos anteriores, estaba allí la voluntad de exhibir la riqueza de la lengua castellana y la destreza con que llegamos a manejarla los colombianos, más preocupados siempre por conservar que por trastornar, poco dados a los vanguardismos pero serenamente experimentales:

En el alto de Otramina
ganando ya para el Cauca,
me topé con Martín Vélez
en qué semejante rasca,
me topé con Toño Duque
montado en su mula blanca,
me topé con míster Grey,
el de la taheña barba.

Los tres venían jumaos
como los cánones mandan,
desafiando al Olimpo
con horrísonas bravatas,
descomedidos clamores,
razones desconcertadas,
los tres jumaos venían
y con tres jumas en ancas,
vale decir, un repuesto
de botellas a la zaga.

Y todavía le esperaba a Colombia, con la llegada de los años sesenta, el hecho más importante de su historia intelectual y artística, el momento en que, como le oí decir un día a Danilo Cruz Vélez, parodiando a Hegel, el espíritu universal se detuvo en Colombia, cerca del santuario de la Sierra Nevada, en un pueblito perdido junto a las ciénagas, Aracataca, y surgió una de las obras más grandes y originales de la literatura latinoamericana: *Cien años de soledad*. Pasarían todavía unas décadas de desconcierto, todavía por mucho tiempo Colombia y sus élites persistirían en negar la complejidad cultural, la riqueza étnica, la originalidad humana que hay en cada colombiano, pero ya el lenguaje había descifrado el nudo de nuestras guerras y de nuestras tragedias, y había alzado un canto espléndido, un conjuro cuyo mensaje era simplemente que alguien en Colombia había captado por fin el misterio de los orígenes, la pluralidad de las fuentes, el modo festivo y mágico como se fundieron en este territorio la elocuencia de la lengua española, el desconcertante y paradójico pensamiento mágico indígena, y la alegría, la sensualidad, la vitalidad y el colorido de los pueblos de África. Aquel libro no era sólo una pagana biblia del Caribe, no era sólo el código hermético de los pueblos de la Costa Atlántica, era la lectura puntual, apenas aligerada por la diablura del lenguaje y por los énfasis del mito, del secreto que permitiría a Colombia reencontrarse con su largamente diferido destino.

Como dijo Manuel Scorza, "el primer territorio libre de la América Latina es la literatura". Después de siglos de lenguajes imitativos, de filosofías parasitarias, de cánones inviolables, sólo el arte creador podía atreverse a mirar de frente, de un modo inmediato, orgulloso, la realidad en que vivíamos, y pregonar con insolente belleza para el mundo todo lo que nuestra cultura celosamente había ocultado como una vergüenza. Nuestra mulatería desenfadada, nuestra indiada silenciosa y hermética, nuestro mestizaje atormentado, nuestras apasionadas bastardías, nuestras guerras incestuosas (para utilizar el epíteto acuñado por Borges), nuestra peste del olvido, la debilidad de carácter de nuestras élites, blandas para el regateo, sumisas en el trato con los poderes planetarios, alzadas con el pobre y obsecuentes hasta la humillación con el socio imperial, nuestro encierro en una comarca letárgica pero rencorosa, nuestra idealización de las tierras lejanas, nuestra infinita curiosidad por un mundo que nos parecía improbable, inaccesible, imposible, nuestro fatalismo, nuestro miedo a la naturaleza, nuestra desmesurada y a veces incontrolable imaginación.

Sería un error pensar que todo aquello brotaba de la nada. Nadie, ni siquiera García Márquez, el hombre más endiabladamente arraigado en su tierra y en su época, puede carecer de fuentes y de causas. En él convergieron en una síntesis feliz muchas obras de la literatura mundial y muchas de nuestra tradición literaria y artística, los ríos de la música popular, la saga de los juglares vallenatos, la elocuencia espasmódica de Vargas Vila y el arte de destripar la gramática de los culebreros de pueblo, la muchedumbre espectral de la mitología de Juan Rulfo y la patética incomunicación de los personajes de Faulkner, perdidos en un mundo implacable, en una tierra inexpresiva, los sueños laberínticos de Borges y la diafanidad de la lengua de Rubén Darío y de Alfonso Reyes. Como por el ápice de un mágico reloj de arena, las muchedumbres del pasado convergen en un punto para abrirse de nuevo hacia las incontables posibilidades del futuro.

En algún lugar de su obra, Sigmund Freud escribió, hablando de los síntomas en las patologías: "Pero lo que así permanece sin explicar retorna siempre, una y otra vez, como un alma en pena, hasta encontrar explicación y redención". Cuando el destino de un pueblo ha sido leído con ese rigor, con esa felicidad, ya es imposible que ese destino siga repitiéndose eternamente, porque es la falta de una explicación profunda, de una conciencia profunda de las causas, lo que permite que las guerras giren sin fin en su tiovivo fatal, lo que permite que la serpiente de la venganza se muerda mil veces la cola.

La Colombia de las últimas tres décadas ha visto el desencadenamiento de todas sus furias represadas, pero también ha visto de pronto el rostro complejo de la realidad planetaria. De una aldea perdida del mundo, dedicada a la lastimera costumbre de mentirse a sí misma y de vivir de ilusiones, de ser la Atenas Suramericana, una patria de eruditos apolillados y de aristócratas momificados, de ser un país donde sólo existía el crujiente canapé republicano y donde sólo decidían unos cuantos apellidos irrisorios e ilustres, se ha vuelto el país más ingobernable del continente, el más insumiso, el más violento, pero también el más emprendedor y el que más urgentemente se está mirando a sí mismo, el que más complejamente se está pensando.

Los hijos de la violencia de los años cincuenta llegaron a las ciudades de Colombia y éstas se transformaron, de ciudades aconductadas y prudentes, en metrópolis convulsivas. Esos jóvenes eran al comienzo invisibles: parecían, como sus padres, condenados a no existir para nadie, a no tener un destino, a morirse a las puertas de los hospitales. Pero es difícil que unos jóvenes colombianos se resignen a tan melancólica suerte, y esos jóvenes que no tuvieron nada un día se lanzaron al vórtice del peligro, muchos sucumbieron comprados por el crimen, pero sobre todo se alzaron ebrios de indignación y de valentía, y decidieron ser un peligro para la sociedad que no los veía, decidieron decirles a los poderes que los ignoraban: "De ahora en adelante van a tener que contar con nosotros".

Esos jóvenes homéricos han sido uno de los rostros de nuestra historia reciente, y se han ido convirtiendo en los inspiradores de algunas piezas de nuestra literatura y de nuestro cine, pero más asombroso aún es que en un país que no hizo el esfuerzo por entenderlos, muchos de ellos hayan llegado a convertirse en los más firmes defensores de los pactos de legalidad, en los que más decididamente creen en la necesidad de un país más tolerante. Ya se cansaron de morir a los veinte años, y yo estoy seguro de que no les será tan fácil a las fuerzas de la destrucción y de la muerte seguirlos comprando para forjar con ellos los siguientes anillos de la violencia.

Hemos visto el crecimiento de la delincuencia, la irrupción del narcotráfico, el auge de las guerrillas, el retorno de los paramilitares, las pesadillas del terrorismo, la inseguridad, la miseria, la inmolación de todo un partido político, el naufragio de toda una generación. Pero hemos visto también los esfuerzos de convivencia, ese otro país que trabaja y persiste en ser honrado y en ser fiel a su honor.

Hemos visto las investigaciones de la antropología abriendo nuevos horizontes en la fuente de nuestras sangres; los estudios de los geógrafos revelándonos la complejidad de nuestra tierra; la mirada de los exploradores, los descubrimientos y los audaces reclamos de los ecólogos. Hemos visto el surgimiento lúcido y sereno de las minorías siempre negadas, la dignidad de los pueblos indígenas, la creatividad y la energía de las comunidades negras, la lucha incesante de las mujeres por ser protagonistas de la realidad en todos los campos, e incluso el trabajo anónimo de muchos funcionarios que desde el Estado se esfuerzan, a menudo en vano, por obedecer a un sentido de lo público, por salvar la legitimidad de unas instituciones en las que tanta gente ha confiado, por devolverle la respetabilidad a la administración.

Y en un país donde cada quien crece carente de estímulos y rodeado de obstáculos, sentimos cómo se agolpan a las puertas de lo posible, esperando una oportunidad, enjambres de investigadores y de artistas, de comunicadores y de exploradores, a los que nuestra cerrada sociedad no les abre las puertas, porque los partidos siguen demasiado ocupados en la conservación o la reconquista del poder, porque muchos políticos están demasiado ocupados en la rapiña del presupuesto, porque el destino del país parece que fuera, no la construcción de espacios para la paz sino la preparación de las guerras contra la insatisfacción, contra la insubordinación, contra la furia social.

Todo esto nos revela que Colombia ha postergado demasiado tiempo las reformas que Gaitán entrevió hace medio siglo, las reformas liberales que grandes procesos sociales cumplieron hace mucho en distintos lugares del continente. Las reformas democráticas que hizo Benito Juárez en México en el siglo XIX, las que hicieron Roca e Irigoyen en la Argentina de comienzos del siglo XX, las que obró Eloy Alfaro en el Ecuador, las que conquistó la revolución del 52 en Bolivia.

Esas reformas no hicieron de aquellos países remansos de paz ni paraísos de concordia, pero abrieron el camino a la expresión democrática de la sociedad, instauraron el derecho de los estudiantes a reclamar una educación adecuada a su mundo y a su época, el derecho de los campesinos a luchar por la tierra, el derecho de los obreros a luchar por mayores conquistas laborales, el derecho de los intelectuales a pensar, de los periodistas a opinar y de la sociedad entera, incluidos sus sectores empresariales, a proponer nuevas alternativas de orden social, nuevas dinámicas económicas, audaces proyectos históricos. Es rumor público que en Colombia todo aquel que se proponga transformar a la sociedad corre el riesgo de desaparecer, no perseguido por el Estado sino acallado por una vieja tradición de manos negras que ven como un peligro toda disidencia, toda diferencia, toda originalidad. Tal vez haya fuerzas en Colombia que no quieren cambiar, pero el país entero anhela un orden nuevo, un recomienzo, la oportunidad de ser modernos y de ser felices, y yo creo que ya es incontenible ese vasto proceso de transformación.

Se diría que esto que hoy se llama con un vocablo ingobernable la ingobernabilidad de Colombia es más bien la comprobación del colapso de un orden histórico que ya no propone nada, y de una dirigencia que ya no está en condiciones de gobernar porque no tiene sueños a la altura del país que somos y que necesitamos ser. Esto no es un secreto, esto nadie lo ignora. Pero yo quiero creer que Colombia está mucho más cerca de lo que se piensa de una radical transformación de sí misma.

Hay quienes afirman que nuestro destino inmediato e indefinido será la guerra, pero la verdad es que la guerra colombiana le conviene a demasiada poca gente, y el modo como lentamente se abre camino el proceso de paz, la negociación entre el Estado y las guerrillas, revela que algo en el seno de esos poderes sabe que su única posibilidad de conservar una vigencia histórica está en una negociación que fortalezca al Estado, que lo relegitime a los ojos del pueblo, y que les permita a las guerrillas convertir su combate, hasta ahora perturbador, inhumano y confuso, en una acción legitimada por grandes propósitos. La continuación de la guerra sólo puede envilecer por igual a los bandos en pugna, incluido el Estado. Llegar a una fase de alto al fuego, y avanzar en la negociación, permitirá sin duda que Colombia supere la línea de sombra de un estancamiento en todos los órdenes de la vida social, en la economía, en la educación, en la salud, en el fortalecimiento de alternativas democráticas, en la iniciativa empresarial, en el rediseño de la productividad agrícola, en la apertura democrática de los medios de comunicación.

Y el mejor modo como podemos contribuir a que ese futuro cercano se aproxime será asumiendo como ciudadanos las muchas tareas que nos competen como principales voceros de esa democracia inminente, para que la comunidad se convierta en lo que no pueden hacer los meros guerreros, en la modernizadora de Colombia, en la planteadora de propuestas, en la forjadora de los espacios donde florezca el diálogo, donde se elabore el nuevo relato que incorpore por fin al pueblo colombiano a la mitología de la nación, donde se reconstruya el tejido de la memoria rota por las guerras y las exclusiones, donde se pronuncie el gran conjuro contra la venganza, donde se permita que *Los hijos de la gran diosa*, como los ha llamado un importante estudio reciente, los jóvenes homéricos a los que nuestra sociedad no les ha brindado otra alternativa que el riesgo, el vértigo, el heroísmo y la muerte, se reencuentren con una alternativa de vida tan alta como su propio valor, la alternativa de ser los narradores del presente y los primeros en el frente de paz, ante los grandes desafíos del futuro.

Junio de 2001

7

Colombia en el planeta
Relato de un país que perdió la confianza

Al final de su relato *Los funerales de la Mama Grande,* Gabriel García Márquez puso en labios de su narrador una reflexión singular: *Sólo faltaba entonces que alguien recostara un taburete en la puerta para contar esta historia, lección y escarmiento de las generaciones futuras, y que ninguno de los incrédulos del mundo se quedara sin conocerla...* Allí sugiere que la historia debería ser contada en primer lugar por sus protagonistas y sólo después por los especialistas; que la historia, antes de convertirse en densos volúmenes, sea elaborada primero como cuento, casi, se diría, como chismorreo de vecinos, en esas tardes largas y espaciosas en que las gentes comunes gozan amonedando en palabras los dramas y las maravillas del pasado y del presente.

Esta actitud hacia la historia es natural en una cultura que siempre encontró en los hechos cotidianos el tema de sus canciones, que supo exaltar las situaciones más comunes en símbolos perdurables. Como esos maestros de Gabo, los juglares vallenatos, Colombia necesita convertir hoy las agitadas circunstancias de su historia reciente en intensos relatos y en cantos conmovidos, para que no se olviden los dolores y los heroísmos de esta época tremenda, y para que el relato mismo sea a la vez bálsamo y espejo, que nos permita dejar de ser las víctimas y empezar a ser los transformadores de nuestra realidad.

Como ha escrito Harold Bloom hablando de la cultura contemporánea, *nuestra desesperación requiere el bálsamo y el consuelo de una narración profunda.* Esto es válido para los individuos y para los pueblos. Que las personas mayores, a las que una cultura frívola relega y olvida, siendo los portadores de la experiencia y la única vía al futuro, nos cuenten cómo fueron estos campos hace seis o siete décadas, antes de que comenzara el viento cruel que dio origen a las ciudades modernas; que nos cuenten cómo se formaron estas ciudades a las que todavía hoy vemos crecer ante nuestros ojos. Que esos dos millones de desplazados que han llegado a ellas y que han hecho, como quería Fernando González, el *viaje a pie* por el territorio, refieran la historia reciente del país y puedan elaborarla ayudados por los lenguajes del arte.

Que narren, que pinten, que actúen, que filmen, que canten la historia heroica y peligrosa de todos estos años. Que transformen su tragedia en enseñanza y en sentido para todos. Siempre existieron en el país esa destreza y ese regocijo con el lenguaje que hicieron de los pobladores de los campos narradores extraordinarios. Y los recursos múltiples del arte nos permitirán pronunciar el conjuro, convertir los recuerdos privados en múltiple memoria compartida.

Hoy, los colombianos somos víctimas de los tres grandes males que echaron a perder a Macondo: la fiebre del insomnio, el huracán de las guerras, la hojarasca de la compañía bananera. Vale decir: la peste del olvido, la locura de la venganza, la ignorancia de nosotros mismos que nos hizo incapaces de resistir a la dependencia, a la depredación y al saqueo. La exuberante Colombia parece haber perdido la memoria, parece haberse extraviado en su territorio, como esos personajes de Rivera a los que se tragó la selva, y parece haber perdido toda confianza en sí misma, hasta el punto de no creer que haya aquí ninguna singularidad, ninguna fortaleza original para dialogar con el mundo. Es, por supuesto, una mala ilusión, porque el mundo sabe, a veces mejor que Colombia misma, que el país está lleno de originalidad y de lenguajes vigorosos. Pero es necesario que Colombia lo sepa también.

Que sepamos todos de dónde salieron esos bambucos que hoy se siguen haciendo en Veracruz y en Tabasco, esas cumbias que resuenan por las playas del Caribe, esos currulaos enardecidos del Chocó, esos vallenatos traviesos de Escalona, de Leandro Díaz y de Alejo Durán, que ahora se escuchan en Buenos Aires y en Madrid, en Guadalajara y en Río. Hoy, Gabriel García Márquez llena con su elocuencia embrujada la vida de incontables personas en todos los rincones del planeta, Fernando Botero puebla con sus irónicas estampas tropicales bañadas de luminosidad renacentista los museos del mundo, y por muchas razones distintas buenas y malas los colombianos y el nombre de Colombia se hacen sentir cada vez más en los escenarios de la historia contemporánea. Pero el país vive en peligro y necesita encontrarse consigo mismo a través de un diálogo inusitado con el mundo.

Mientras las circunstancias recientes de nuestra realidad atraen sobre Colombia las miradas de la humanidad, y ya nadie ignora dónde estamos, quiénes somos, cuáles son nuestras virtudes y, sobre todo, cuáles son nuestros defectos, nosotros seguimos ignorándolo, y en tiempos en que tantos países parecen haber accedido a notables progresos, Colombia permanece en el umbral de la modernidad, absorta en una suerte de cosmogonía salvaje, a punto de interrogarse a sí misma, sin saber cómo convertir en rapsodia su arte incomprensible de vivir siempre en peligro, la curiosa relación con la guerra y con la muerte que nos caracteriza.

Reconocerse en sí misma es el gran desafío de la Colombia presente. Mientras los colombianos no tengamos un lenguaje común para hablar de nuestro territorio, y no tengamos un relato compartido de los mitos y de los símbolos que nos unen, será muy difícil cumplir juntos las tareas que nos está reclamando la historia. Un país sólo vive en confianza, sólo se constituye como nación solidaria cuando comparte una memoria, un territorio y unos saberes originales. No basta tenerlos, es necesario compartirlos. La urgente tarea de refundación de Colombia es, antes que todo, una tarea cultural: debemos emprender una gran expedición por el olvido, debemos pronunciar un conjuro contra la venganza desde las encrucijadas de nuestro territorio en peligro, debemos vivir una original aventura estética, mirando la naturaleza equinoccial, las ciudades nacidas del choque de la modernidad con la tradición, y explorando las riquezas del mestizaje, para encontrar los rostros y los lenguajes que definen nuestro lugar en el planeta.

Las numerosas guerras civiles del siglo XIX, las dos grandes guerras de la primera mitad del siglo XX, y la guerra actual, en la que se cruzan todos los conflictos de la diversidad, han tenido como efecto común el cortar sin tregua para los colombianos los hilos de la memoria. La leyenda de la casa perdida vuelve sin cesar en nuestras canciones, en nuestras novelas, en nuestros poemas. *La casa* iba a ser el nombre original de *Cien años de soledad*. Ese *Paraíso* en el que transcurre la *María* de Jorge Isaacs, esa *Casa grande* de Álvaro Cepeda Samudio, esa turbulenta *Mansión de Araucaima* de Álvaro Mutis, esa idílica *Morada al sur* de Aurelio Arturo, lo mismo que esas casas de nuestro cine reciente, la edificación amenazada de *La estrategia del caracol,* la casa en ruinas de *La vendedora de rosas,* se exaltan también en un símbolo de las raíces cortadas, del desarraigo y de una amorosa patria perdida.

Debemos interrogar al espíritu de la venganza que nos hizo perder esa patria. Sería una exageración afirmar que aquí se ha borrado el tabú del asesinato, ese tabú que debe estar escrito con fuego en el corazón humano, ya que es el fundamento mismo de la cultura, pero ¿cómo negar que entre nosotros se ha debilitado?, y ya no parecen ser las religiones las que tengan el poder de instaurar de nuevo en las conciencias ese mito poderoso, anterior a la ley positiva y a la sanción moral, que obra sobre los nervios casi como una ley natural. Pero tal vez, como lo hizo la tragedia en tiempos de Sófocles y en tiempos de Shakespeare, el arte sí pueda todavía renovar en nuestros corazones la vigencia de esas leyes profundas, reinscribir en ellos el sentido sagrado y el poderoso temor, convertir a los muertos en aliados invencibles de nuestro amor por la vida, haciéndolos capaces de infundir en los criminales el pavor frente al crimen.

Hay sociedades donde los muertos no mueren del todo. En México las gentes les llevan serenatas a las tumbas, ponen en ellas platos de enchiladas y de mole poblano, celebran como un carnaval el Día de Difuntos y, como en esos grabados de Guadalupe Posada donde se ven esqueletos que bailan en las fiestas del mundo, viven con los muertos una mitología jubilosa, testimonio de una profunda familiaridad. Entre los antiguos romanos, los muertos se convertían en divinidades familiares, con las que se dialogaba, con cuya protección se contaba siempre. Entre nosotros, en cambio, se ha trivializado la muerte. Los muertos se fueron convirtiendo en desechos que seres distraídos arrojan al olvido, bajo un triste rótulo de N.N. El asesinato es un arma política común, y también un instrumento siniestro de control social. Pero tal vez lo que permite que la venganza recurra al crimen para dirimir los conflictos es esa idea de que los seres humanos se borran con la muerte. Lo que impidió que los muertos de la dictadura argentina se perdieran en el olvido fue que las Madres de la Plaza de Mayo los sacaron a la calle día tras día y año tras año: es así como se demuestra que el amor es más poderoso que la muerte. Aquí es necesario despertar a los muertos, pedirles que sigan vivos en el corazón de quienes los amaron, que nos acompañen en una larga fiesta por la vida. Los wayús suelen atar con cintas rojas las manos y los pies de quienes han sido asesinados, para que el asesino no pueda olvidar que ha cometido un crimen. Cuando hayamos cumplido esa labor poética y mítica de despertar a los muertos, de convertirlos en aliados de la vida, cuando hayamos demostrado que no es tan fácil matar del todo a un ser humano, la venganza tendrá que inventarse otras formas de dirimir sus conflictos, y no podrá creer que se elimina una contradicción eliminando a los contradictores.

Ahora bien, desde los comienzos de la cultura occidental, la poesía testimonió el secreto de los jóvenes homéricos, de todos aquellos que viven peligrosamente. En *La odisea,* de Homero, alguien pronuncia estas palabras significativas: "Los dioses labran desdichas para que a las generaciones humanas no les falte qué cantar". Las guerras y los éxodos fueron siempre la forma más acentuada de ese vivir en peligro, pero la humanidad siempre supo extraer de ellas enseñanza, fortaleza y consuelo. Hoy en Colombia innumerables seres humanos, hombres, mujeres y niños, se mueven en una frontera de riesgos, no hay colombiano que no sienta cada día en su vida el sabor del peligro, y por eso debemos interrogar nuestra relación con un espacio físico que se ha convertido progresivamente en región de zozobra. En barrios azarosos, oyendo en la noche los estampidos de las armas de colina en colina, calculando siempre qué zonas de la ciudad pueden ser visitadas, estudiando siempre los rostros de los demás en pueblos donde crece la angustia, preguntándonos qué carreteras son seguras, en qué vías hay riesgo, sobre qué poblaciones están suspendidas las nubes de la amenaza, volviendo a sentir como en los años cincuenta que viejos conocidos se van cambiando en seres condenados o en colaboradores del mal, Colombia tarda en reaccionar, en modificar su realidad cotidiana, en nombrar su heroísmo y su miedo. Es preciso que oigamos el relato de los jóvenes homéricos, de quienes han aprendido a vivir en el filo de la muerte, es necesario que también ellos, con los múltiples lenguajes del arte, se cambien de víctimas en intérpretes y transformadores de su realidad.

Del mismo modo, debemos contrariar la locura que hizo que década tras década el país se haya acostumbrado a vivir bajo la sombra mítica de un monstruo que se finge eterno, omnipresente y omnipotente. Ese monstruo se llamó Sangrenegra y Desquite, se llamó Fabio Vásquez y Javier Delgado, se llamó Gonzalo Rodríguez Gacha y Pablo Escobar, y aunque cíclicamente caía en poder de la justicia o bajo una lluvia de balas, mostrando que no era más que un pobre ser resentido y vengativo, sigue imperando por el miedo sobre la sociedad y, a pesar de su muerte, vuelve a alzarse una y otra vez, con otro nombre y otro discurso, creyéndose de nuevo el dueño del país, el que decide quién vive y quién muere, quién permanece en el territorio y quién se va de él.

¿Qué hace que Colombia se haya habituado a vivir bajo la gravitación de ese monstruo inevitable siempre significativo y siempre insignificante? Tal vez lo que tiene que ser conjurado no es el monstruo particular, por el que sus propios patrocinadores y voceros terminan sintiendo terror, y al que finalmente destruyen, sino la costumbre colectiva de estar a la vez fascinados y aterrorizados con él. Como el mítico Minotauro de Creta, que exigía cada año el tributo de la sangre joven de la isla, este monstruo parece ineluctable, pero es verdadera la interpretación que hizo de él Borges en su relato *Asterión:* la principal necesidad del monstruo es la de desaparecer y lo único que verdaderamente lo sostiene es el temor que la sociedad le profesa.

Éste es un país peligroso pero valeroso. La gran mayoría de la sociedad está compuesta por seres valientes que salen cada mañana desarmados a las calles a luchar por la vida, a trabajar y a crear. Sin embargo, se ha extendido la creencia de que los valientes son los tenebrosos guerreros que necesitan andar armados hasta los dientes y que se jactan de perdonar a todos los demás el atrevimiento de existir. Nuestro gran desafío es ayudar al monstruo a desaparecer, y para ello es fundamental cambiar nuestras ideas de la valentía y de la cobardía. Es el monstruo el que tiene miedo, por eso anda armado y enloquecido, y Colombia debe vivir la fiesta de reírse del monstruo, desarticularlo como a esos muñecos de carnaval de los que cada miembro de la comparsa lleva una parte y que a veces se disgregan ante los ojos regocijados de los niños.

Como en otros tiempos, pero con una amplitud insospechada, la guerra ha arrojado de sus tierras a dos millones de personas del campo, y si a ellos sumamos los cuatro millones de colombianos que viven fuera del territorio, que han sido arrojados hacia el mundo exterior en busca de trabajo, de futuro, de seguridad, sentiremos una vez más que el destierro sigue siendo el signo de esta patria precaria. Se van nuestros científicos y nuestros talentos. Y hasta una parte muy importante de nuestro arte y de nuestra literatura han sido elaborados en el exilio. En el exilio se escribió la obra de Barba Jacob y de Álvaro Mutis, de García Márquez y de Fernando Vallejo; en el exilio se ha pintado buena parte de la obra de Luis Caballero y de Fernando Botero. Sin embargo, esas obras nacidas en tierras extrañas fueron tal vez las más colombianas, porque no hay mejor manera de conocerse a sí mismo que mirándose en contraste con lo que es distinto.

Varios millones de colombianos van hoy por el mundo procurando entender qué planeta es éste que durante tanto tiempo era para nosotros una fábula inverosímil. Colombia fue una nación casi totalmente cerrada a los vientos de las migraciones que en cambio poblaron a la Argentina y a Brasil, que pusieron siempre en contacto a Venezuela con el resto del mundo, que hicieron de México uno de los países más hospitalarios que pueda imaginarse, que le dieron a Cuba entre tantas cosas su espléndida riqueza musical.

Un día, mirando cierto libro con imágenes de la Bogotá de los años cuarenta, un pintor español exclamó graciosamente: "¡Cómo son de colombianos los colombianos!". Es también ese encierro y un largo hábito de dogmatismos lo que no nos ha permitido relativizar nuestras verdades, dialogar fluidamente con lo que es distinto, reconocer nuestros secretos y nuestras destrezas. Se diría que una de las causas de nuestro conflicto es que hemos estado encerrados demasiado tiempo. Eso nos ha vuelto incapaces de vernos en lo que realmente somos, de admirarnos unos a otros por lo que tenemos de verdaderamente admirable, de corregirnos en lo que deba ser corregido. Por ello, una de las prioridades de la Colombia presente es buscarse a sí misma en un diálogo inusitado con el mundo.

Si es urgente que convoquemos a los millones de refugiados internos que han vivido la barbarie presente, para que compartan con todos los demás colombianos su realidad vertiginosa y hondamente humana, también es urgente que convoquemos a los pioneros de nuestro contacto con el mundo, a esos millones de colombianos que están dispersos por el planeta, que han entrado en relación física y mental con otras tradiciones, y que desde tantos lugares del globo sabrán celebrar de nuevo la alianza con el país en que nacieron, al que llevan en sus costumbres y en su nostalgia, el país que necesita de ellos para estar verdaderamente en el mundo.

Hay quien dice que frente a los desafíos y los horrores de la guerra es poco lo que pueden hacer el arte y la cultura. Muchos pensamos que, por el contrario, en una situación como la colombiana, casi todo tienen que hacerlo la cultura y la educación, porque hasta la guerra que vivimos es consecuencia de unos choques culturales, de unos procesos históricos en los cuales nuestra nación desdeñó su singularidad y se obstinó en copiar ideas, modelos y esquemas, creyendo ingenua o malintencionadamente que para una sociedad sirven las fórmulas que han sido descubiertas e implantadas en otras.

La monarquía parlamentaria inglesa, la razonable República francesa, el presidencialismo paternal mexicano, la actual fusión de arcaísmo monárquico y de audaz ultramodernismo de la sociedad española son ordenamientos surgidos de una lectura lúcida de la realidad de cada uno de esos países. Sólo de una lectura lúcida de lo que somos puede salir un orden institucional y social que sirva para administrar esta realidad y para resolver sus problemas, y decimos que hay una nación cuando una comunidad ha llegado a articularse de un modo original. Por eso el arte y la literatura son los que de verdad descifran a los pueblos, porque a través de ellos esa comunidad singular expresa sus símbolos profundos, cifra en lenguajes condensados su originalidad.

En su reciente libro *La novela colombiana: entre la verdad y la mentira,* el escritor Gustavo Álvarez Gardeazábal, uno de los más lúcidos testigos literarios de la violencia colombiana, nos ha mostrado a través del ejemplo de cuatro grandes obras, la *María* de Jorge Isaacs, *El Moro* de José Manuel Marroquín, *La vorágine* de José Eustasio Rivera y *Cien años de soledad* de García Márquez, contrastadas todas con su propia experiencia como autor de la novela *Cóndores no entierran todos los días,* que el único modo como ha sido posible contar la historia de Colombia fue a través de un tipo de ficción que, recurriendo a la exageración y a la imaginación, logra cifrar poderosamente lo que de otro modo sería reducido a niebla por la pertinaz y dirigida peste del olvido. Hablando de *La vorágine* sostiene que ese tipo de ficción "es la búsqueda de la verdad a través de la utilización de la mentira novelística o de la exageración literaria, de la conformación flagrante de la selva en personaje, de la animación como ser vivo del verde feroz de la selva". En otra parte señala que "desde Rivera en adelante los novelistas colombianos, y los lectores sí que más, convertimos la novela en la única vertiente para encontrar la conformación hacia el futuro de los episodios que hicieron la patria y que por injustos o agresivos, por dañinos o por inconvenientes para los dueños del poder político o del poder económico no fueron aceptados como verdad". Hablando de la obra de García Márquez, el escritor afirma que "probablemente ninguna otra novela colombiana describe como *Cien años* la imagen de las guerras colombianas. Cargada de sátiras, rebosante de burla, hiriendo con el verbo y asimilando con la metáfora, logra un mosaico de coloridos agresivos de tal manera que el lector de 1967, cuando se publicó la obra, y el de hoy o el del 2068, termina por aceptar como verdadera esa versión entre caricaturesca y técnica, entre imaginada y verídica de lo que ha sido una guerra en Colombia. El paso de los años, la repetición insensata de muchas de las circunstancias, la identificación del arquetipo en muchos personajes de la guerra de hoy, hace más creíble la versión exagerada y quizás hasta mentirosa, y sin problemas la entroniza como la verdad histórica". Y después de comparar estas aventuras literarias con su propia experiencia, la experiencia de quien ha debido fabular para llegar a las entrañas de lo real, de quien ha tenido que exagerar para alcanzar la verdad, memorable, Álvarez Gardeazábal concluye: "Ésa ha sido la verdad aunque siempre la hayamos creído la mentira. Por ello es a los novelistas a quienes nos ha correspondido inventarla, para que la crean".

Nuestra gran expedición por el olvido requiere sin duda esa medicina de una narración profunda, una búsqueda del tiempo perdido, y el lenguaje verbal creador, oral y escrito, tendría que ser su más inmediato instrumento. No parece posible recurrir para ello a los medios de comunicación masiva, medios que masifican sin fortalecer la individualidad, medios de una sola vía, que no permiten diálogo alguno, y sobre todo en las condiciones de Colombia donde hoy los medios responden exclusivamente a una estrategia de mercadeo, y no están dispuestos a difundir nada que no opere como mercancía.

Además, ese ejercicio del recuerdo sólo puede ser un acto de amistad y de amor, y esto sólo es posible mediante el contacto directo de los seres humanos. Pero ello supone algo más que una narración. Siempre fue vigoroso entre nosotros el arte de narrar, y buena parte de la historia está contada en múltiples versiones. Pero a partir de cierto momento parece que hubiéramos perdido la facultad de escuchar, de atender a esos relatos. Una pregunta central de esta búsqueda es qué es lo que nos hace escuchar, que es lo que nos cautiva, nos seduce y, si se quiere, nos embriaga del relato.

Nadie tal vez como García Márquez para aproximarnos a ese secreto. Aquí es donde podemos pensar en Gabo como hechicero, y en la suya como en una suerte de lengua chamánica capaz de pronunciar los conjuros requeridos. La sensualidad de su relato, la tensión de su intriga, el modo cautivante de sus paradojas, su desparpajo, su alegría, su sabia combinación de reverencia mítica ante los humildes y de insolencia mítica frente al poder, su exuberancia y su sentido del ritmo forman un tejido narrativo que rompe con los paradigmas de la novela occidental, tal como nos la legaron los grandes artífices.

Cien años de soledad no es, en sentido riguroso, una novela humanista. En ella no sólo los seres humanos son protagonistas, las fuerzas de la naturaleza tienen su propia voluntad, y ya desde el comienzo de la obra se anuncia ese sentimiento que la recorrerá por entero: "Las cosas tienen vida propia —pregonaba el gitano con áspero acento—, todo es cuestión de despertarles el ánima". Más bien nos sentimos asistiendo a una recuperación del sentido mágico de la literatura precristiana y prerracional, a los poderes naturales que gobiernan el relato homérico, a las transgresiones de la ley natural que rigen el curso de los relatos de *Las mil y una noches,* al universo animista de los mitos indígenas americanos.

El joven culpable que aparece en la obra de García Márquez no es el penitente cristiano sino el hijo que huye de sus deberes, que se aleja empujando una jaula donde llevan al hombre que se transformó en víbora por desobedecer a sus padres, y que vuelve a la aldea años después con el cuerpo cubierto de tatuajes, de modo que parece una serpiente. El tipo de lazo afectivo que une a la madre y a su hijo no nos los muestra García Márquez mediante un discurso explicativo, sino señalando el camino que sigue la madre en busca del hijo fugitivo, el mismo camino por donde el hijo retorna muchos años después a la aldea, y sólo se detiene cuando llega hasta ella. Ese vínculo no nos es dado mediante una argumentación a la manera de Tolstói o de Thomas Mann, sino mediante el rojo lazo de un pictograma indígena: el hilo de sangre que brota de las sienes del hijo muerto y que, siguiendo su fuerza ancestral, esquivando todos los obstáculos, no se detiene hasta llegar a la madre: el río de la sangre buscando su fuente.

Es tal vez la irrupción del pensamiento mágico indígena en el orden del relato lo que marca la diferencia de *Cien años de soledad* con toda la literatura europea, lo que señala el secreto de la fascinación distinta que ejerce sobre la imaginación de todos los pueblos, y por ello se explica que García Márquez sólo haya sabido cómo contar su saga cuando leyó el *Pedro Páramo* de Juan Rulfo, el momento en que el universo mágico ancestral de los mexicanos encontró su lugar en la respiración de nuestra lengua continental.

La originalidad de García Márquez es la originalidad de nuestra cultura, su distancia del canon de Occidente. Ese triple recurso de elocuencia latina, condensación mágica indígena y sensualidad africana, fusionados en diablura de la imaginación, colorido, insolencia y desconcierto, pueden ser vigorosos aliados en nuestra relectura de la historia, en la gran expedición por el olvido, en nuestra consoladora narración curativa.

Otro secreto del relato está en la recuperación de los detalles. Lo que hace que la verdadera historia sólo se aprenda en la novela histórica es que ella escapa de las generalizaciones y las categorías para darnos la intensidad de los hechos. Por eso tiene la capacidad de conmover, de formar la sensibilidad, de educarnos ante los rigores de la historia. El más grande historiador europeo, Gibbon, descubrió que lo conmovedor de la historia no está en las grandes tramas sino en los pequeños detalles. Frente a la historiografía indiferente, entorpecida de abstracciones y de estadísticas, que le teme a lo local, a las anécdotas y a los héroes, se alza la historia viva que muestra a las tragedias humanas girando en torno de cosas concretas, de gallinas y de cerdos, de fotografías y de sillas vacías.

Las gentes humildes creen en la realidad. Una nevera es para la publicidad y para la opulencia un símbolo insignificante, pero para una persona humilde es un objeto real y es también un icono. Por eso los sicarios de Colombia pueden arriesgar la vida por conseguir ese objeto que en cambio significa poca cosa para muchos que lo poseen. Es preciso recordar que nuestra violencia gira en torno a la tierra y a las cosas. Es preciso recordar que vivimos en una sociedad mercantil que predica todo el día sus paradigmas de opulencia y consumo, pero en la cual los productos son inaccesibles.

Hace setenta años, en muchas regiones de Colombia, cuando una persona iba por los montes al anochecer y veía aparecer a alguien en la oscuridad, podía sentir alegría. Un desconocido era un compañero con quien sentarse a conversar. Siete décadas pasaron llevándose eso que alguna vez fue nuestro, y Colombia ha perdido casi del todo el tesoro mayor que cualquier sociedad puede poseer: la confianza espontánea en los demás. Con ella perdimos la conciencia de poseer una patria, de formar parte de una comunidad solidaria. Saqueados por la historia, los hijos de Colombia deberíamos vivir hoy la urgencia de lanzarnos a la búsqueda de esa confianza perdida, pero nadie conoce el camino que lleva hacia ella, porque la confianza es uno de esos extraños lazos vitales cuya realidad resulta mucho más fácil de percibir que de explicar.

Nuestra sociedad, tradicionalmente pobre, que nunca vivió la prosperidad de México o La Habana en el siglo XVIII, de la Argentina a comienzos del XX, de Venezuela a mediados de siglo, nuestra sociedad, arrojada a una lucha desamparada y solitaria por lo material, aislada en individuos que crecieron en la falta de estímulos y la abundancia de obstáculos, en manos de clases dirigentes sin carácter que nunca dirigieron nada, está comprendiendo tardíamente que la mayor riqueza posible es la menos palpable: el privilegio de compartir una realidad donde sea posible confiar en los demás y que los demás confíen en nosotros.

Esa confianza, que puede traducirse en conversación entusiasta, en recuerdos compartidos, en el amor —que sabe asumir tantas formas—, en respeto, en esa justicia generosa de la que nace el único orden duradero, en seguridad y protección, en trabajo respetado y digno, en verdadera compañía, ¿dónde encontrarla? Muy pocos colombianos se sienten hoy realmente acompañados, salvo por las personas que les son más cercanas, y se diría que a veces ni siquiera por ellas. Pero podemos añadir que sólo las amistades suplen en Colombia la confianza que a menudo ni aun la familia dispensa y ya que la familia, en tiempos aciagos, tiende a convertirse en algo que se cierra sobre sí y nos enclaustra en un ámbito opuesto a lo desconocido, a los desconocidos (que son aquí el conjunto de la sociedad), la amistad tendría que convertirse en uno de los más importantes instrumentos de esa búsqueda de la confianza perdida, que es una búsqueda de la patria perdida.

Hay un secreto en la invención de nuestras amistades, en los encuentros y las afinidades, en sus coincidencias y sus asombros. Es verdad que también la amistad puede convertirse en algo hostil a la sociedad, en un orden de afinidades cerrado a la curiosidad y a lo colectivo. Pero todo el que tenga un amigo, en el sentido más generoso de la palabra, tiene una de las claves del futuro que Colombia reclama, una responsabilidad a la vez íntima y pública, un secreto político, en el sentido más alto de la expresión.

Simplificando una sentencia griega, podemos llamar política a nuestra manera de estar juntos. Ello nos obliga a advertir que hay maneras generosas e inteligentes de estar juntos, y maneras egoístas y brutales. Si en una sociedad impera la confianza, es evidente que la gobierna una sana política, pero si impera el miedo, toda su política debe quedar enseguida bajo sospecha.

Las sociedades sólo viven juntas en confianza cuando comparten una memoria, un territorio y un carácter, es decir, un saber sobre sí mismas, pero esto en Colombia lo aprendemos por la vía negativa:

lo que impide nuestra confianza es que no compartimos una memoria, casi no compartimos un territorio y en absoluto compartimos un carácter. Sin embargo esa memoria, ese territorio y ese carácter existen realmente, y el mundo exterior suele tener más conciencia de ello que nosotros mismos.

Toda nación es una memoria compartida, pero esa memoria tiene que haber sido elaborada colectivamente; ningún pueblo se une realmente alrededor de una versión parcial o amañada de la memoria común, y la memoria compartida da cohesión a los pueblos, les permite tener rostro y voz para dialogar con el mundo. Hay naciones cuya memoria es tan poderosa que les permite incluso sobrevivir a la pérdida del territorio. Hay naciones cuyo territorio es tan homogéneo que pueden reconocerse siempre con facilidad a sí mismas. Hay naciones cuyo carácter las ha hecho siempre visibles, orgullosas de sí mismas, firmes en el diálogo con el mundo.

Colombia necesita reconocerse en Macondo, necesita curarse del olvido, curarse de la venganza y curarse de la ignorancia de sí misma, y sólo podrá lograrlo viajando por el olvido, despertando a los muertos, contando y cantando los secretos de su continuo vivir en peligro, conjurando los fantasmas del miedo y emprendiendo un diálogo nuevo con el mundo. Ello reclama una aventura vital festiva y múltiple, enriquecida por los lenguajes del arte, que brote de la comunidad sin exigir el patrocinio del Estado, y donde cada colombiano pueda sentirse y actuar como protagonista. Una iniciativa autónoma de la cultura colombiana para abrir el país a los creadores y artistas del mundo, a todos los que quieran vincularse como acompañantes y amigos en una expedición de Colombia por su propia memoria, por la vastedad de su territorio, reconociendo la originalidad de sus sueños y de sus lenguajes.

Porque un país sólo se puede relacionar con el mundo desde la perspectiva de su originalidad. Cierta teoría superficial de la globalización pretende que los países renuncien a toda singularidad para integrarse a una suerte de carnaval de lo indiferenciado, pero la misma globalización nos enseña que el mundo entero sólo dialoga con lo singular. Inglaterra vive de su capacidad de incorporar a su ser las habilidades de sus enemigos, de haberse incorporado la sensibilidad francesa y las fuentes del Romanticismo, de haber nacionalizado el té y el curry. Francia vive de su sensorialidad, de su racionalidad, de su Revolución y de su cosmética; el Japón aprendió a crear transistores y microchips a partir de su habilidad secular para las miniaturas, de su propensión al bonsái y al haiku. Así que la pregunta por nuestra singularidad tendrá que estar en el centro de nuestra relectura de la historia, del gran relato de quienes viven en peligro, de nuestra gran conversación con los muertos.

Debemos partir de un gran censo de procesos culturales en Colombia, construir un mapa cultural del país, identificar en él los proyectos y los esfuerzos que mejor respondan a esta filosofía de reencuentro de Colombia consigo misma y con su propia voz frente al mundo, y proponer a la comunidad internacional un abanico de actividades y de sueños a los cuales puedan sumarse los países en generosas alianzas creadoras. Nadie nos puede enseñar a ser nosotros mismos, pero el mundo civilizado tiene mucho que aprender del ejercicio de un país que explora su propio rostro, y nosotros mucho que descubrir de nuestra singularidad mientras dialogamos con otras tradiciones y otras mentalidades. Además de unos recursos económicos para la cultura y la educación, Colombia requiere hoy compañía imaginativa y apasionada, que nuestros hermanos de todas las naciones entren en diálogo con una comunidad deseosa de comprenderse y de reconciliarse.

Que lleguen a Colombia las brigadas culturales del mundo, las francesas y las españolas, las cubanas y las norteamericanas, los artistas de Senegal y de Corea, los maestros de danza de China y los maestros artesanos de Tailandia, los jóvenes cineastas daneses y vietnamitas, los jóvenes deportistas del Congo y de Australia. Así como cada año nos visitan los poetas y cada dos años las más importantes compañías teatrales de todo el mundo, así como han venido los maestros directores de la Scala de Milán a compartir su saber y los profesionales del Circo del Sol franco-canadiense a compartir sus destrezas con los niños de los barrios de Cali, que vengan los que hacen las fiestas de las flores y las fiestas del libro, las jornadas de la música y las jornadas del teatro, que dialoguen con el pueblo que ha creado la saga vallenata y la cumbia, currulaos en los litorales y pasajes llaneros, que dialoguen con la realidad que ha producido a García Márquez y a Fernando Botero, a Édgar Negret y a Ramírez Villamizar, a Luis Caballero y a Beatriz González, a Fernando González y a Estanislao Zuleta, a José Asunción Silva y a Gonzalo Arango, a Luis Carlos López y a Aurelio Arturo, a Porfirio Barba Jacob y a Fernando Vallejo, a José Eustasio Rivera y a Gustavo Álvarez Gardeazábal, a Santiago García y a Enrique Buenaventura. Colombia necesita con urgencia del mundo para no sucumbir en manos de la peste del olvido, del tiovivo de las guerras que nunca terminan, de la hojarasca de las dependencias.

Volvamos a decir que esta vida peligrosa en un país de paradojas nos exige buscar el triunfo de la vida despertando a los muertos, alcanzar el olvido recurriendo a una gran expedición por la memoria, alcanzar la capacidad de perdón combatiendo las inercias de la venganza, reinventar la comunidad fortaleciendo en el diálogo lo individual, reconocernos a nosotros mismos en el acto de dialogar con el mundo, reinstaurar el pavor de matar perdiendo el miedo a los fantasmas que viven del crimen, y reencontrarnos de nuevo con la invaluable confianza espontánea en los demás a través de desconfiar aplicadamente de nuestras nociones y de nuestros hábitos.

De este apasionado ejercicio cultural y educativo, que no puede ser una labor especializada de artistas ni de intelectuales, sino una extensa fiesta de la comunidad, partiendo de las regiones del país más agobiadas por los conflictos, depende no sólo nuestra reconciliación, sino la posibilidad de convertir a Colombia, hoy terriblemente amenazada, no sólo en una gran reserva de oxígeno y de agua para el futuro de la especie, sino en una respuesta desde la creatividad y la imaginación para algunos de los grandes males de nuestra época. Como dice el personaje de García Márquez: *Es la hora de recostar las sillas en la puerta, y de empezar a contar la historia, antes de que lleguen los historiadores.*

Nota

La idea de un gran proyecto cultural que enfrente algunos males viejos de la sociedad colombiana y siembre semillas de reconciliación nació inicialmente de una conversación con Gabriel García Márquez, y ha tomado fuerza en el diálogo con muchos colombianos convencidos de que la cultura y la educación son fundamentales para resolver la tragedia nacional. Este texto es fruto de numerosas conversaciones entre distintos grupos de ciudadanos, de artistas e intelectuales, de expertos en cuestiones sociales y promotores culturales, pero es sólo un borrador, y aspira a que todos sus lectores, en particular los jóvenes, se animen a enriquecerlo con sus aportes y sus objeciones, pero también a que lo transformen en iniciativas artísticas y en tareas culturales.

Marzo de 2001

8

En busca de una paz con argumentos

Uno de los hechos más dignos de reflexión de la Colombia presente es que la honda crisis en que vivimos no se agota en el conflicto armado. Basta visitar la sección de urgencias de un hospital de los barrios marginales en una noche de viernes, basta ver los avisos que muestran a los niños que buscan su hogar, basta pensar en los oficios a que tienen que entregarse muchos profesionales sin empleo, basta ver los atentados contra la economía nacional que no proceden de ataques de la insurgencia sino de maniobras de poderosos funcionarios, basta ver cómo se ha perdido la confianza entre los conciudadanos, para comprender que Colombia es hoy un país agobiado por múltiples crisis, y es duro saber que si la guerra terminara mañana, todavía tendríamos que afrontar enseguida el vasto problema de una delincuencia desencadenada, una pavorosa situación de violencia familiar, una profunda crisis en el modelo de la educación, un colapso de la salud pública, el desamparo de los jóvenes perdidos en un mundo sin memoria y sin códigos morales, la enormidad del problema de la corrupción, las infinitas expresiones de una generalizada incapacidad de convivencia, las desdichas de la insolidaridad.

Pero no cabe duda de que la guerra es el hecho que más nos impide luchar por la corrección de todos esos problemas, y es evidente que no sólo la paz, sino su primer paso, una tregua de las armas, un resplandor inicial de esa paz posible, liberaría enormes reservas de energía y de entusiasmo en la perspectiva de enfrentar y de resolver tantos dramas concéntricos, y les permitiría por igual a la sociedad y a sus dirigentes mostrar sus verdaderas capacidades.

La guerra se alimenta de todos esos conflictos que la paz podría resolver, y por ello hasta ahora ha crecido, y su sombra se cierne de un modo cada vez más amenazante sobre nosotros. Una guerrilla de cuarenta campesinos hace cuarenta años se ha convertido en un ejército de 17.000 hombres. Han crecido, aunque en menor proporción, las otras guerrillas, y hay también un auge inusitado del paramilitarismo. Algunos piensan que la intensificación de la guerra podría traer pronto un desenlace cualquiera, pero muchos expertos, entre quienes se puede contar al secretario de Estado de Estados Unidos, Colin Powell, artífice de la guerra del Golfo y actual comandante de las acciones contra Afganistán, han sostenido que nuestro conflicto no tiene una solución militar posible, y que es preciso avanzar en el esfuerzo de resolverlo políticamente.

Colombia ha asumido ese desafío, pero después de tres años de conversaciones entre el gobierno y las guerrillas en busca de la paz, nunca fue tan evidente que lo que padece Colombia es sobre todo una crisis de dirigencia. Ello no siempre ha sido así. Hubo momentos de la historia en que esa dirigencia nacional, a veces en el campo de la política y a veces en el campo de la economía, tuvo notables proyectos. Muchos dirigentes históricos de nuestra nación fueron verdaderamente brillantes y tendríamos que aprender de su ejemplo. Si bien en su conjunto la dirigencia colombiana no fue nunca tan generosa como habría debido, nunca entendió del todo la complejidad y la grandeza del país al que orientaba, nunca asumió plenamente el desafío de mirar el mundo desde una geografía, desde un preciso vórtice de culturas, desde una perspectiva histórica original, hay que recordar que los grandes padres de la Independencia se propusieron forjar un país autónomo, que los cultivados publicistas políticos del siglo XIX trataron de construir unas instituciones contemporáneas, que los apasionados debates entre federalistas y centralistas procuraron pensar el ordenamiento territorial, que Miguel Antonio Caro y Rafael Núñez, aliando el espíritu de la sabana central con el espíritu de la Costa Atlántica, lograron construir una nación unitaria, que el general Reyes asumió el desafío de reconocer la geografía del país y sus potencialidades, que López Pumarejo intentó modernizar su economía, que Gaitán se propuso darles a las muchedumbres postergadas un lugar en la mitología nacional, incorporar el pueblo colombiano a la nación colombiana.

Pero se diría que desde entonces nuestra dirigencia sólo se ha propuesto administrar lo que existe, con criterios cada vez más estrechos, y ahora no sólo ignoramos cuáles son los principios filosóficos, los sueños políticos y las estrategias económicas que gobiernan su acción, sino que vemos que amplios sectores de esa clase dirigente, ante las graves amenazas que pesan sobre la sociedad y sobre sus conquistas civilizadas, se encierran en el egoísmo, se atrincheran en la indiferencia, se abandonan a la corrupción o sucumben a los señuelos de la barbarie, sin darse cuenta de que renunciar a la tutela de la ley y de la legitimidad es arrojar por la borda todo lo que podría garantizarnos un futuro.

No se puede gobernar en una democracia moderna con base en meros apetitos privados, ni se puede obtener la reconciliación de un país deformado por múltiples injusticias y desgarrado por toda suerte de discordias internas sin una nueva lectura de su realidad, sin ideas originales sobre su ordenamiento institucional, sin una interpretación de sus potencialidades creativas y productivas, y sin una gran convocatoria a la única fuerza capaz de transformar a las naciones: una comunidad unida por fuertes lazos de solidaridad, cohesionada por un gran ejercicio de comunicación consigo misma, orientada por la luz de claros y grandes propósitos.

Pero no veo cómo puede ser solidaria una comunidad que no es consciente de sus orígenes compartidos como nación, una sociedad casi completamente despojada de memoria histórica. No veo cómo puede comunicarse consigo mismo un país donde los dirigentes, el sistema educativo, los poderes económicos y los medios de comunicación estimulan, a veces sin advertirlo, la exclusión, la descalificación de los otros, la estratificación social, la intolerancia y la sed de venganza. No veo cómo puede tener grandes propósitos un país que está naufragando en la necesidad y en la pérdida de todo su orgullo.

Un importante periodista colombiano afirmó que lo único que no se ha ensayado contra la guerra vieja que corroe al país y que socava sus instituciones es la justicia. Se ensayan soluciones policivas y soluciones carcelarias, se ensayan soluciones mágicas y soluciones militares, se ensayan las alarmas de los medios y las plegarias colectivas, pero la justicia no se ensaya jamás. Y, siendo Colombia un país esencialmente injusto, cuando alguien habla de la posibilidad de pensar la justicia como solución a los males del país, hay mucha gente que entiende esto como un llamado a la venganza. Justicia parecería el equivalente de los apaleamientos y las persecuciones, de los encarcelamientos y las ejecuciones. Pero hay dos clases de justicia: una justicia que previene el delito, hecha de empleo, de salud, de educación y de orgullo ciudadano, y una justicia que castiga el delito, hecha de tribunales, de cárceles y de sanciones, y sólo se hace tan necesaria la segunda cuando no se le brinda ninguna oportunidad a la primera.

Yo siempre he pensado que el pueblo colombiano no es malo sino maltratado. Estremece ver a un noble pueblo desgarrado por las discordias, deformado por la exclusión, anulado por la falta de orientación y de propuestas históricas. Nunca fueron tan grandes los desafíos de Colombia y tal vez nunca fue tan pequeña su dirigencia. Nunca fueron tan continentales, más aún, tan planetarios los temas de su crisis y nunca fueron tan barriales y tan aldeanas las soluciones. Esto nos revela que una de las más grandes urgencias de la sociedad colombiana es la necesidad de que se manifieste en la vida pública una nueva dirigencia, moderna, civilizada y democrática, que rechace con firmeza la barbarie de todos los bandos, que sea capaz de interpretar el clamor de este momento de la historia y que asuma la responsabilidad de salvar al país del despeñadero de una guerra sin horizontes y de los desórdenes de un Estado que se disgrega en la anarquía.

"La guerra —escribió Wallace Stevens— es el fracaso de la política". Hace tres años el gobierno nacional asumió con gran sensatez y con no poca audacia el desafío de resolver el conflicto armado por la vía del diálogo y de la negociación. No parecía posible que la guerrilla de las FARC se sentara a negociar de nuevo después del famoso bombardeo de 1991 sobre Casa Verde, y después del asesinato de tres mil militantes desarmados del movimiento con el que experimentaba la posibilidad de hacer política en el marco de la actividad civil y de la democracia. Haber logrado ese diálogo inicial fue un paso muy importante en el comienzo del nuevo gobierno, y es necesario reconocerle al presidente Andrés Pastrana su esfuerzo valeroso por sostener el proceso contra viento y marea, su convicción de que ese es el único camino al futuro. No hay duda de que en el curso de esos tres años de previsible forcejeo se lograron algunos avances que hasta ahora han cambiado el horizonte de la guerra, sin que ello signifique que hayan moderado ya su atrocidad o que nos hayan tranquilizado con respecto a la viabilidad de nuestro futuro como nación. Pero el diálogo avanzó hacia una agenda común para la negociación, logró un intercambio humanitario de prisioneros, logró hacer visible para la comunidad internacional la existencia de la guerra colombiana, su complejidad y la necesidad de su solución, comprometió la solidaridad de las naciones amigas, y más recientemente ha llegado a las puertas de discutir un cese al fuego que es esencial para que la negociación siga con vida. Todos ansiamos ver resultados más contundentes, pero no es poco haber logrado en cuarenta meses esos avances frente a una guerra de cuarenta años que en los últimos quince ha arreciado de un modo profundamente perturbador para la economía, para la vida institucional y para la tranquilidad ciudadana.

Con todo, la negociación requería desde el comienzo por parte de nuestras instituciones mucho más que una voluntad de diálogo.

Requería una estrategia política muy seria que le permitiera al Estado tener claros los objetivos de la negociación, sus métodos, sus condiciones y sus límites. Habría sido preciso trazar desde el primer momento una estrategia que cohesionara en torno al proyecto de paz a una parte considerable, si no a la totalidad, de la actual clase dirigente colombiana. Habría sido necesario que los grandes dueños de la tierra, los industriales, los gremios, el Ejército, los medios de comunicación, los partidos políticos y la Iglesia fijaran claramente su posición con respecto a los alcances de esa negociación. Qué parte de su riqueza, qué parte de su poder, qué parte de su proyecto serían negociables en el propósito de construir una paz que desbloquee al país y le permita avizorar su reconstrucción económica y social y su refundación política, el vasto esfuerzo social y cultural de reconciliación.

Ante la perspectiva de una reforma agraria, que ojalá sea más una estrategia de productividad y tributación que una indiscriminada fragmentación y distribución de predios productivos, sería fundamental saber qué piensan los dueños de la tierra. De qué modo se proponen contribuir a la reactivación de la economía, a la ampliación de la frontera económica, al fortalecimiento de un mercado interno, al cumplimiento de la norma que exige atender a los deberes sociales de la propiedad, en la perspectiva de no permitir que la prolongación de la guerra, o la brutalidad de la violencia, destruyan sus posibilidades de participar en la salvación nacional.

Ante la perspectiva de unos debates sobre la protección y la explotación de las reservas naturales del país, lo mismo que frente a un replanteamiento del proyecto económico, sería muy importante saber qué estrategia se han trazado los industriales para garantizar su productividad repensando la economía solidaria de la nación, para proteger los recursos naturales, para defender esos santuarios de la vida que son nuestros páramos y nuestras selvas, para racionalizar el uso de las aguas públicas, para controlar la contaminación, para establecer una alianza sólida entre agricultura e industria, de qué modo se procurará beneficiar a las mayorías que languidecen en la miseria, de qué modo se negociará en función del país con las grandes corporaciones y con los Estados de los países industrializados.

Ante la perspectiva de una necesaria reforma política sería esencial saber cómo entrevén esa reforma los distintos partidos, cuánto han aprendido de sus propios errores, cómo avizoran la posibilidad de una ampliación de la democracia que les garantice un espacio en el futuro como fuerzas representantes de la tradición institucional pero que les permita el juego político a los movimientos renovadores, que supere el clientelismo y la manipulación de los electorados, que brinde a los ciudadanos mayor posibilidad de intervenir, de fiscalizar, de exigir el cumplimiento de sus promesas electorales.

Ante la perspectiva de una reforma militar y de sus estructuras institucionales, sería esencial saber qué piensan la oficialidad y los distintos estamentos sobre el fundamental papel del Ejército y de la Policía en un nuevo orden posterior al conflicto, donde la prioridad no sea ya la guerra sino la reconstrucción del país, donde los militares puedan aportar todo su conocimiento del territorio, su ingeniería, todo su saber y su capacidad de trabajo, reforzando las iniciativas de un Estado reorganizado con nuevos propósitos.

Ante la perspectiva de una necesaria apertura democrática de los medios de comunicación, sería muy importante saber qué piensan los medios actuales, tanto privados como públicos, sobre lo que podría ser una sociedad más solidaria, en la que no imperen exclusivamente ciegos criterios de competencia sino los mínimos supuestos de respeto por el público y de conveniencia social que caracterizan a los medios en las sociedades democráticas modernas.

Sólo de unos acuerdos de este género podría salir una posición coherente de la precaria democracia colombiana ante una oposición armada que aprovecha cada vez que puede la falta de cohesión de los sectores dirigentes, una posición que permita llegar a unos acuerdos razonables en función del país y de su futuro, más que de la satisfacción de los bandos en pugna. E incluso esta convocatoria a los poderes del país ha debido exceder el marco estrecho de la búsqueda de una negociación con las guerrillas; debió plantearse esas tareas en la perspectiva de emprender por sí mismos esas reformas, postergadas aquí, y que tantos procesos liberales han cumplido en los países de América, para relegitimar a un Estado que está al borde del colapso, e incluso para disputarle esas banderas a una guerrilla que desdeña la política, que no se muestra en absoluto como vocera de un humanismo nuevo sino que ostenta un desprecio deplorable por las clases medias y una indiferencia estremecedora ante el sufrimiento de sus víctimas.

Una de las verdades más grandes de la guerra es que ésta deja víctimas en todos los bandos, deja heridas en todas las víctimas, y a partir de cierto momento ya no es posible poner el énfasis en el castigo de las atrocidades cometidas sino sólo en el esfuerzo por impedir la prolongación de esas atrocidades. A partir de cierto momento, cuando de un bando y del otro hay ofensas espantosas que agravan día tras día el resentimiento y la sed de venganza, ya lo más importante no puede ser vengar a las víctimas de ayer sino impedir las víctimas de mañana.

La historia de Colombia es una historia de largas discordias, instauradas por la brutalidad de la Conquista, perpetuadas por las crueldades de la servidumbre y de la esclavitud, renovadas por los conflictos de la Independencia, eternizadas por las guerras partidistas, males de los que todos terminamos siendo a la vez responsables y víctimas. Tenemos que aceptar la responsabilidad de este país que hemos hecho y deshecho entre todos. No será posible una reconciliación de los colombianos si no asumimos la deuda histórica de la exclusión y del racismo, de la guerra insensata y apátrida entre los partidos y de su persistente pedagogía del odio, que todavía en nuestra infancia obligaba a la mitad de los colombianos a ver como sus enemigos irreconciliables a la otra mitad. Todo el que asuma aquí la posición de víctima inocente de unos enemigos atroces no conoce la complejidad de nuestra historia ni las dificultades de nuestro precario orden institucional. Pero hoy nadie tiene derecho a convertir a sus víctimas, a convertir las ofensas que ha sufrido, en un pretexto para que continúe sin fin la atrocidad. Y eso es lo que hacemos en todos los bandos. Quienes han sido víctimas de una guerrilla insensible y muchas veces inhumana convierten sus heridas en argumentos irrefutables de que la venganza debe llegar, de que el castigo es lo esencial, de que con esos seres no se puede convivir. Y las guerrillas alegan los viejos bombardeos de hace cuarenta años sobre sus reclamos de campesinos pobres, los bombardeos de hace diez, cuando se instalaba la Constituyente, el asesinato de varios miles de militantes desarmados que hacían el experimento de formar un partido político legal para actuar en el marco de la democracia, y hasta las masacres populosas obradas por los paramilitares como un argumento para seguir sin fin su escalada de combates y de agresiones.

Sin embargo, yo quiero creer que la aceptación del diálogo significa, por parte de la guerrilla y por parte del gobierno, el reconocimiento tácito de que necesitamos poner el énfasis en el futuro y no en el pasado, de que Colombia se está cansando de esa cruda historia de venganzas que no terminan nunca, porque hay demasiadas deudas que cobrar, demasiados humillados y ofendidos, y nuestra historia siempre consistió en que, por la lógica de las venganzas eternas, cada guerra engendraba la siguiente.

Hace algún tiempo, Colombia se movilizó masivamente bajo la consigna de "No más guerra" o "No más secuestros". Pero yo creo que Colombia debería movilizarse bajo la consigna de "No más venganza". Esto significa renunciar por fin a esa ceremonia tan compartida, tan unánime, de pasarnos incesantes cuentas de cobro los unos a los otros por las ofensas que nos hemos hecho, unos por su accionar brutal, otros por su silencio cómplice, unos por su egoísmo ante el sufrimiento de los demás, otros por su resentimiento ante la sociedad, unos por su desprecio a sus conciudadanos, otros por su tardanza en reaccionar. Esto significa permitir que por un tiempo lo que se abra camino sea la preocupación por cómo silenciar esta algarabía de odios, este coro de reclamos, esta fiesta de eternos reproches y este infinito memorial de agravios que hace que cada día un hirsuto país de humillados se prepare para partirse el alma con un hirsuto país de ofendidos.

Podríamos seguir en esta danza hasta que aúlle el último coyote del mundo, pero la sensatez y el amor por nuestros hijos exigen que le pongamos fin a esa cadena de retaliaciones. Y esto entre nosotros parece más difícil que la guerra. Somos un extraño país, casi incapaz de identificarse consigo mismo, que se afirma cristiano noche y día pero nunca sería capaz de volver la otra mejilla, y que ve como una humillación insufrible ese precepto cristiano de perdonar, aunque todo el día lo profiera en sus oraciones hipócritas.

Pero no creo que se trate aquí ni de volver la otra mejilla ni de perdonar. Se trata de algo menos angélico y más pragmático, se trata de preguntarnos a cambio de qué compensación estamos dispuestos a renunciar a los placeres de la venganza. Se trata de renunciar a las voluptuosidades del odio a cambio de un poco de paz para nuestro futuro, a cambio de creer en la posibilidad de un país nuevo, próspero, reconciliado consigo mismo, donde los hijos de quienes hoy se odian con tanta vehemencia puedan saludarse con mínima cortesía. Ello ha sido posible en muchos lugares del mundo. Guerras feroces que parecían interminables tuvieron fin y enemigos encarnizados pactaron alianzas que dejaron conformes a las partes, aunque siempre quedara en algún lugar alguien encogido rumiando sus odios. A cambio de venganza, las sociedades optan por concesiones recíprocas, que den mínima satisfacción a los que se enfrentan, pero que sobre todo no condenen a los que apenas nacen a ser los herederos de unos odios envenenadores y malignos.

Es más: eso no sólo ocurrió en España, por ejemplo, un país que parecía irreconciliable después de la monstruosa guerra civil del 36 al 39, y después de la ominosa dictadura de cuarenta años que sobrevino; guerra y dictadura que produjeron muchas más atrocidades de las que nosotros hayamos podido ver en nuestro país. E incluso ocurrió aquí hace cuarenta años, después de la espantosa violencia entre liberales y conservadores que también parecía irreductible, que mostraba episodios de crueldad y de sadismo verdaderamente aberrantes, y que pudo haber hecho que esos bandos enardecidos se odiaran para siempre. Pero los pactos entre los dos partidos enemigos dieron lugar a una reforma constitucional, enormes recursos públicos fueron destinados a la financiación de los movimientos guerrilleros de entonces, y hubo serios compromisos en la búsqueda de esa reconciliación, y no sobra recordar que ayer nada más se dio un paso decisivo en el proceso de paz de Irlanda, en la resolución de un conflicto que nació hace más de ochocientos años, cuando desembarcaron las tropas inglesas en las costas de la isla de los druidas.

Ahora lo que está en juego, pues, no es nuestra dignidad sino nuestra inteligencia. Muchos dicen que no se puede negociar con los enemigos, pero es sólo con los enemigos con quienes se debe negociar. Muchos dicen que negociar con criminales es hacerles una concesión indebida, pero esto lo oímos decir en todos los bandos. Tanto los guerrilleros como los paramilitares prodigan las escenas atroces, y en estos momentos crecen como espuma al amparo de la lógica de las venganzas. Por ello se requiere una dirigencia que no caiga en la trampa de pensar que pacificar el país de un modo verosímil, de un modo eficaz, que neutralice a los bandos, y contando con el respaldo de la comunidad, es renunciar a la justicia.

La justicia que requiere Colombia es abrirse al horizonte de la modernidad, es volverse productiva, es afirmarse en su singularidad y en las fortalezas de su propia cultura, es no dejar nidos de exclusión donde se atrincheren los resentimientos, es no permitir que la arrogancia de unas aristocracias oprobiosas siga llenando al país de seres insatisfechos, es no permitir que la opulencia, contrastando con la miseria, legitime en el alma de algunos la tentación del delito, es procurar que un país grande por sus recursos, admirable por sus individuos, lleno de talentos que esperan estímulo y de energías originales que reclaman una oportunidad, llegue a un nuevo comienzo. Es permitir que las generaciones del porvenir se vuelvan a mirar a esta generación trágica que hoy debe asumir la responsabilidad por el destino del país y se diga de ella: "Pudieron eternizarnos a todos en sus odios, pero prefirieron darnos una oportunidad de vida y de grandeza". Ésa es hoy nuestra opción: o la pequeñez de una guerra mezquina que nadie en el mundo recordará, o la grandeza de una reconstrucción de los sueños nacionales, que pasa por la tarea, muy difícil, pero no imposible, de renunciar a la fiesta de la venganza. Una fiesta espantosa que ha arruinado el destino de varias generaciones de colombianos a lo largo de estos dos siglos.

Leído en el Congreso Nacional, octubre de 2001

SEGUNDA PARTE

EN TIEMPOS DE LA HABANA

1

El viejo remedio

Yo sé que quieren que nos alegremos con la muerte de Pablo Escobar. Yo sé que quieren que nos alegremos con la muerte del Mono Jojoy. Yo sé que quieren que nos alegremos con la muerte de Marulanda. Y que nos alegremos con la muerte de Desquite, de Sangrenegra, de Efraín González.

Yo no me alegro. No me alegra la muerte de nadie. Pienso que todos esos monstruos no fueron más que víctimas de una sociedad injusta hasta los tuétanos, una sociedad que fabrica monstruos a ritmo industrial, y lo digo públicamente, que la verdadera causante de todos estos monstruos es la vieja dirigencia colombiana, que ha sostenido por siglos un modelo de sociedad clasista, racista, excluyente, donde la ley es para los de ruana, y donde todavía hoy la cuna sigue decidiendo si alguien será sicario o presidente.

Tanto talento empresarial de ese señor Escobar, convertido en uno de los hombres más ricos del mundo, y dedicado a gastar su fortuna en vengarse de todos, en hacerles imposible la vida a los demás, en desafiar al Estado, en matar policías como en cualquier película norteamericana, en hacer volar aviones en el aire: tanta abyección no se puede explicar con una mera teoría del mal: no en cualquier parte un malvado se convierte en semejante monstruo.

Y tanto talento militar como el de ese señor Marulanda, que le dio guerra a este país durante décadas y se murió en su cama de muerte natural, o a lo sumo de desengaño, ante la imposibilidad de lograr algo con su inútil violencia, pero que se dio el lujo triste de mantener a un país en jaque medio siglo, y de obligar al Estado a gastarse en bombas y en esfuerzos lo que no se quiso gastar en darles a unos campesinos unos puentes que pedían y unas carreteras.

Yo sé que quieren hacernos creer que esos monstruos son los únicos causantes del sufrimiento de esta nación durante medio siglo, pero yo me atrevo a decir que no es así. Esos monstruos son hijos de una manera de entender a Colombia, de una manera de administrarla, de una manera de gobernarla, y millones de colombianos lo saben.

Por eso Colombia no encontró la paz con el exterminio de los bandoleros de los años cincuenta. Por eso no encontró la paz con la guerra incesante contra los guerrilleros de los años sesenta. Por eso no encontró la paz tras la desmovilización del M-19. Por eso no conseguimos la paz, como nos prometían, cuando Lehder fue capturado y extraditado, y cuando Rodríguez Gacha fue abatido en los platanales del Caribe y Pablo Escobar tiroteado en los tejados de Medellín, ni cuando murieron Santacruz y Urdinola y Fulano y Zutano y todo el cartel x y todo el cartel y, y tampoco se hizo la paz cuando murió Carlos Castaño sobre los miles de huesos de sus víctimas, ni cuando extraditaron a Mancuso y a Don Berna y a Jorge 40, y a todos los otros.

Porque esos monstruos son como frutos que brotan y caen del árbol muy bien abonado de la injusticia colombiana. Y por eso, aunque quieren hacernos creer que serán estas y otras mil muertes las que le traerán la felicidad a Colombia, los desórdenes nacidos de una dirigencia irresponsable y apátrida, yo me atrevo a pensar que no será una eterna lluvia de las balas matando colombianos degradados, sino un poco de justicia y un poco de generosidad, lo que podrá por fin traerle paz y esperanza a esa mitad de la población hundida en la pobreza, que es el surco de donde brotan todos los guerrilleros y todos los paramilitares y todos los delincuentes que en Colombia han sido, y todos los niños sicarios que se enfrentan con otros niños en los azarosos laberintos de las lomas de Medellín, y que vagan al acecho en los arrabales de Cali y de Pereira y de Bogotá.

Claro que las FARC matan y secuestran, trafican y extorsionan, profanan y masacran día a día, y claro que el Estado tiene que combatirlas, y es normal que se dé de baja a los asesinos y a los monstruos. Pero que no nos llamen al júbilo, que no nos pidan que nos alegremos sin fin por cada colombiano extraviado y pervertido que cae día tras día en la eterna cacería de los monstruos, ni que creamos que esa vieja y reiterada solución es para Colombia la solución verdadera. Porque si seguimos bajo este modelo mental, no alcanzarán los árboles que quedan para hacer los ataúdes de todos los delincuentes que todavía faltan por nacer.

Más bien, qué dolor que esta dirigencia no haya creado las condiciones para que los colombianos no tengan que despeñarse en el delito y en el crimen para sobrevivir. Qué dolor que Colombia no sea capaz de asegurarle a cada colombiano un lugar en el orden de la civilización, en la escuela, en el trabajo, en la seguridad social, en la cultura, en la sana emulación de las ceremonias sociales, en el orgullo de una tradición y de una memoria. Yo, personalmente, estoy cansado de sentir que nuestro deber principal es el odio y nuestra fiesta el exterminio.

Construyan una civilización. Denle a cada quien un mínimo de dignidad y de respeto. Hagan que cada colombiano se sienta orgulloso de ser quien es, y no esté cargado de frustración y de resentimiento. Y ya verán si Colombia es tan mala como quieren hacernos creer los que no ven en la violencia del Estado un recurso extremo y doloroso para salvar el orden social, sino el único instrumento, década tras década, y el único remedio posible para los viejos males de la nación.

2 de octubre de 2010

2

Con millones de ojos

Nada más digno de respeto en Colombia que el proyecto de devolver las tierras arrebatadas a sus legítimos propietarios.

Pero quien tenga la intención sincera de hacerlo debe saber que desde hace mucho tiempo en Colombia no bastan los decretos, las leyes ni las decisiones de unos cuantos funcionarios bien intencionados.

Las tierras que han sido saqueadas en las últimas décadas lo fueron mediante un proceso violento de asaltos, crímenes, masacres y campañas de terror e intimidación. Hay quien dice que la atrocidad de las masacres tenía como principal objetivo crear un clima de espanto que hiciera huir de las regiones a los propietarios y facilitara la venta apresurada de predios a los beneficiarios de la violencia, que muy a menudo eran también sus instigadores.

Quienes se apropiaron de esas tierras no han sido sometidos por el Estado; las desmovilizaciones parciales no despojaron en lo fundamental a los empresarios del terror de su poder de acallar y de intimidar; quienes se beneficiaron de la violencia, contra los códigos y contra la justicia, no van a renunciar a esas conquistas por el hecho de que leyes nuevas ordenen la restitución.

Ello no significa que la recuperación y la devolución de las tierras sean imposibles. Al contrario, es una necesidad imperiosa de nuestra sociedad: necesidad política, social y moral, si queremos seguir siendo respetados como sociedad civilizada y si queremos tener dignidad a los ojos del mundo y a nuestros propios ojos. Pero la mera ley no es suficiente, y para garantizar que ese acto de justicia se cumpla mínimamente es necesario llevar a cabo un proceso muy complejo de fortalecimiento democrático del proceso y de acompañamiento internacional.

Lo único que puede impedir que el esfuerzo por recuperar y restituir las tierras arrebatadas se convierta en un nuevo y escandaloso baño de sangre, uno de esos baños de sangre que cíclicamente arrojan su maldición sobre nuestro territorio, es que el gobierno, el Estado que debe ejecutarlo, los funcionarios que tienen esa responsabilidad, comprendan la magnitud de lo que se proponen, la enormidad de las dificultades y el urgente deber que tienen de rodear el proceso de garantías para las víctimas y de protección para los que aspiran a recuperar sus tierras.

Nada podrá cumplirse si los beneficiarios de la ley permanecen aislados y vulnerables: los crímenes contra los aspirantes al retorno ya han comenzado a ocurrir. Sólo una presencia masiva de la sociedad, impulsada por los medios de comunicación, una vigilancia constante del proceso, una visibilización extrema de las providencias de los jueces, de las decisiones de la administración, de las entregas de tierras, una defensa elocuente y continua de los derechos de las víctimas, un rechazo decidido a las arbitrariedades y a los crímenes, pueden impedir que un proceso tan necesario y tan generoso naufrague en ese mismo mar de atrocidades que hoy nos avergüenza.

Un inmenso abrazo de solidaridad de todos los medios de opinión y de las organizaciones sociales, una alerta permanente de los informadores y una movilización amistosa y lúcida de los ciudadanos son el primer deber de la sociedad colombiana. Y también es necesario que se diseñe un plan de incorporación de esos predios restituidos a un proyecto económico viable y beneficioso para los campesinos y para el país, porque tanto al gobierno como a los medios se les hace agua la boca envaneciéndose de sus buenas intenciones, pero estas cosas sólo valen por sus consecuencias reales.

Del mismo modo, es absolutamente necesario rodear ese proceso de una democrática vigilancia internacional. Que el mundo sepa que en Colombia han sido arrebatadas por la violencia y por el fraude millones de hectáreas a los campesinos, y que han sido desplazados millones de propietarios; que el mundo sepa que se está haciendo un esfuerzo generoso y democrático por corregir esa injusticia que clama al cielo; que el mundo acompañe ese esfuerzo de alta civilización y lo vigile, como diría el profeta, con millones de ojos.

Salvemos a los violentos de la tentación de la masacre. Que nuestra indiferencia y la impunidad no sean nuevamente cómplices del mal, y no le faciliten a la violencia su trabajo.

Si sus impulsores no procuran que este proceso tenga ese acompañamiento y esa vigilancia, tal vez, a pesar de sus buenos propósitos, sólo están entregando millares de personas inermes otra vez en manos de la arbitrariedad y de la venganza. Ese es el tamaño de su responsabilidad histórica.

10 de julio de 2011

3

Tras un sueño intranquilo

Acostumbrada a sentirse una región marginal y subalterna, como tantos países que una vez fueron colonias, Colombia despertó un día, tras un sueño intranquilo, convertida en parte del planeta.

De repente, todos los temas que conmocionaban al mundo tenían que ver con ella, y algunos la cruzaban transversalmente como caminos o como lanzas. El tema de la integración continental, del que mucho se había hablado en tiempos de Bolívar, y que había sido olvidado después por un rebaño de repúblicas parroquiales, volvía a estar en la agenda como algo necesario y urgente, y comprendimos que ningún país de América tenía tanto el deber de tener una vocación continental como Colombia.

Su litoral del norte sólo puede entenderse en el ámbito de ese mundo físico y cultural que es el Caribe, una región que va, como dijo García Márquez, desde el delta del Mississippi hasta el delta del Orinoco; su región occidental sólo puede proyectarse considerando la vastedad y la complejidad de la cuenca del Pacífico; su región oriental sólo puede verse como una de las alas de la Orinoquia; su región central pertenece a la topografía, la memoria y la cultura de la cordillera de los Andes; y su región sur no puede pensarse sino en el contexto de las riquezas y los desafíos de la cuenca amazónica. Por cada costado, Colombia se asoma a un mundo distinto, y su horizonte físico y cultural va mucho más allá de sus fronteras.

Nacía en el mundo un interés nuevo por la biodiversidad, y no se puede pensar en biodiversidad sin pensar en Colombia. Tampoco se puede hablar del agua dulce, que es sólo el 3% del agua planetaria, y de la cual dos tercios están atrapados e inmóviles en los casquetes polares, sin pensar en Colombia y en los países de la cuenca amazónica; ni se puede hablar del oxígeno planetario sin tener en cuenta la región ecuatorial.

El tema de la pobreza es un tema central de la humanidad y Colombia es el país con peor distribución del ingreso en todo el continente. Después de cincuenta años de graduales éxodos, muchos colombianos andan dispersos por el mundo y día a día empezaron a traernos noticias del mundo exterior. El tema de las migraciones y de las poblaciones desplazadas conmueve al mundo, y Colombia no sólo tiene un alto índice de emigrantes a otros países sino millones de desplazados internos que configuran un drama humanitario de grandes proporciones.

Muchos otros temas centrales de la agenda de la humanidad son problemas urgentes de nuestra agenda: el tráfico de armas, la guerra y los terrorismos, la droga y el narcotráfico, la corrupción y el saqueo del tesoro público. Se diría que no hay problema de la sociedad contemporánea que no tenga que ver con nosotros; estamos en el cruce de todos los caminos.

Pero tal vez ningún tema es tan visible y con ninguno se nos identifica tanto en el mundo como el tema del tráfico de drogas. La marihuana que consumían Rubén Darío en sus éxtasis parnasianos y Barba Jacob en sus viajes innúmeros con "la luz de Saturno en su sien" empezó a ser considerada desde los años setenta el flagelo de la humanidad. En los últimos tiempos se ha ido convirtiendo en una droga suave, y ya soplan vientos de legalización en el norte, no tanto porque no les cause recelo, aunque igual lo podrían causar el alcohol y las armas, sino porque Estados Unidos es ahora gran productor.

Uno de los fracasos contemporáneos ha sido la guerra contra la cocaína, pues bien sabemos que el consumo de drogas es un problema de salud pública más que un problema penal o militar, y combatirla penal o militarmente es una estupidez condenada al fracaso. El verdadero problema social es el narcotráfico, que sólo prospera a la sombra de la prohibición, que nos ha costado miles y miles de víctimas y la ruptura de la institucionalidad en varios países, y que no existiría si el tema se enfrentara de un modo más lúcido.

Las mafias descomunales no se habrían enriquecido hasta lo increíble ni masacrado a tantos ciudadanos, ni se hubieran masacrado entre ellas con tanta saña, ni su poder habría envenenado de tal manera la vida social, si la producción y el consumo de estas sustancias estuvieran controlados por el Estado, y este fuera un tema de salud pública y no de policía.

Por primera vez un gobernante colombiano en ejercicio se ha animado a plantear el tema en los foros internacionales. Tiene razón: el narcotráfico todavía tiene a nuestra sociedad entre el fusil y la pared, y muchas personas sensatas en el mundo saben que la legalización es uno de los primeros temas de la agenda planetaria.

Tal vez así Estados Unidos no tenga que esperar a que el monstruo se apodere de sus instituciones para reaccionar como ya reaccionó en los años veinte, cuando las mafias del alcohol vivían batallas campales en Nueva York y en Chicago y la legalización devolvió las aguas a su cauce. Pero también corremos el peligro de que legalicen la marihuana por razones económicas y dejen vivo el problema de la cocaína y sus mafias sanguinarias.

El debate público colombiano debe dejar de girar exclusivamente alrededor del Código Penal, y del cotilleo político. Colombia está en el centro de los mayores debates, y la sociedad entera debe contribuir a dilucidarlos y resolverlos.

27 de noviembre de 2011

4

Un gran hombre en peligro

Hace mucho conozco a Luis Carlos Restrepo y sé que es un hombre generoso y bien intencionado, cuyas acciones han estado gobernadas por el deseo de servir al país y de contribuir a la paz de Colombia. Por eso suena tan desproporcionada la decisión de la Fiscalía General de la Nación de ordenar su captura y acusarlo de una inconcebible lista de crímenes.

Nadie se esforzó tanto por abrirle camino al Mandato Ciudadano por la Paz, que propició el intento de negociación del conflicto durante el gobierno de Andrés Pastrana. Ese proceso fracasó por la intransigencia criminal de la guerrilla y por la falta de voluntad política de ambas partes, pero el Mandato Ciudadano expresaba un sentir profundo de la sociedad.

Luis Carlos Restrepo no abandonó su vocación ciudadana. Aceptó el cargo de alto comisionado para la paz del gobierno de Álvaro Uribe y lideró la necesaria desmovilización de los ejércitos paramilitares. Mucho se puede discutir sobre la eficacia de ese proceso, pero no soy capaz de negar que la desmovilización de esos grupos sanguinarios, aun con las inevitables irregularidades que haya podido presentar, era una urgencia del país, si quería mostrar al mundo un mínimo de estructura civilizada, y harto contribuyó a la tranquilidad general, aunque sabemos que sin la despenalización de la droga, que desmonte los poderes del narcotráfico, la violencia de las bandas criminales no desaparecerá de nuestra tierra.

Sería largo enumerar todas las cosas que yo como ciudadano rechazo de la manera de gobernar de Álvaro Uribe, pero no ignoro que la guerra sin cuartel contra una guerrilla hundida en el secuestro y el narcotráfico, y cada vez más desentendida de sus viejos ideales políticos, y por otro lado el desmonte de las estructuras paramilitares, le dieron un aire nuevo a la sociedad colombiana, que estaba al borde de la desintegración. Siempre he sido partidario de la negociación del conflicto como única manera de terminarlo definitivamente, pero no ignoro que para ello es necesaria la voluntad de las partes y ésta no ha aparecido todavía.

No hay manuales para entender a Colombia. Luis Carlos Restrepo está metido en la centrífuga de una lucha típicamente colombiana de todos contra todos, la extraña fuente de todas las violencias que en Colombia han sido. Ahora dos de los pilares de ese precario proceso de recuperación de la legitimidad institucional, Álvaro Uribe y Juan Manuel Santos, se están trenzando en un conflicto que podría desencadenar la nueva violencia colombiana. No porque cualquiera de los dos pretenda desatar un baño de sangre, sino porque en Colombia es muy fácil que los desacuerdos de las élites se conviertan en desangre de las multitudes humildes.

No es difícil ver que Uribe representa nuevos poderes económicos y políticos que se han formado en Colombia en los últimos cuarenta años, y Santos a la vieja élite que manejó el país durante más de un siglo. Después del gobierno de Uribe, que de tantas maneras confrontó la vieja estructura de poder e impulsó fuerzas nuevas, este gobierno representa un esfuerzo de restauración de la vieja aristocracia y de su forma de gobernar, y hay que saber que esos dos sectores no son los buenos y los malos, sino dos fuerzas históricas midiendo su influencia en todos los campos de la realidad. Lo que parece a nuestros ojos un caos es la lucha de dos poderosos sectores que se están midiendo en lo económico, en lo político, en lo mediático, en lo legal y en lo institucional.

Hace setenta años el liberalismo ascendente y el conservatismo hegemónico eran también dos fuerzas históricas tratando de imponerse en el país y, para nuestra desgracia, antes de que ese conflicto encontrara su expresión política en el Frente Nacional, se manifestó en un caos de intolerancia y violencia que marcó sombríamente nuestra historia, y el pueblo, que no tenía allí nada que ganar, fue sin embargo su instrumento.

Vivimos el peligro de entrar de nuevo en ese vórtice. Una ley de restitución de tierras sin verdadera proyección en la economía contemporánea amenaza con desencadenar un nuevo baño de sangre en Colombia. Los campesinos pobres serán otra vez las primeras víctimas, sacrificadas igual por la violencia criminal de los poderosos y por un manejo irresponsable desde las instituciones de un asunto que exigiría toda la inteligencia y toda la sensibilidad.

Luis Carlos Restrepo, sin formar parte de esas élites egoístas, milita sin embargo en uno de los bandos en pugna. Nadie como él estaría llamado a representar con muchos otros a esa tercera fuerza que Colombia necesita tanto, para evitar el caos de una polarización entre los grandes poderes. Por su vocación humanista y por su espíritu generoso, Luis Carlos no logra encarnar el espíritu faccioso del bloque uribista al que pertenece, pero se ve convertido, por su buena voluntad y por su sinceridad política, en la víctima propiciatoria de los que quieren hundir al uribismo.

Y a todas estas, ¿qué representará la Fiscalía? ¿El espíritu desinteresado de la justicia en un país donde, a despecho de la abnegación de algunos jueces beneméritos, la justicia está tan invadida por la corrupción y por el espíritu faccioso como todo lo demás? Cuánta falta le hace a Colombia una fuerza civilizada que imponga la cordura entre poderes tan notables, tan industriosos, tan emprendedores y tan faltos de grandeza.

Claro que hace falta una nueva Constituyente: pero no para hacer las paces entre el uribismo y el santismo, sino para abrirle camino a la sensatez en una vorágine de irracionalidad, a la generosidad en un vértigo de ambición y prepotencia y al interés de las mayorías en el país más injusto y más desigual del continente.

26 de febrero de 2012

5

Él

Tuvo su hora. Tuvo la oportunidad de cambiar el destino de su país. Hubo un momento en que parecía dueño de todas las llaves, y lo era, pero utilizó sólo algunas. Tenía que librar una guerra y lo hizo, pero las guerras no pueden ser eternas.

Ningún estratega combate para perpetuar la guerra sino sólo para ganar las condiciones de hacer la paz. Y la paz, salvo la de los sepulcros, se resuelve en tratados. El que no se propone llegar a ellos prefiere negar la guerra desde el comienzo, y él intentó esa fórmula. "No hay tal conflicto", decía, "esta es una mera persecución de bandidos".

Algunos fingieron creerle, pero ¿cómo borrar de un plumazo o por artes mediáticas una guerra de casi medio siglo? La persuasión del político y aun del estadista no equivale a las volteretas del mago. Uno no puede negar que existe la serpiente mientras declara que tiene todos sus ejércitos luchando contra ella. Y si la lucha es legítima, la voluntad de utilizar todos los recursos eficaces para terminarla es un deber sagrado.

Por supuesto que esa paz de los acuerdos debe tener otros componentes para llegar a ser una paz verdadera. Requiere por lo menos encontrar soluciones de fondo para los jóvenes que son los instrumentos y las víctimas de todas las violencias. Y ello no se logrará sin empleo, educación y cultura, o más bien sin una fusión creadora de esos tres remedios. Pero el fin de las fiestas de la muerte es la condición necesaria de ese nuevo comienzo.

Él insiste en que eran suyos los votos que eligieron a su sucesor, que por ello el sucesor está en deuda con él y traiciona sus compromisos. Pero en un país como el nuestro esas cuentas retrospectivas son turbias. Llamar la atención sobre el origen de unos votos nos llevará a examinar los suyos, a determinar qué fuerzas contribuyeron a elegirlo a su turno, y está vivo el debate sobre el influjo de los ejércitos ilegales en su primera elección, de las maniobras ilegales en la segunda.

Pero más importante es pensar que ocho años de gobierno son más de lo que ningún otro ha tenido para consolidar un modelo y abrirle camino a una política. Si diez años después los problemas siguen vivos, eso por lo menos revela que su política requería otros componentes. Él mismo no negaba a menudo que la negociación fuera su objetivo. Se envanece de haber desmovilizado unos ejércitos, y en parte lo hizo; por ello no puede negar la eficacia de los marcos jurídicos en esos procesos.

Desde hace más de tres décadas, Colombia sabe que sobre todo le tienen miedo a la paz los que se benefician de la guerra. Hay que explicarles que hay maneras menos cruentas y menos luctuosas de salvar a la patria. Pero él es obstinado, es pendenciero, es soberbio, y parece empeñado en hacer sentir que no tiene una filosofía sino apenas una psicología. Por los complejos avatares de la política perdió el poder de un modo más brusco que otros. Y ahora, como el Ricardo II de Shakespeare, rumia la nostalgia de su reino perdido. Si perdía los estribos cuando estaba bien instalado en el poder, ¿cómo no va a perderlos ahora que corre el riesgo de ser una sombra? Deberíamos tranquilizarlo. Decirle que nadie va a olvidar las cosas útiles que hizo. Que algunas de ellas podrían ayudar a llevar el país a la paz, pero que cada vez es más evidente que no podía ser él quien concluyera ese proceso.

Es una lástima que pierda de esa manera el control. Disminuye su estatura histórica y dilapida su poder político. Porque uno no puede dejar de establecer el contraste entre el estadista que antes tenía en sus manos todo el poder y el ciudadano impaciente que ahora sólo tiene un Twitter. El país formal se ha acostumbrado demasiado tiempo a creer en la institución presidencial, y no es fácil acostumbrarse a verla convertida en circo de pueblo.

Si conservara su dignidad, su inteligencia, a lo mejor todavía tendría un futuro político. Con sus iras penosas de viudo estrenando juguete, a los ojos de la sociedad se irá convirtiendo en un personaje pintoresco, o, a lo sumo, en el líder de una secta cada vez más agresiva pero cada vez más minoritaria.

Aquí, en tiempos de la Conquista, decían que el que viaja a Sevilla pierde su silla. Todavía es igual. Nuestra realidad es cambiante como las nubes. Interpretar la realidad exige ser avisado, perspicaz y oportuno. Nadie logra ser por mucho tiempo el intérprete del momento histórico. Y alguien que estaba ayer en el corazón de la historia puede descubrirse de pronto convertido en una piadosa reliquia.

17 de junio de 2012

6

El cofre mágico

Álvaro Uribe pudo haber logrado la negociación política del conflicto que diezma a Colombia desde hace medio siglo.

Tenía lo principal, lo que caracteriza a sus enemigos: verticalidad, firmeza, capacidad de persistir en una posición. Nunca podrá negociar con la guerrilla quien cambie de actitud y de perspectiva al ritmo de sus emociones o de las circunstancias. Y lo que ha impedido ese acuerdo, además de la extrema crueldad y desconfianza de los insurgentes, es la volubilidad de gobiernos que un día dialogan y otro bombardean, que llegan a acuerdos por encima de la mesa y mueven sombras por debajo de ella, que declaran aceptar las reglas del juego, por ejemplo, la Unión Patriótica, y después permiten su exterminio.

Tal vez no estaba en manos de Belisario Betancur, ni de Virgilio Barco, ni de César Gaviria, ni de Ernesto Samper, controlar esas fuerzas desbocadas que siempre frustran el esfuerzo de la negociación. Pero Uribe sí habría podido hacerlo.

¿Qué lo impedía? La convicción de Uribe y sus consejeros no sólo de que la guerrilla quiere todo el poder, sino de que podría conseguirlo, que Colombia podría convertirse en un país comunista. Ello, a mi ver, revela que estos señores, como los guerrilleros, viven todavía en el Frente Nacional.

Después de 1989, la amenaza comunista es lo que Marx había presentido desde 1848: un fantasma. Después de la caída de la Unión Soviética, el único país de intención comunista en América Latina, Cuba, espera que Estados Unidos termine su absurdo bloqueo para beneficiarse de la proximidad del más grande mercado mundial. Nada ha favorecido tanto la persistencia del modelo económicamente ineficaz y políticamente asfixiante de la sociedad cubana, como ese bloqueo alimentado por los fantasmas de la Guerra Fría.

Uribe teme también que Colombia se convierta en otra Venezuela. Pero el experimento venezolano es único y si en algún país no podría aplicarse es en Colombia. ¿Qué puede tener de comunista un régimen que invoca todos los días a la Virgen María y que mantiene, así sea precariamente, como cualquier país latinoamericano, las instituciones de la democracia, la libertad de prensa, el régimen de partidos, el sistema electoral? ¿Qué puede tener de amenazante para el capitalismo un país que vive de venderles petróleo a las grandes economías?

Si uno quiere comprender el fenómeno de Chávez, tiene que ir a Caracas y comprobar que lo más escandaloso que ocurrió allí, el crecimiento en los cerros de rancherías pobres, la miseria, es un fenómeno muy anterior a Chávez. Y el exceso de rejas de seguridad y cerraduras en las puertas es también herencia de los gobiernos anteriores. Lo escandaloso es que la pobreza y la miseria hayan crecido durante décadas en un país que nadaba en petróleo, con una de las rentas más exorbitantes del continente. ¿A dónde iban a parar esos recursos? Nadie ignora los niveles de opulencia de las élites petroleras: esos son los causantes del fenómeno Chávez.

La casi idolatría popular por este presidente es resultado del egoísmo de la vieja dirigencia, y si Chávez no ha acabado con la pobreza, aunque la ha reducido de un modo notable, y si no ha acabado con la criminalidad ni resuelto todos los problemas, es porque el poder económico y político no lo puede todo: se requiere un proyecto muy amplio de cultura, de debate, de diversificación de la economía, de iniciativa juvenil, para corregir los males incontables de las sociedades latinoamericanas.

Pero digo que lo de Venezuela no podría ocurrir en Colombia porque en Venezuela la principal riqueza es del Estado: quien logra el poder político tiene el poder económico. En Colombia, la riqueza es de los particulares, de los empresarios, los dueños de la tierra, incluso los narcotraficantes, de manera que alcanzar el poder político puede equivaler a no tener poder alguno, si no lo sustenta el poder económico. El poder enorme de los medios, más que en Venezuela, está en Colombia en manos de la riqueza privada y sabe trabajar en su defensa.

Es difícil encontrar dos países más parecidos y más distintos. El que quisiera hacer en Colombia lo que se hace en Venezuela desataría un baño de sangre mayor de los que ya padecimos. Y sin embargo Colombia necesita, con más urgencia todavía, reducir la pobreza, incorporar a las mayorías a un proyecto de dignidad, de educación, de cultura contemporánea. Y al mismo tiempo incorporar a la dirigencia nacional a un proyecto de sensibilidad, de respeto democrático, de valores humanos. Porque la dirigencia colombiana, salvo casos admirables y honrosos, es la más egoísta, mezquina y carente de valores profundos de todo el continente.

Y por ello, aunque Uribe y sus hombres no lo crean, el país se ahoga en el resentimiento, en un infierno de mezquindad y de intolerancia.

Una negociación verdadera, leal y firme, con todos los ejércitos, sería de verdad el comienzo de un país donde una nueva dirigencia establezca un pacto de dignidad con su pueblo, al que ahora castiga y envilece, envilece y castiga.

No será la guerra, estoy convencido, lo que nos llevará a encontrar el cofre mágico de la convivencia. Yo entiendo la guerra como nuestra maldición, entiendo que el Estado debe librarla y sé que es un recurso desesperado de supervivencia. Pero una negociación firme y clara, con la participación protagónica de los poderes, que ponga a Colombia por encima de odios y facciones, es la única alternativa para vislumbrar un camino. Y exige, de todos los bandos, a la vez humildad y grandeza.

29 de julio de 2012

7

La paz es la victoria

El expresidente Uribe ha reaccionado con alarma, como si denunciara un delito, ante la posibilidad de que el gobierno de Santos esté sosteniendo diálogos discretos con la guerrilla en un país extranjero.

No sabemos si lleva piedras ese río que suena, pero hay que recordarle que esa no sería una mala noticia ni siquiera para él, pues como colombiano tendría que alegrarse de que la guerra algún día se termine, y sería una excelente noticia para los colombianos, sobre todo para los jóvenes pobres de Colombia, que son quienes ponen los muertos.

No se entiende por qué no podría el gobierno sostener diálogos de paz, si precisamente la búsqueda de la paz es su deber prioritario y su mandato evidente, y si el expresidente, como lo han recordado muchos esta semana, no se privó cuando el tiempo era suyo de intentar esos diálogos, cumpliendo su deber constitucional.

Estamos en vísperas de cumplir cincuenta años de conflicto, y lo primero que hizo Santos, apartándose de la interpretación particular de su predecesor, fue aceptar que se trata de un conflicto armado interno, aclarando que por eso se invoca el respeto al derecho internacional humanitario.

¿Qué significan cincuenta años de conflicto? Sólo a algún desalmado traficante de armas o a quien se lucre de algún modo con la guerra pueden serles indiferentes las víctimas, y ya son demasiados los jóvenes muertos en esta guerra fratricida. Muertos de todos los bandos: soldados, guerrilleros y paramilitares, sin contar los no combatientes que caen año tras año víctimas de esa guerra, del secuestro de los guerrilleros y de sus atentados y asaltos, de las masacres de los paramilitares, de las ejecuciones de civiles que aquí suelen llamarse "falsos positivos", y de la guerra sucia contra la oposición en que a veces colaboran oficiales y funcionarios, lo mismo que del fuego cruzado de todas esas fuerzas en pugna.

Pero además de ese sacrificio que dejamos en los campos de muerte, cada año la guerra le cuesta a Colombia una parte considerable de su presupuesto. Al parecer, los gastos directos del conflicto, porque los indirectos los pagamos también en dolor, angustia y desesperación, ascienden cada año a veintiséis billones de pesos.

Colombia no tiene conflictos externos, sólo tiene que proteger sus fronteras de guerrillas y narcotraficantes; y quienes niegan la guerra lo que sí no pueden negar es el presupuesto que el país invierte cada año en la guerra, un presupuesto que, con el concurso imprescindible de las Fuerzas Armadas, sería necesario dedicar a fines más constructivos.

Ahora bien, si se ha negociado con los paramilitares y se ha desmovilizado buena parte de sus fuerzas, ¿por qué oponerse con tanta vehemencia al diálogo con la guerrilla? Tal vez ésta parece más peligrosa y dañina para la sociedad, porque a lo mejor no está interesada en una mera desmovilización sino que plantea exigencias políticas que los paramilitares no tienen; quizás pretendan exigir una reforma agraria, posiblemente aspiren a tener una presencia en el mapa político nacional.

Como lo enseñan todas las negociaciones de conflictos armados en el mundo, no podemos aspirar a que la paz no cueste nada, pero nadie estaría dispuesto a aceptar que nos cueste todo. Los jefes guerrilleros pueden fantasear con imponer condiciones como si estuvieran ganando la guerra, pero el diálogo los obligará a comprender que si de un lado están, exageremos, diez mil guerrilleros, del otro estamos cuarenta y cinco millones de personas comprometidas con el debate pacífico, incorporadas cultural, política y a veces económicamente a un modelo de sociedad democrática que muchos querríamos mejorar pero al que nadie quiere renunciar, Y es evidente que la guerrilla no tiene un modelo alternativo ni estaría en condiciones de imponerlo.

Tendrán que aceptar con realismo unas condiciones dignas de desmovilización y de reincorporación a la vida civil, que justifiquen para ellos haber librado una lucha de cincuenta años, que les concedan victorias materiales y simbólicas, y que les garanticen, a cambio de dejar abierto el camino de la convivencia y de la paz, un trato respetuoso y leal como combatientes que aceptaron regresar a la sociedad de la que se habían apartado, contra la que se levantaron al precio de la vida misma.

No conviene creer que la paz tenga que ser barata, pero la guerra nos está costando demasiado. Ahora bien: hay quien teme que los militares no aceptarán jamás una negociación, porque eso significaría renunciar a los veintiséis billones de pesos de presupuesto que hoy destina esta sociedad a la guerra. Pero no hay razón para pensar que desde los más altos representantes de la oficialidad hasta los más humildes soldados, sólo haya en Colombia el deseo de defender unos presupuestos y unos privilegios.

Y sería ofensivo pretender que las Fuerzas Armadas sólo tienen privilegios: duro es ser responsable de la seguridad de un país, duro es ver cómo se sacrifica a generaciones enteras en un conflicto que se eterniza. El patriotismo tiene que estar en el corazón de quienes dedican su vida a la defensa del país, de quienes son responsables de tantas vidas y de quienes podrían conseguir, con su participación en el proceso y con su orientación práctica, que el futuro no sea ya de combates, mutilaciones, lutos y entierros.

Y así fueran veintiséis mil los guerrilleros, ello sólo significaría que estamos gastando en la persecución de cada uno de ellos, cada año, mil millones de pesos.

26 de agosto de 2012

8

Paz con imaginación

Las guerras sucesivas han sido en Colombia el obstáculo para acceder a la modernidad. Nuestro desafío actual es ser capaces de inventar el futuro.

A lo largo del siglo XX padecimos las consecuencias de esa guerra de tres años que se llamó "la guerra de los Mil Días". A otra guerra de mediados de siglo, que duró quince años, para no llamarla "la guerra de los Cinco Mil Días", le dimos el nombre genérico de la Violencia. ¿Qué nombre le daremos a la guerra actual entre el Estado y las guerrillas, que ha enlutado los hogares colombianos durante cincuenta años y que nos dolería llamar "la guerra de los Dieciocho Mil Días"?

Ya se oye decir que las negociaciones de paz deben ser rápidas, que hay mucho peligro en un diálogo que se prolongue demasiado, y es verdad que todos necesitamos que los acuerdos lleguen pronto: a nadie le agradan largos períodos de incertidumbre. Pero conviene estar vacunados contra la impaciencia. Una guerra de dieciocho mil días, que ha cobrado jornada tras jornada su cuota de muertos, zozobra y angustia, y su tajada del presupuesto de todos, no sólo debe ser acabada, sino que su final debe conjurar el peligro del rebrote de guerras semejantes. Tan fundamental como la entrega de las armas es desarmar los espíritus, y para ello los combatientes tienen que encontrar un destino digno y útil en la sociedad.

Conviene conocer el caldo de cultivo del que brotaron guerrilleros durante cincuenta años. Y los que piensan con el deseo que una guerra se deshace por decreto o mediante un conjuro deben recordar que una sociedad reconciliada requiere verdadera democracia, una cultura del respeto y de la dignidad. La mirada del inquisidor sólo ve herejes, pero la mirada del estadista debe estudiar los males y descubrir sus causas. Varias generaciones de campesinos se vieron arrojadas a la violencia gracias a una política que no sólo impidió el desarrollo agrícola familiar, sino que negó al campesino su lugar como parte digna y activa de la sociedad.

Se entiende que en países donde hay estaciones de climas extremos la humanidad prefiera hacinarse en ciudades y convierta la ciudad en un símbolo de comodidad y progreso. En nuestro país, de climas benévolos y paisajes magníficos, lo que expulsó a los campesinos no fueron los climas, sino la violencia. Somos el país que perdió la confianza; el viejo sueño de que los pescadores puedan pescar de noche requiere un alto esfuerzo de integración, de redescubrimiento del territorio, de dignificación de la vida en todos los niveles.

¿Cuál es el secreto de un campo sin violencia? El mero reparto de parcelas sin recursos, como se predicaba en otro tiempo, no parece tener lugar en tiempos como éstos. Pero la integración de la economía familiar y de cooperativas campesinas a un modelo económico más amplio, teniendo en cuenta la protección de la naturaleza, el valor de la agricultura orgánica, la hospitalidad con el mundo, tiene un gran futuro. El campesino necesita prosperidad e integración, porque el campo aislado y lleno de carencias fue desde tiempos bíblicos un semillero de discordias. Muchos piensan que la presencia del Estado consiste principalmente en cuarteles y batallones, pero esa presencia necesaria se resuelve también en vías adecuadas para acceder a los mercados, educación, salud, y una cultura donde la memoria y los lenguajes compartidos, el respeto por el trabajo y los oficios, sean componentes orgullosos de la nación.

Colombia tendría condiciones inmejorables para convertirse en epicentro del llamado turismo ecológico, en un destino para quienes buscan la sencillez de la naturaleza, la alimentación orgánica, la naturalidad del vivir. Nada de eso es posible con violencia, pero tampoco lo será sin el fortalecimiento de un relato nacional del que todos se sepan partícipes y voceros.

Por su complejidad, por su riqueza, incluso por las dificultades que hemos vivido, el paisaje colombiano no se ha convertido en el desierto en que aceleradamente se está convirtiendo al planeta. Deberíamos ser capaces de ver el potencial de bienestar que una naturaleza que no ha sido arrasada tiene en este planeta sometido a tantas amenazas. Cuántos observadores de pájaros, como el novelista norteamericano Jonathan Franzen, no querrían venir a Colombia, si no fuera por la mala fama de nuestros campos, por la atmósfera de nuestras violencias, que hacen que millones de personas honorables carguen con el estigma de la barbarie y de la guerra.

Es verdad amarga que mientras no llegue la legalización de las drogas seguiremos bajo la sombra del narcotráfico, el principal beneficiario de la guerra, pero un país que no tenga que desgastarse en un conflicto de décadas será capaz de responder mejor a ese desafío.

Después de ver frustrado todo proceso de industrialización, y de ver sacrificada la posibilidad de una agricultura digna de estos suelos y estos climas, los gobiernos suelen resignarse a dar marcha atrás. Después de que pasamos todo el siglo XX en la Edad Media, esa región de la historia donde cada señor tiene su ejército, ahora nos han devuelto a la economía extractiva del siglo XVI.

La única manera de corregir esos largos males es atrevernos a descubrir qué potencial representa el tener todavía una naturaleza tan rica, en un mundo donde el agua escasea y las selvas y los bosques se extinguen. Descubrir cómo podemos disfrutar del país sin destruirlo. Pensar con imaginación y con clarividencia cómo tendría que ser una sociedad de mediados del siglo XXI.

1.º de septiembre de 2012

9

La hora de la voluntad

El último conflicto armado del hemisferio podría estar a punto de terminar.

Colombia necesita que cese el conflicto para que comience a construirse una paz verdadera y durable. Y podemos decir que de todos los procesos de diálogo que se han emprendido en los últimos treinta años, ninguno había llegado tan lejos como el que actualmente se desarrolla en La Habana.

Si el expresidente Uribe, su más tenaz opositor, se muestra tan encarnizado en contra de este proceso, es porque lo está viendo posible. Y hay que saber que detrás de sus aparentes obsesiones y rencores no hay sólo una psicología sino unos sectores que siempre vieron en la paz un peligro para sus privilegios, el temor a la llegada de la modernidad social en términos de justicia y equidad.

Por su parte, el expresidente Pastrana ahora reconoce que en el proceso del Caguán no estuvo tan interesado en la paz sino en lo mismo que les reprocha a sus adversarios: en ganar tiempo y fortalecerse para la guerra. Parece que sólo sintiera el malestar de ver triunfar a otros donde él no pudo, pero también él representa intereses precisos que temen verse amenazados por unos acuerdos, que no quieren que se modifiquen algunas de las condiciones que han hecho al país tan proclive a la violencia y a la exclusión.

No todo es pequeñez y vanidad; algunos encarnan posiciones contrarias a lo que Colombia requiere para alcanzar una paz verdadera. Muchos poderes egoístas de adentro y de afuera saben que una paz que abra horizontes a nuestra sociedad será un freno para sus ambiciones particulares. Por eso quieren bloquear el camino de los acuerdos y tratan de impedir que el proceso en cualquier momento cruce la línea de no retorno.

Como decía Victor Hugo, hay regiones donde la tierra todavía está blanda y mojada del diluvio. Colombia todavía padece en todo el cuerpo los quemonazos de la vehemencia guerrerista. No está lejos aquella política que concebía la paz sólo como redes de informantes, delaciones, interceptaciones telefónicas y falsos positivos. Todavía padecemos la pesadilla de los asaltos guerrilleros, los campos minados, el fuego en toda la línea.

El expresidente Uribe sabe por qué lo enfurece la posibilidad de que el país alcance la paz con que soñamos hace décadas, una paz que su política no podía alcanzar, aunque se le concedieran muchos períodos presidenciales. Y el expresidente Pastrana sabe por qué deplora que otros logren lo que a él le fue negado o en realidad nunca quiso. Pero si ellos sienten que la paz que este país requiere para ser grande los perjudica, ¿quién los podrá salvar para la historia?

Ahora lo importante es la paz. Vuelvo a oír el rumor de que el tiempo es escaso, de que las próximas elecciones pueden ahogar el proceso, de que se está luchando contra el reloj.

Aunque a todos nos gustaría un acuerdo rápido y definitivo, el talento de los estadistas radica en ser capaces de dar a cada cosa su tiempo y su ritmo. Pertenece al reino de fábulas de *Las mil y una noches* el arte riesgoso de construir una gran torre en un día. Lo verdaderamente importante es construir una torre que no se caiga, y la paz es, para decirlo con palabras de Rimbaud, la canción de la torre más alta.

Lo que deberían estar haciendo con urgencia las delegaciones que están sentadas en La Habana, y quienes las dirigen, es darle verosimilitud y prestigio al proceso. A nadie puede interesarle un acuerdo improvisado y endeble, que no brinde garantías, pero el país necesita saber que los pasos se van dando con firmeza, que el proceso avanza con madurez. No es conveniente que se termine a cualquier precio en tiempo récord, pero es fundamental que tenga credibilidad y muestre resultados. Ello no es cuestión de tiempo sino de voluntad.

Los que siempre han ganado y algo pueden perder no dejarán de poner el grito en el cielo porque se cambien unos hábitos políticos y económicos que han desgarrado al país durante siglos y que a ciertos poderes les parecen leyes naturales.

¿Por qué tendría que concluirse el proceso de paz en este período presidencial? Si empieza a mostrar resultados, es muy difícil que la comunidad lo abandone. Las elecciones del próximo año no dejarán de convertirse en un gran plebiscito sobre el proceso, y si hay resultados convincentes, el país sabrá recompensar a quien abra horizontes a su futuro.

Lo que buscan los profesionales del desaliento y los palos en la rueda de quienes temen a la paz es acaso paralizar a los protagonistas del diálogo e impedir que empiecen a mostrar resultados convincentes. Pero si bien la paz no puede ser una feria de vanidades, tampoco puede ser un ceremonial en una cripta hermética.

Así como los enemigos de los acuerdos exhiben con franqueza su hostilidad y su vehemencia, los que sabemos que la paz es necesaria, y que podría estar a las puertas, tenemos que dejar de ser espectadores de tercera fila, debemos tomar iniciativas y asumir posiciones. Hay momentos en que la historia exige actuar; jornadas decisivas que reclaman la presencia en la arena. Y lo que no hacemos en el día adecuado, podemos deplorarlo por décadas.

No habrá paz sin una comunidad que la apoye y la exija, que la vigile y la acompañe. Y no será pequeña recompensa la posibilidad de dejar atrás el país mezquino que sacrifica sus jóvenes y gasta todos sus recursos en una guerra sin horizontes, y que mientras tanto tiene las carreteras de hace cincuenta años, los puertos de hace ochenta, los puentes de hace cien, y las ideas de hace más de doscientos.

6 de abril de 2013

10

La paz antes de la paz

Colombia está dando pasos tan grandes cada día en el camino de la paz, que no debería sorprendernos que antes de las elecciones de 2014 se haya llegado a acuerdos fundamentales sobre los temas de la mesa de diálogo y la sociedad haya cruzado el Rubicón de su escepticismo, y emprenda la invención de nuevos espacios para la convivencia.

La marcha del 9 de abril logró para la paz lo que el presidente Santos tanto esperaba de algunos de sus asesores: ponerle pueblo al proceso, demostrar abrumadoramente que la paz no es una estrategia de un gobierno que quiere reelegirse ni una solución desesperada de guerreros sin oxígeno, sino una necesidad imperiosa de toda la sociedad y un deber histórico que ya no puede aplazarse.

El apoyo internacional al proceso revela algo más: que la paz de Colombia no es una mera necesidad de nuestro país, sino un asunto decisivo para la estabilidad de América Latina y un paso para avanzar en la formulación de soluciones para las encrucijadas de nuestra época.

Colombia es uno de esos países que están en el corazón de todos los conflictos de la modernidad: nos cruzan las rutas de la droga, de las armas, de la pobreza, de las migraciones, del naufragio del modelo escolar, de la degradación totémica, de la corrupción que carcome el organismo social y del colapso moral de la política, pero también los caminos del agua, de la biodiversidad, de la necesidad de un nuevo conocimiento donde dialoguen lo local y lo universal. Necesitamos entrar de lleno en la discusión sobre los límites entre el crecimiento y el equilibrio, sobre los desafíos del clima, sobre la necesidad de inscribir el debate político en un horizonte cultural más complejo y más comprometido con los problemas de la época.

Hace dos días, el excomisionado Luis Carlos Restrepo, en una carta a su partido, el Centro Democrático, ha afirmado que se necesita continuar con el proceso de paz con las FARC y que el tema de una paz negociada debe ser también una de las banderas de ese movimiento. Ello nos revela que la ardua labor de la mesa de La Habana podría estar llevando al país a un nuevo escenario político.

Restrepo ha dicho que su partido (que es, como se sabe, el del expresidente Álvaro Uribe) "no está apostándole a un futuro de guerra, ni es ajeno a la posibilidad de una salida concertada con quienes han tomado las armas en contra del Estado". El excomisionado incluso ha añadido en su comunicación que "es necesario un cambio en las Fuerzas Armadas. Y decir sin temor que necesitamos un ejército más pequeño y profesional. Que necesitamos una policía más vinculada con la solución de los problemas cotidianos de los ciudadanos. Y una doctrina de seguridad humana, que incorpore los elementos de la seguridad democrática, pero que vaya más allá, entendiendo el control territorial como parte de una política social y cultural que pasa por una pronta e impecable aplicación de la justicia".

Las contradicciones en el seno de la sociedad colombiana podrían estar empezando a desplazarse hacia un escenario de debate democrático alejado de las soluciones de fuerza y de exterminio que hasta ahora han hecho girar la lucha política en el tiovivo de la guerra fratricida. Si la guerrilla persiste en su voluntad de ingresar en el juego de la democracia, Colombia podría dar al mundo el ejemplo de un esfuerzo de corrección, de un viraje de su rumbo histórico a pesar de condiciones muy adversas, pese al tremendo trauma que representa un conflicto de medio siglo y los niveles de descomposición social a que hemos llegado.

Nada revela tanto esa situación extrema que padecemos como la noticia más estremecedora de los últimos días: el modo como un jovencito de diecinueve años, crecido en el maltrato y en la desesperanza, ha confesado haber sido utilizado desde la niñez como asesino a sueldo por toda clase de intereses, en el corazón de tinieblas de esta sociedad degradada.

La carta del excomisionado, los crecientes diálogos entre sectores diversos de la sociedad interesados en abrir caminos al proceso de paz, los foros sobre distintos temas con que la sociedad se esfuerza por alimentar los diálogos de La Habana y las declaraciones del fiscal sobre el marco jurídico para los acuerdos muestran cómo el proceso sigue sumando voluntades. Bien decía Borges que "el infierno es inhabitable" y que "nadie, en la soledad central de su ser, puede anhelar que triunfe".

También fue Borges quien llamó al espíritu que alienta estos momentos supremos en que las naciones se empeñan en la superación de sus tragedias, "el deber de la esperanza". Sólo que esa esperanza no puede limitarse a un mero gesto de expectativa: tiene que traducirse en toda clase de iniciativas sociales.

Se diría que es urgente aplicarnos a construir la paz antes de la paz, a brindar ejemplos de convivencia, desafíos de la imaginación y del arte, y grandes hechos de solidaridad y alegría colectiva que nos hagan sentir todo lo que podría alcanzar Colombia si libera sus fuerzas creadoras. Nadie como los medios de comunicación está en condiciones de convocar a ese afectuoso y dilatado ejercicio de convivencia.

Hay momentos en que hay que jugársela por un sueño de verdadera civilización. Y no hay un solo colombiano que no necesite esa puerta de fraternidad y de libertad.

27 de abril de 2013

11

Formas de la reparación

La mayor objeción que se escucha a los diálogos de paz de La Habana entre el gobierno colombiano y la guerrilla de las FARC es el temor a la impunidad.

La esgrimen por igual los enemigos del proceso y los amigos más prudentes. Pero si en unos es una manera de torpedear el diálogo, otros están sinceramente interesados en que la paz no signifique borrar las culpas y los crímenes, olvidar la búsqueda de la verdad de las atrocidades de la guerra ni abandonar la reparación de las víctimas.

Hay que situar los debates jurídicos en el horizonte de la sociedad y de la historia, si queremos la superación verdadera de los males. Y resulta evidente que el castigo no es la única forma posible de reparación de los daños que se le han hecho a una sociedad.

La justicia de muchos países a veces permite que un delito sea olvidado sólo porque el denunciante retira su demanda, y otras veces concede indultos y excarcelaciones a cambio de fianzas o de información para los cuerpos de seguridad. La justicia no está allí gobernada por el mero deseo de venganza o castigo, sino por la intención pragmática de que los daños se corrijan, y de que la lucha general contra la ilegalidad obtenga de esos acuerdos algún beneficio.

Lo más importante es tener en cuenta las condiciones históricas. No se puede tratar igual a los que han sido derrotados en el campo de batalla, que a quienes acceden a dialogar para poner fin a una guerra salvaje. Algunos olvidan que para hacer caer todo el peso de la ley sobre unos reos e imponerles severas condenas habría sido necesario derrotarlos primero. Si esa derrota no se ha dado, o tardaría demasiado en darse, si las guerrillas siguen siendo un poder alzado en armas capaz de afectar a la sociedad y de imponer al Estado gastos cuantiosos y esfuerzos bélicos enormes, la voluntad de dialogar, la decisión sincera de abandonar las armas y reintegrarse a la vida civil tendrían que tener el valor de actos reparatorios.

Porque si bien la búsqueda de la verdad y la reparación de las víctimas son cosas fundamentales, hay algo que no podemos olvidar: que cuando la guerra aún está viva, cuando el conflicto es todavía un hecho cotidiano, no sólo hay que pensar en las víctimas que fueron sino también en las víctimas que serán. Evitar la prolongación de un conflicto que le ha costado a la sociedad incontables dolores es también un acto de reparación.

Un embajador europeo nos recordaba hace poco la famosa frase de un guerrillero cuando se suspendieron los diálogos hace diez años: "Nos vemos dentro de veinte mil muertos". Lo que se olvida cuando se suspenden los diálogos es que cada día de guerra significa muertos, destrozos, cuantiosos recursos públicos invertidos y multiplicación de los sufrimientos de las víctimas. Nadie ha hecho el censo de los jóvenes de todos los ejércitos que han muerto en esta guerra, pero nadie ignora que aquí se ha sacrificado a más de una generación.

No se trata simplemente de "la guerra terminó, ahora castiguemos a quienes la hicieron". Se trata de "la guerra está viva, impidamos que siga cobrando vidas y multiplicando víctimas". Esa es la diferencia entre un mero juicio de responsabilidades y un acuerdo de voluntades. Es justo examinar si la sociedad puede atenuar sus exigencias de castigo a cambio del beneficio comprobable de la terminación del conflicto, de evitar una multiplicación de sufrimientos y de víctimas.

Es ahí donde las soluciones jurídicas deben ceder su lugar a las decisiones políticas. Decisiones que tienen su valor, no en el campo limitado de la ley positiva, sino en el campo más amplio y complejo de la justicia y del espíritu de las leyes, que no están para ser aplicadas a ciegas, sino para ser interpretadas atendiendo a los principios de la justicia y del bien superior de la comunidad.

Nuestras cárceles están llenas de personas que en su mayoría han violado la ley, pero no suele examinarse qué tanto la sociedad cumplió primero con el deber de garantizarles a esas personas un horizonte de legalidad para su vida. Es frecuente en países como el nuestro que el Estado incumpla su deber sagrado de brindar oportunidades y garantizar derechos a los ciudadanos, pero se sienta autorizado a juzgar con severidad a esos seres a los que nunca ofreció garantías.

Si hay negociación, es porque el Estado admite que unos fenómenos sociales abrieron camino a la insurgencia y a la guerra, y que es necesario obrar cambios para que la realidad no siga siendo un surtidor de violencias.

Más importante que lo que en la mesa obtengan los bandos en pugna es lo que pueda obtenerse para la comunidad. Colombia vivió a comienzos de los años sesenta, gracias al pacto que entregó el poder exclusivamente a liberales y a conservadores, una breve primavera de paz que deberíamos recordar. Muy pronto descubrimos que demasiada gente había quedado por fuera del orden social de ese bipartidismo excluyente, y nadie emprendió entonces un proceso de reparación verdadera.

Ojalá este acuerdo posible entre los guerreros abra camino a una primavera de inclusión, de creatividad y de apertura al mundo. Varias generaciones llevan décadas de zozobra y de anormalidad esperando que esa puerta se abra, y que Colombia muestre al mundo su verdadera riqueza humana. La firma de ese acuerdo podría abrir para el país horizontes históricos.

25 de mayo de 2013

12

La pequeña grandeza

Álvaro Uribe Vélez tuvo durante ocho años la oportunidad de convertirse en el colombiano más grande de la historia, pero obstinadamente se negó a ello.

Pudo haber hecho la paz, que requiere justicia, dignidad, diálogo, oportunidades para todos, reformas, proyectos generosos e históricos: prefirió hacer la guerra, persistir en una aparente solución en la que ya se habían desgastado muchos gobiernos, una guerra que sólo significaba la prolongación de la tragedia, la acumulación de los males, la multiplicación de las víctimas.

Pudo haber renovado la infraestructura vial del territorio: ahora basta salir de Bogotá hacia Melgar y de Medellín hacia Caucasia, dos vías muy importantes y muy cercanas al corazón del país, para ver el mundo en la prehistoria.

Luchó por todos los medios por abrirle camino a un tratado de libre comercio que supuestamente sería la solución de nuestros males. Aprobado el tratado, encontró al país sin vías y sin puertos, y lo que es peor, con nada que vender y todo que comprar. Nada que vender de lo que sale del trabajo y del conocimiento: porque sí teníamos, como hemos tenido siempre, el suelo desnudo, materia prima en bruto, un país para vender en el sentido más primitivo y más pasivo del término.

Y su sucesor, el doctor Santos, que no ha podido encontrar tampoco el camino de la grandeza, entonó desde el comienzo la glorificación de la economía extractiva, el retorno al siglo XVI, como si esa derrota de todos fuera una victoria de alguien.

Uribe pudo haber modernizado el campo: prefirió convertirse en vocero de la alianza del viejo latifundio egoísta y mezquino, que quiso siempre toda la tierra y no hizo nada con ella, salvo tender kilómetros y kilómetros de alambre de púas, con el nuevo latifundio que arrojó millones de campesinos a las ciudades para acrecentar su agroindustria y abrir rutas de tráfico, dueños que también recurren al alambre de púas para que se sepa bien a cuántos centenares de colombianos pertenece hoy el territorio sagrado del país, y para que no se atrevan a entrar los millones que no pueden saber qué significa la palabra propiedad.

En un país desesperadamente necesitado de justicia, lo primero que hizo Uribe fue eliminar el Ministerio de Justicia. No luchó contra la pobreza, la compró a bajo precio para asegurar electores, pero no con su propio dinero sino con el tesoro de los contribuyentes.

Cuando recorro las carreteras de Colombia me digo que no se puede negar que Uribe hizo más fácil y más tranquilo recorrerlas; no porque estén pavimentadas y señalizadas, eso sería demasiado pedir, sino porque desplazó la guerra hacia regiones menos frecuentadas por la clase media, y desmovilizó acaso transitoriamente a un porcentaje importante de los ejércitos paramilitares.

Pero nadie podría decir que Uribe acabó con la violencia: el país arde y sufre, vela y espera. Diariamente caen jóvenes acribillados en Buga y en Tuluá, en las barriadas de todas las grandes ciudades, y el paramilitarismo no parece ceder: las llamadas bandas criminales campean, y hay quien dice que son una alianza de antiguos guerrilleros y paramilitares.

El mundo sabe que Uribe recibió al país con un conflicto interno y estuvo a punto de entregarlo con tres guerras externas.

Le faltó tiempo. Con todos los vecinos peleó, a todos insultó, a todos amenazó. Y una buena prueba de que la hostilidad salía de él es que Santos pudo empezar a convivir con esos vecinos al segundo día de su mandato. A todos esos gobernantes, Uribe los declaró jefes de la guerrilla colombiana, sin darse cuenta de que mediante ese truco convertía a una supuesta banda de terroristas internos en una suerte de ejército internacional respaldado por tres naciones. Curiosa manera de combatir al enemigo: magnificándolo y dándole un perfil de gran protagonista internacional. Pero su verdadero propósito era justificar la guerra, darle argumentos a una política que descuidó los demás deberes de gobierno para responder a una teoría de la seguridad que parecía un polvorín a punto de estallar.

Desde que terminó su mandato, las aguas del escándalo han ido subiendo a su alrededor, y de un modo creciente sus funcionarios se han visto reclamados por la justicia para responder por toda clase de irregularidades: jefes de seguridad que les brindaban información a criminales, ministros que subsidiaban a los ricos, tropas que presentaban como enemigos muertos en combate a pobres muchachos recogidos en las barriadas y disfrazados aprisa de guerrilleros. Esos escándalos han hecho que los millones de votantes de Uribe se hayan ido evaporando y que su prestigio se difumine. Quién sabe si los que todavía lo admiran estarán dispuestos a votar por sus candidatos. A Uribe sólo le gustan los servidores irrestrictos, áulicos que convierten sus discursos en obras maestras, y publicistas que maquillan su gobierno crispado y estridente.

Los colombianos más grandes de la historia son los que tienen todavía en pie nuestros sueños y nuestro orgullo. Para serlo de verdad, Uribe necesitaría que hoy quince millones de colombianos proclamaran su admiración en las calles, agradeciendo las vías, los puertos, la justicia, la educación, la salud, el empleo, la prosperidad, la paz y el espíritu de convivencia. Uribe pudo ser grande, y trescientos mil votos en un concurso trivial no bastarán para borrar ese fracaso. Pero no deja de ser penoso que alguien que desperdició una oportunidad tan sublime no quiera quedarse sin la medalla. Tendrá que consolarse con esta medalla de fantasía. Y es conveniente que crea en ella porque muy pocos más van a creer.

Ya lo dijo Novalis: "En ausencia de los dioses reinan los fantasmas".

29 de junio de 2013

13

¿Qué hay detrás de todo esto?

Cuando en otros países se preguntan qué hay detrás de los hechos, están tratando de identificar las causas; cuando se lo preguntan en Colombia, están tratando de encontrar un culpable.

En Brasil, después de años de invertir en la comunidad y de un esfuerzo generoso por disminuir la pobreza, el gobierno de Dilma Rousseff, ante el estallido de las protestas populares que piden profundizar la democracia, ofrece a los manifestantes una constituyente. En Colombia, después de décadas de abandono estatal, de exclusión y de desamparo ciudadano, el gobierno, ante el estallido de las protestas, sólo se pregunta qué demonio está detrás de la inconformidad popular.

¿Hasta cuándo les funcionará a los dueños de este país la estrategia de que cuando la gente reclama y se indigna, cuando estalla de exasperación ante una realidad oprobiosa que nadie puede negar, la causa tiene que ser que hay unos malvados infiltrados poniendo a la gente a marchar y a exigir?

Cuando los voceros tradicionales de nuestro país se preguntan qué hay detrás del Catatumbo, podemos estar seguros de que no van a descubrir tras esas protestas la injusticia, la miseria y el olvido del Estado. No: detrás ha de estar el terrorismo, algún engendro de maldad y de perversidad empeñado en que el país no funcione.

Quién sabe cuánto tiempo les funcionará la estrategia. Una estrategia muy triste, muy antidemocrática, pero que no es nada nuevo. Uno se asombra de que la dirigencia colombiana tenga esa capacidad escalofriante de no aprender de la experiencia, de repetir *ad infinitum* una manera de manejar el país para la cual todas las expresiones de inconformidad son siempre sospechosas. Y es posible que haya algún infiltrado, pero una golondrina no borra la noche.

Hace demasiado tiempo que protestar en Colombia es sinónimo de rebeldía, de maldad y de mala intención. Todavía flota en la memoria de la nación esa masacre de las bananeras, que no es una anécdota de nuestra historia sino un símbolo de cómo se manejaron siempre los asuntos ciudadanos.

En toda democracia verdadera, protestar, exigir, marchar por las calles es lo normal: es el modo como la ciudadanía de a pie se hace sentir, reclama sus derechos, muestra su fuerza y su poder. Y en todas partes el deber del Estado es manejar los conflictos y escuchar la voz ciudadana, no echar en ese fuego la leña de la represión al tiempo que se niegan las causas reales.

Pero si un delegado de las Naciones Unidas dice una verdad que aquí nadie ignora, que "la población allí asentada reclama al Estado, desde hace décadas, el respeto y la garantía de los derechos a la alimentación adecuada y suficiente, a la salud, a la educación, a la electrificación, al agua potable, al alcantarillado, a vías, y acceso al trabajo digno", y añade que la muerte de cuatro campesinos "indicaría uso excesivo de la fuerza en contra de los manifestantes", este Estado, que nunca tiene respuestas inmediatas para la ciudadanía, no tarda un segundo en protestar contra la abominable intromisión en los asuntos internos del país; el Congreso se rasga las vestiduras, las instituciones expresan su preocupación, las fuerzas vivas de la patria se indignan y los medios se alarman.

Nadie pregunta si las Naciones Unidas han dicho la verdad, defendiendo a unos seres humanos que son nuestros conciudadanos, una verdad de la que todo el mundo debería poder hablar, así como nosotros podemos hablar de Obama y de Putin, o de los derechos humanos en China. Para esas fuerzas tan prontas a responder, el funcionario está irrespetando al país. Y el irrespeto que el país comete con sus ciudadanos se va quedando atrás, en la niebla, no provoca tanta indignación.

Así fue siempre. Aquí, en los años sesenta y setenta a los estudiantes que protestaban no les montaban un escándalo mediático: les montaban un consejo verbal de guerra. Todo resultaba subversivo. Las más elementales expresiones de la democracia: lo que en Francia y en México hacen todos los días los ciudadanos, y con menos motivos, aquí justificaba que a un estudiante lo llevaran ante los tribunales militares y lo juzgaran como criminal en un consejo de guerra.

Y los directores de los medios de entonces, que eran padres y tíos de los actuales presidentes y candidatos a la presidencia, no veían atrocidad alguna en la conducta del Estado sino que se preguntaban, como siempre, qué maldad estaría detrás de esos estudiantes diabólicos.

Siempre la misma fórmula. Tal vez por ella se entiende que, hace un par de años, un exvicepresidente de la república, sin duda nostálgico de aquellos tiempos en que el papel de los medios era sólo aplaudir al Estado, se preguntaba ante una manifestación estudiantil pacífica por qué la policía no entraba enseguida a inmovilizar con garrotes eléctricos a esos sediciosos.

Esos son nuestros demócratas: la violencia de un Estado que debería estar para servir a la gente y resolver sus problemas merece su alabanza; pero el pueblo en las calles, que es el verdadero nombre de la democracia, les parece un crimen. Quizá por eso algunos piensan que ese personaje debería gobernar a Colombia: se parece tanto a nuestra vieja historia, que sería el más indicado para perpetuarla.

Ahora bien: si las verdades las dicen las Naciones Unidas, son unos intervencionistas; si las decimos los colombianos, somos unos subversivos. Entonces, ¿quién tiene derecho aquí a decir la verdad?

¿Y hasta cuándo tendremos que pedir permiso para decirla?

13 de julio de 2013

14

Antes de que el arco se rompa

Juan Manuel Santos acaba de desperdiciar una oportunidad de oro para demostrar no sólo que es un hombre inteligente, sino también que es un estadista.

Ante las justas protestas de los campesinos del Catatumbo, abandonados por décadas de negligencia estatal en manos de las guerrillas, de los paramilitares, de las multinacionales, de la minería salvaje y de los rigores del clima; ante el clamor de unos campesinos que reclaman inversión social y una zona de reserva campesina aprobada por la Constitución, que muchos consideran la solución a algunos de los problemas del campo colombiano, Santos, con la arrogancia de la vieja aristocracia, con la soberbia clásica de los gobernantes de este país, está permitiendo que una crisis de días se convierta en un problema humanitario de mayores proporciones.

Tenía la oportunidad de decir a los manifestantes: "Todavía no sabemos cuáles puedan ser las ventajas y las desventajas de esas zonas de reserva campesina, pero esta es una excelente oportunidad de poner a prueba un proyecto piloto con inversión pública, presencia del Estado y vigilancia de los medios y de la comunidad internacional, para que no se diga que estas decisiones sólo las podemos tomar de acuerdo con las guerrillas y después de largas discusiones con ellas. En breve tiempo podremos ver si es verdad, como dicen sus adversarios, que se pueden convertir en focos de conflicto, o si, como dicen sus defensores, permiten el desarrollo de una economía comunitaria que por fin ayude a los campesinos a salir del aislamiento y de la miseria, y los incorpore a la sociedad y a la modernidad".

A lo mejor esa decisión permitiría trabajar conjuntamente con los campesinos en crear un laboratorio de solución de conflictos donde es más importante: en el ámbito local. Porque tal vez tanto el gobierno como la guerrilla se equivocan pensando que la paz se puede construir primero en papeles en una mesa y después trasladarla mecánicamente a las provincias.

La paz se construye con la comunidad, allí donde están los problemas: la necesidad de una economía familiar, la necesidad de una agricultura integrada a los desafíos de la época, la necesidad de un modelo de seguridad del que formen parte la confianza ciudadana, la opinión de las personas y las oportunidades reales de progreso.

Es, por supuesto, urgente que las armas se silencien y que este maligno conflicto de cincuenta años, nacido de la arrogancia del poder y del desamparo de las comunidades, un conflicto que se ha ido degradando y envileciendo por la dinámica normal de una guerra bárbara y eterna, termine por fin, para sosiego de los humildes hogares campesinos que lo padecen, de las jóvenes generaciones que son inmoladas en él, y para que puedan arrancar la modernización y la prosperidad del país.

Santos no debería desconfiar tanto de sus propias decisiones. Está dialogando en La Habana con los insurgentes, pero teme que sus críticos desde el guerrerismo lo acusen de ser débil, por hacerles concesiones a unos campesinos que es evidente que han padecido no sólo la guerra, sino el modo insensible y arrogante como se gobernó el país por todo un siglo.

Debería no poner a depender todo de la negociación. Aquí muchos saben que si el Estado, por su propia iniciativa, hubiera tomado la decisión de modernizar el campo y de abrirles un horizonte de justicia a millones de seres humildes en toda la geografía nacional, no tendría que estar pactando ahora cosas tan elementales con unos ejércitos insurgentes.

Yo creo que el gobierno colombiano representa muy parcialmente a la sociedad colombiana, pues aunque es elegido por millones de personas, suele gobernar para los intereses de muy pocos. Pero aun así, creo que el gobierno representa a muchas más personas que la guerrilla: en esa medida está en la facultad de tomar grandes decisiones benéficas por sí mismo, y si no lo ha hecho históricamente ha sido por torpeza, por ignorancia, por soberbia o por desprecio a la comunidad.

Además, ¿por qué creer que se les están haciendo concesiones a las personas? El país es de la gente. La decisión de ayudarles a los pobres a vivir mejor, la decisión de escuchar sus clamores de angustia, y de manejar con serenidad y con respeto sus estallidos de desesperación, no es debilidad, es fortaleza. Significa que el gobierno sabe que está gobernando para resolver problemas, no para satisfacer su arrogancia.

Gentes que lo han tenido todo, como las que nos gobiernan, no saben lo que es estar en el desamparo, en la falta de horizontes, en la tiniebla de la incertidumbre y de la soledad. ¿Por qué mirar siempre el dolor de los pobres, que los lleva a afrontar a veces riesgos tremendos, como una expresión de maldad, como algo que obedece siempre a un libreto infernal? Pobre democracia la que obedece a semejantes prejuicios, y la que se eterniza en esas terquedades y en esas arrogancias.

Juan Manuel Santos ha desperdiciado una oportunidad de mostrarse generoso, de mostrarse estadista, de mostrar que es capaz, si no de sentir, por lo menos de imaginar el estado de postración en que vive el pueblo al que gobierna. Pero a lo mejor todavía está a tiempo de asumir una actitud más inteligente. En vez de esperar que, uno tras otro, le estallen los incendios de la inconformidad popular, que el país se reviente entre sus manos como el arco del viejo rey nórdico, podría asumir esta posición que me parece la más sensata.

No se le ha ocurrido a él. Pero también saber escuchar forma parte del arte de gobernar.

20 de julio de 2013

15

El martillo de la historia

Las guerras no terminan cuando se cuentan los muertos sino cuando se eliminan sus causas.

Por eso el tremendo informe que ha presentado el Centro de Memoria Histórica, con las cifras del conflicto que hace medio siglo arruina física y moralmente a Colombia, no puede ser el final de un proceso, sino el comienzo de un examen muy serio de cuáles son las causas que hicieron que hayan muerto por el conflicto 220.000 personas y sólo 40.000 en el campo de combate, que se hayan degradado hasta lo indecible los métodos de exterminio, se haya expulsado de sus tierras en medio del horror y el desastre a cinco millones de personas y se haya profanado una vez más la dignidad de la nación.

Porque esas cifras escalofriantes son apenas la punta del iceberg de la catástrofe colombiana. No sólo hay que preguntarse qué ser humano muere bajo el balazo, el machete o la motosierra, sino qué ser humano se degrada y se destruye cometiendo ese crimen. Y si a algo nos deben conducir estas cifras tan necesarias es a la comprensión de que la guerra no es la estadística: que detrás de unas cifras que forzosamente los diseñadores gráficos convierten en bellas tipografías y en íconos de colores hay largas jornadas de terror, incontables horas de angustia, ríos de desesperación, miles de hijos huérfanos de sus padres y miles de padres huérfanos de sus hijos. Y noches de desvelo, y desembarcos monstruosos, y fiestas de sangre, y violaciones aterradoras, y torturas desesperantes, y el fuego del odio en los ojos, y el hastío de la maldad, y las moscas de la muerte.

Las cifras corren el riesgo de ordenar el caos y de invisibilizar el infierno. Las frases eufónicas y definitivas con que se reacciona ante estos hechos tienden a hacernos pensar que el horror ha terminado, que estamos pasando la página. Un informe valeroso, que tiene el deber de conmovernos y de hacernos reaccionar, corre el riesgo de ser considerado una suerte de veredicto histórico que declara concluido el episodio macabro. No de otra manera a lo largo de un siglo de afrentosa tiniebla hemos cantado contra toda evidencia: "Cesó la horrible noche", cuando posiblemente la noche siguiente iba a ser peor.

Las cifras pueden hacernos creer que en un conflicto tan irregular como el que está viviendo Colombia, todo puede ser descrito en términos bélicos de confrontación. Llamamos "ejecuciones extrajudiciales" a los asesinatos cometidos por la fuerza pública, como si en un país donde está prohibida la pena de muerte hubiera la posibilidad de ejecuciones debidas a un juicio. Y hay que preguntarse si muchas otras muertes, que no ocurren en el campo de batalla entre paramilitares, guerrillas y Fuerzas Armadas, no son atribuibles al conflicto o no son potenciadas por él.

Resulta asombroso que la odiada guerrilla, contra la que se ha levantado la sociedad en masivas manifestaciones de rechazo a prácticas tan repudiables como el secuestro o el minado de campos, sea responsable apenas de una tercera parte de los hechos atroces consignados en el informe, y que casi dos terceras partes de esos hechos se deban a los paramilitares y a su alianza con lo que solemos llamar "las fuerzas del orden".

Las preguntas más terribles vienen después. Al cabo de cincuenta años de matanzas, que aquí le atribuimos al conflicto, ¿no será necesario buscar causas más hondas? Esta estadística, que comienza más o menos en 1963, es la continuación de otra estadística, la de la Violencia de los años cincuenta, que le costó al país otros 300.000 muertos. Pero este medio millón de muertos mal contados, de masacrados, torturados, desaparecidos, secuestrados, y estos ocho millones de desplazados en los últimos setenta años, ¿no corresponden a una enfermedad más extendida y que es necesario analizar de un modo más profundo?

Finalmente: ¿qué responsabilidad le cabe a la dirigencia que ha tenido el país en sus manos durante los últimos cien años en este desangre inhumano? ¿No era a ella a quien le correspondía educar a la comunidad en pautas mínimas de civilización, incorporar a millones de personas a un orden de mínimas oportunidades y de garantías sociales, construir un Estado operante, formarnos a todos con el ejemplo y la responsabilidad, ya que ha sido tan aguerrida en la defensa de sus privilegios políticos y de su dignidad social?

¿O vamos a echarles la culpa, como nos gusta, de los males de la nación, a las comunidades siempre postergadas, a los pobres que se murieron por décadas a las puertas de los hospitales, a los que han huido sin rumbo noche a noche perseguidos por los machetes, alumbrados por los incendios, y despreciados en las ciudades adonde llegaban, o a los 180.000 civiles muertos por este conflicto? ¿Qué van a decir ahora los grandes poderes y los partidos políticos que nos gobernaron?

Hay responsabilidades que van más allá de la estadística y del Código Penal. Altas responsabilidades históricas que corresponden a quienes tuvieron en sus manos el poder de construir un país civilizado, los recursos para modificar terribles realidades de injusticia y de marginalidad, el acceso al conocimiento y el contacto con el mundo para saber cómo se construyen de verdad sociedades orgullosas y dignas.

Frente a estas tremendas evidencias de la irresponsabilidad, de la mezquindad y de la pequeñez histórica, no bastará con mostrar ojos asombrados y rostros compungidos. Hay que modificar con urgencia el tremendo cuadro de injusticia y de impiedad en que vivimos, o esperar el martillo de la historia.

27 de julio de 2013

16

Doctor Sí, doctor No

¿Por qué será que cada vez que le creemos, el gobierno de Santos cambia de discurso, como si le complaciera desconcertar a la opinión pública, como si tuviera una agenda secreta, o como si no estuviera muy seguro de las cosas que afirma?

Lo primero que se aplicó a demostrar es que no está con Uribe, de quien parecía ser el heredero. Para que no quedaran dudas, se reconcilió con Chávez, con Correa y con Ortega, supuestos enemigos, y convocó a las FARC a un proceso de paz, reconociendo la existencia de un conflicto armado de cincuenta años, y reconociendo que sólo en una mesa de diálogo será posible poner fin a esa maldición.

Sin embargo, como si escuchara demasiado a los enemigos de la paz, cada vez que da un paso que hace avanzar el diálogo, lanza enseguida una carga de profundidad contra el proceso.

El presidente Mujica de Uruguay propone hablar con las Naciones Unidas para que se pronuncien sobre la paz de Colombia, y el presidente Santos, que habla de la necesidad de avanzar hacia la reconciliación, ordena al Ejército dar de baja al jefe de las guerrillas cuando lo encuentren en su camino.

Claro que están en guerra, claro que los combates siguen, claro que no han firmado un acuerdo. Pero el presidente de un país donde no existe legalmente la pena de muerte tiene que decirle a su Ejército que combata a la guerrilla, que capture a sus jefes, y que si se resisten los elimine en combate. Pero no puede dictar altisonantes sentencias de muerte y seguir tan campante con el diálogo.

Es más: en bien de la democracia, el presidente de la república no puede desear la muerte de ningún colombiano. Debería estar llamando a todos, incluso a Timochenko, a cerrar filas en torno a la paz y a la vida. Pero el presidente se parece a esas figuras de los dibujos animados que dicen una cosa y de pronto se les sale de adentro el adversario diciendo la contraria.

Anunció que se emprendería la restitución de los predios despojados y la reparación de las víctimas. Pero a mitad de su mandato, sin que hubieran echado a andar los procesos de restitución y de reparación, empezaron a salir los funcionarios que tenían en sus manos las responsabilidades, el gerente del Incoder y el ministro de Agricultura, sin que podamos decir que salieron porque el proyecto estaba cumplido, o al menos en marcha. Todo lo que queda es una extraña sensación de vacío.

Santos anunció que haría depender nuestra economía de tres grandes fuerzas, la minería, la industria y la agricultura, declarando que no estaba de acuerdo con el atraso del campo, que estaba a favor de una audaz modernización que aprovechara realmente las posibilidades de un país riquísimo en recursos y lleno de habilidad laboral.

Nos dijo que quería hacer de Colombia un país integrado a Latinoamérica, a la cuenca del Pacífico, a la economía mundial, al club de los países emergentes. Pero la industria decrece, la minería decrece, la agricultura no arranca, y el gobierno sigue firmando tratados de libre comercio sin preparar al país para el choque con esas economías más fuertes, sin blindar a la industria y sin modernizar la agricultura, como si dirigir la economía fuera firmar alegremente tratados sin porvenir.

Entonces crece el paro agrario y comprobamos que todas las cosas que sembraron los gobiernos del TLC ahora se están cosechando. Los grandes sembradores de vientos, Gaviria, Pastrana y Uribe, ni siquiera piensan en reconocer que tengan alguna responsabilidad en esta reacción de campesinos que se levantan por todas partes. Después de arruinar el campo y la industria, quieren seguir diseñando el futuro.

Menos mal que el gobierno no ha salido todavía a decir que esos miles y miles de campesinos que marchan por las carreteras, que protestan contra el TLC y que piden un futuro para el campo, son guerrilleros, porque eso equivaldría a decir que las FARC son el campo colombiano: y eso no es verdad.

Con su extraordinario sentido de la oportunidad, radica entonces un proyecto de ley en el Congreso, para que sea por medio de un referendo que se refrenden los pactos de La Habana, aunque la guerrilla no está de acuerdo con ese mecanismo. Y lo único que logra, justo cuando el país está en vilo, es que la guerrilla amenace con levantarse de la mesa.

Es como si el presidente fuera el doctor Sí en el día, afirmando con entusiasmo sus convicciones, y por la noche descubriera que en realidad es el doctor No, y se revolcara en la necesidad de echar para atrás todas las cosas.

O tal vez es que la realidad colombiana, vista desde la perspectiva de un gobierno sin convicciones, es un nudo de paradojas, en el que no se puede decir sí a nada sin decirle inmediatamente sí a lo contrario. Hay que decirles sí a los campesinos, pero hay que decirles sí a los tratados de libre comercio: el resultado es no a la agricultura. Hay que decirle sí al diálogo, pero hay que decirle sí a la guerra: el resultado es no a la paz. Hay que decirle sí al futuro, pero hay que decirle sí al pasado: el resultado fatal es no al presente.

24 de agosto de 2013

17

¿Cómo será lo que sigue?

Colombia se ha vuelto imprevisible. Ahora todos vivimos el asombro de lo que ocurre y la incertidumbre de lo que viene.

La dirigencia colombiana, que creía conocer el país y tener la fórmula para seguirlo dominando, parece desconcertada, da palos de ciego en sus respuestas y en sus decisiones.

El más desconcertado parece ser el presidente. Pero es que para él es más difícil que para los demás: no porque le estén estallando en las manos todos los problemas, sino porque él tiene un libreto que debe obedecer, y Colombia parece cada vez más insatisfecha con ese libreto.

Se diría que es injusto que un gobierno padezca la herencia de todas las crisis acumuladas. Pero este presidente ha sido parte de todos los gobiernos anteriores: ¿cómo no va a ser justo que le toquen las consecuencias?

El libreto es la política neoliberal. Un modelo diseñado por los grandes poderes mundiales para serle recetado al planeta entero. Y es de una simpleza que causaría risa si no fuera la causa del sufrimiento y la desgracia de millones de personas.

Consiste en que en este mundo sólo tienen derecho a existir un modelo de economía y un modelo de orden social, el que han alcanzado las naciones de gran poderío industrial, militar y tecnológico.

Todos los países deben ingresar en ese esquema al que hace tiempo ya se llama el desarrollo, el progreso, la sociedad de consumo.

Abarca todo: la gastronomía, la salud, el entretenimiento, la cultura. Y está diseñado sólo para el auge del capital financiero y la satisfacción de unas élites mundiales. Estos países periféricos sólo pueden ser consumidores de la industria multinacional, productores de materias primas para su poderío comercial y tecnológico.

Y así se abren camino esos contratos leoninos que se llaman tratados de libre comercio, mediante los cuales pequeñas economías mal planificadas, sistemáticamente debilitadas por gobiernos venales o faltos de carácter, tienen que abandonar toda agricultura, toda industria local, todo rasgo cultural y toda relación original con sus territorios. Entrar en el carnaval del consumo de remanentes del gran sistema mundial, y sólo producir lo que ese sistema necesita, lo que esos mercados estén dispuestos a comprarles.

La publicidad y la manipulación mediática descalifican las tradiciones locales, y pregonan la moda, los hábitos, las adicciones y los espectáculos del poder planetario. Una red tentacular de juguetes fascinantes, de espectáculos deslumbrantes, de entusiasmos evanescentes remplaza en todo el mundo valores y costumbres. La modernidad consiste ya en una avalancha de sutiles órdenes de la publicidad y del comercio. Todos los países deben ser tributarios de unas sociedades centrales; dóciles imitadores de sus modelos.

Colombia ha vivido el progresivo desmonte de su agricultura y de su industria. Los tratados no toleran siquiera pequeñas salvedades culturales: el todopoderoso socio dice al final: "Lo toma o lo deja", y los vendidos gobiernos deben firmar los tratados que redactó el más fuerte.

Allí se decide si los campesinos pueden o no utilizar las semillas que nos legó una tradición milenaria; si tenemos derecho a producir nuestros alimentos o si tenemos que resignarnos a un menú diseñado por las tiranías de la geopolítica. No importa si estamos acostumbrados a producir arroz o flores, cumbias o mitologías: el mercado mundial decidirá qué vive y qué muere en las sociedades.

La economía se limita a los precios, no a los equilibrios sociales, no a la satisfacción de las comunidades, al trabajo, al conocimiento, o a los valores sagrados de la memoria y del territorio. Todo lo que no sea ciego lucro será llamado atraso y superstición.

Y no importa que ese modelo sea precisamente el que está destruyendo al planeta. Arrasa los bosques, degrada los ríos, envenena los mares. Argumenta que viene a salvar a la humanidad del atraso, la pobreza y la desdicha. Pero produce hastío para sus propios ciudadanos, violencia e infelicidad para los ajenos, degradación del mundo, y basura, mucha basura.

Antes nos preguntábamos si un modelo era viable para la humanidad; ahora nos preguntamos si la humanidad es viable para el modelo. Y parece que no, que no es viable. Aquí, por ejemplo, los campesinos no caben en la economía.

Colombia despierta presa de un extraño malestar. La sospecha de un orden en el que todos terminemos siendo indeseables. Si protestamos, seremos declarados rebeldes; si nos irritamos, nos llamarán enseguida el cartel de los vándalos. Si queremos tener un país, seremos la encarnación del atraso y de lo premoderno. Si queremos una cultura propia, seremos declarados extraterrestres.

Como antes Gaviria y Pastrana y Uribe, Santos es el encargado de velar por que la orden se cumpla. Y está desencajado porque el país le está diciendo que no. Al comienzo eran los campesinos de una región: los declaró infiltrados. Después los de varias regiones: los declaró inexistentes. Bloquearon las vías: los declaró rebeldes y envió la represión. Entonces la ciudad se solidarizó con el campo: monumentales manifestaciones de estudiantes y ciudadanos sorprendieron a Colombia.

El país no obedece al libreto: opina, reacciona, los jóvenes reclaman la memoria que les han negado, la gente comprende que los gobiernos están desmantelando el país que tuvimos y no han sido capaces de construir algo a cambio.

La realidad se ha vuelto enigmática: no puede ser leída, tiene que ser descifrada. Y no sabemos si el gobierno está descifrando lo que pasa. Y no sabemos cómo será lo que sigue.

7 de septiembre de 2013

18

La ayuda inesperada

Los adversarios de los diálogos acusan al presidente de estar aprovechando la paz para fines electorales, pero lo que ellos hacen no es distinto. Más malo que utilizar la paz para conseguir votos es combatir la paz con ese mismo propósito.

Los que deploran los acuerdos de La Habana, a quienes esta semana se les oscureció la mirada en el preciso momento en que al resto del país se le iluminaba, cuando, como pocas veces, Colombia resplandecía de esperanza, hace once años celebraron el fracaso del Caguán y once años más de guerra. Pero tal vez no son años de guerra lo que quieren, sino unos cuantos períodos electorales obtenidos con la estrategia de que la reconciliación nunca llegue.

Cada vez que se habla de las transformaciones que podrán hacerse en el país gracias a los diálogos de paz, los adversarios del diálogo saltan con los mismos argumentos que esta semana repitió Óscar Iván Zuluaga. Que "la paz se hace desarrollando el campo, con educación pública de calidad para nuestros jóvenes, una paz basada en el respeto a la ley y a la justicia, una paz que tenga en cuenta a los colombianos de bien, a los campesinos y a quienes trabajan día a día por aportarle al país".

Pero entonces, ¿por qué no lo han hecho, si han tenido todo el poder y todos los recursos? ¿Y en qué se opone eso a lo otro? En los cincuenta años que lleva esta guerra dolorosa que sacrifica sólo a los pobres de Colombia, ¿por qué los que tienen la fórmula tan clara no la han puesto en práctica?

Todos sabemos aquí que la paz es cuestión de justicia, de dignidad, de acabar con la pobreza, con la ignorancia, de no dejar a las mayorías en el desamparo y en la miseria. Eso en Colombia sólo parecen ignorarlo los que toman las decisiones, los que manejan los presupuestos, los que han sido encargados en vano durante décadas de cumplir las promesas constitucionales. Pero cada vez que se hace algo a favor de la reconciliación, los dueños de la fórmula mágica salen a oponerse a la paz con el eterno argumento de que la paz se hace de otra manera.

La noticia de que el gobierno y la guerrilla han llegado a un acuerdo sobre el segundo punto de la agenda produjo una alegría nueva en todos los que quieren que la guerra termine, en las gentes humildes que han padecido esta guerra década tras década. Pero hay quienes la reciben con malestar. Y aunque afirman no estar de acuerdo, en realidad utilizan esa oposición al diálogo como un instrumento para sus propios fines.

Si Colombia fuera un país justo y próspero, de ciudadanos reconciliados, con una comunidad solidaria, donde los jóvenes tengan claro su futuro y el horizonte de sus oportunidades, uno podría entender que haya gente empeñada en que nada cambie. Pero en un país tan catastróficamente estratificado, acosado por todas las violencias, donde a medida que crece la economía crecen la desigualdad y la injusticia, es evidente que los que se oponen a un cambio o son insensibles al sufrimiento o se benefician del caos.

Un país espléndido por su naturaleza, privilegiado por su gente, riquísimo por sus culturas, hace muchas décadas está postrado en la mediocridad y en la indolencia en manos de una dirigencia irresponsable que hace muy poco por su pueblo, que abandona a sus multitudes pobres en barrios deletéreos, entre desagües y basuras, que los deja morir a las puertas de los hospitales o los condena a esperar por meses unos exámenes médicos de vida o muerte; un país que vive desangrándose en el paraíso, bajo una economía que beneficia a muy pocos y sin que nadie tenga derecho a tener iniciativas empresariales o de ningún género, porque un orden de privilegios y compadrazgos cierra los caminos y ciega las oportunidades.

Basta recorrer el país, más allá de ciertos centros comerciales y de ciertos barrios residenciales, para ver la catástrofe. Y cada vez que alguien intenta modificar las cosas para que entre un poco de luz en este pozo ciego, salen unos dirigentes, que no tienen derecho a sentirse felices de la vergüenza, a predicar que el país está en peligro, que el mundo está en peligro, porque unos guerrilleros van a abandonar las armas, porque una guerra se va a acabar.

Sin embargo, creo que esa oposición ha sido útil y seguirá siéndolo. Ante una casta como la vieja dirigencia colombiana, tan indolente y tan indecisa a la hora de hacer reformas y de modernizar el país, no deja de ser útil que unos políticos anclados en el pasado, amigos sólo de las soluciones militares para todos los males, le hagan comprender que la paz es necesaria y que hay peligros mayores.

Los adversarios del diálogo no sólo quieren que la guerra se prolongue en Colombia: parece que también quisieran llevarnos a la guerra con nuestros vecinos. Pero con esa actitud nos demuestran cuán necesario es que la guerrilla se desmovilice, que se incorpore a la legalidad, y se dispute con ideas y actitudes pacíficas los votos de la ciudadanía.

Ha terminado siendo muy útil para la paz de Colombia que el expresidente Álvaro Uribe afirme que Juan Manuel Santos, elegido por la votación más grande en la historia del país, tenía que ser su comparsa obediente. Que lleve la impaciencia y la temeridad hasta decir que el presidente de la república debería estar preso.

Tendremos que concluir que Álvaro Uribe está cumpliendo para la historia la tarea provechosa de convencer al viejo establecimiento colombiano de que más vale una democracia ampliada con oposición que una vociferante tiranía medieval y una guerra eterna.

9 de noviembre de 2013

19

Las preguntas que vuelven

¿Sí tendrá de verdad el gobierno la voluntad de alcanzar la paz negociada, que todos sabemos necesaria y que las comisiones de La Habana se esfuerzan arduamente por hacer avanzar desde hace más de un año?

Me lo pregunto porque este gobierno se ha especializado en enviar señales ambiguas. Un día dice que hay que dialogar, al siguiente que hay que dar de baja a todos los jefes de la guerrilla; un día son interlocutores en el proceso de rediseñar y modernizar el campo colombiano y al siguiente son criminales sin entrañas; un día el jefe negociador por el gobierno nos dice que se avanza con buena voluntad y con buen ritmo, pero enseguida el ministro de Defensa declara que este sí es el año en que se los va a derrotar militarmente.

Santos parece que tuviera la idea de que gobernar es desconcertar a la opinión pública, que nadie sepa a ciencia cierta lo que el gobernante está pensando ni pueda prever su siguiente paso. El primer sorprendido con ese estilo fue Álvaro Uribe, quien vio a su heredero convertirse de repente en el adalid de políticas distintas y a veces contrarias a la suya. Después los gobiernos vecinos, que vieron cómo uno de sus principales adversarios se convertía en su aliado entusiasta. Y llevamos tres años de sorpresas, cuyo común denominador son virajes bruscos, cambios de opinión y decisiones desconcertantes.

Todo eso al nivel del discurso y la comunicación mediática, pero el país no deja de ser el de siempre, el de la guerra sin cuartel, la economía egoísta, el desempleo, la miseria, el empobrecimiento de las clases medias, la trivialización de los dramas populares y la irresponsabilidad estatal.

Casi todo lo que dice el gobierno parece más bien maquillaje político: cifras de reducción de la pobreza que no se deben a la creación de empleo sino al cambio del sistema de medición; índices de crecimiento económico que no se traducen en disminución sino en incremento de la inequidad; una defensa de los recursos naturales que no protege nada; una estrategia de devolución de tierras que nunca sale de los titulares, que parece convencida de su propia imposibilidad y que apenas cumple con dejar constancia de sus buenas intenciones; un proceso de paz que no vincula a la comunidad, que no abre horizontes de reconciliación, que no ofrece nada consistente a las víctimas.

Ojalá me equivoque, pero la política de paz del gobierno de Santos podría terminar siendo no más que una estrategia para mantener neutralizados a los críticos del guerrerismo a ultranza y para asegurar la reelección de un gobierno que no tiene nada que mostrar en casi ningún campo. Los paros agrarios fueron una triste prueba de insensibilidad ante los hechos y de irresponsabilidad en el cumplimiento de las promesas.

Qué duro sería para Colombia que al cabo de seis o siete años todo derivara en una nueva ruptura del proceso, y que el gobierno hubiera logrado mantener mientras tanto acallada a la crítica, y a la expectativa a sectores de opinión que pudieron hacerle exigencias reales a la administración.

Este gobierno no se caracteriza por su pacifismo, ni por su sensibilidad social, ni por su afán modernizador, ni por su estrategia educativa, ni por un proyecto de reformas convincentes, en un país tan necesitado de cambios que despierten esperanza y gestos que convoquen a los ciudadanos al compromiso y a la acción.

Y si señalo como responsable al gobierno es porque nadie puede esperar, ni es concebible, que sea la guerrilla la que marque la dinámica de esa negociación, ni lidere los temas de la política, ni le abra horizontes de convivencia y de progreso a Colombia. El gobierno representa a las mayorías electorales (aunque sabemos de qué manera se elige en Colombia), y administra el tesoro público y tiene la legitimidad suficiente para tomar decisiones.

Pero tenemos más bien la impresión de que nos gobiernan una mezcla de astucia y cinismo, no la generosidad ni la grandeza de propósitos. La paz que se respira en las carreteras se debe más a la política de Uribe que a la de Santos; los subsidios que reciben algunos sectores populares también se deben más al anterior gobierno. Y en cambio, muchas de las grandes cosas que este gobierno anuncia se parecen al estilo de las vallas que llenan las carreteras y que algún caricaturista ha señalado como la manera más rápida y barata de cambiar la infraestructura del país: el Photoshop.

¿Por qué no sabemos en qué va el proceso de paz? ¿Por qué tenemos que reelegir a un gobernante que no ha mejorado en nada la dramática situación de millones de personas, ni en la salud, ni en la educación, ni en las obras públicas, ni en el empleo, ni en la productividad, ni en los horizontes del progreso personal y familiar? ¿Por qué tenemos que confiar a ciegas en un proceso de paz que el propio gobierno se encarga de desprestigiar cada vez que le ponen los micrófonos al frente? ¿Cómo quieren que el proceso nos lleve a una verdadera reconciliación (y no veo qué otro fin podría tener un proceso de paz verosímil) si todo el día muestran a sus interlocutores en la mesa como a monstruos a los que hay que abatir?

Para eso, más sincero resulta el discurso de Álvaro Uribe, que no se anda con eufemismos, que declara de frente que no está interesado en diálogos sino en derrotar por la fuerza a esos grupos insurgentes. Allí por lo menos no hay una discordia tan grande entre lo que se hace y lo que se predica.

El guerrerismo es malo, pero para la salud del país puede ser más peligrosa la esquizofrenia.

11 de enero de 2014

20

Ahora sí comenzó la campaña
Colombia está cansada de la guerra

No es sólo ahora: ya lo estaba en 1997 cuando se votó masivamente el Mandato Ciudadano por la Paz, que dio pie al proceso de Andrés Pastrana en el Caguán.

Colombia votó por Pastrana porque prometió que mediante la negociación terminaría el conflicto armado, que ya cumplía treinta y cuatro años.

Cuatro años después, en 2002, Colombia votó por Álvaro Uribe porque éste la convenció de que no sería el diálogo sino la mano dura lo que acabaría la guerra.

Para entonces completábamos ya treinta y ocho años de conflicto. Transcurrieron ocho más de gobierno de Álvaro Uribe, quien fue reelegido para que acabara de acabar con las armas la guerra sin cuartel contra las FARC. Y con ese mandato completamos cuarenta y seis años de guerra.

En 2010, Colombia votó por la mano derecha de Álvaro Uribe, Juan Manuel Santos, para que terminara de terminar el conflicto interminable, e inesperadamente Santos optó por proponerle al país la paz negociada.

Esta decisión del ministro que había dirigido la guerra es tal vez suficiente prueba de que quienes abogamos siempre por la paz negociada teníamos razón. Que la paz sólo es alcanzable por la vía de una negociación política, es algo que muchos colombianos creemos desde los tiempos de Belisario Betancur.

Betancur, visionariamente, propuso la negociación cuando la guerra llevaba sólo veinte años. Y si no hubiera sido por los famosos enemigos ocultos de los que se habló entonces, tal vez Colombia se habría ahorrado treinta años de incalculables gastos en defensa, y sobre todo miles y miles de vidas humanas.

Ahora todos sabemos que hay que ponerle fin por vías políticas al monstruoso conflicto y que hay que hacerlo lo más pronto posible.

Lo que estamos viviendo se recordará en el mundo como la guerra de los Cincuenta Años, una de las más largas e inútiles de la historia. Una guerra, no contra enemigos externos sino con los propios connacionales: una guerra entre hermanos.

Ya ha empezado a salir a la luz la aterradora lista de víctimas, no sólo de muertos, heridos y mutilados, sino de expropiados y desplazados, de guerreros envilecidos por una rutina atroz, mentes degradadas y sueños vueltos pedazos.

No sobra recordar que esta guerra, en cuyas trincheras no participa la aristocracia colombiana, ni siquiera las clases medias altas, es una guerra en que los muertos son los mismos en todos los bandos: los hijos del pueblo.

Son los hijos de los pobres los que mueren como guerrilleros, como soldados y como paramilitares. A veces, incluso, hay hijos de una misma familia enrolados en los distintos bandos, tan dura es la guerra para las gentes humildes.

Tal vez la prueba suprema de que ya no podemos caer más, y que por fin hay consenso en que la solución negociada no es la mejor sino la única, son las palabras de Óscar Iván Zuluaga esta semana diciendo que también el partido Centro Democrático está dispuesto a negociar la paz con las FARC, y seguramente también con el ELN, que en días pasados invitó a algunos intelectuales a mediar para que se abra un diálogo con ellos.

El anuncio de Zuluaga es importante por dos razones: porque deja atrás el discurso uribista de que la única opción frente a las guerrillas es la guerra total, o sea, la guerra eterna, y porque nadie ignora que el principal enemigo de la guerrilla en Colombia es el uribismo. Y la paz, como lo ha dicho Santos, se hace es con los enemigos.

Hasta ahora, Santos se ha erigido no sólo en el audaz mandatario que se atrevió a proponer la paz cuando su deber era hacer la guerra, con lo cual mostró criterio e independencia, sino en el único camino para una paz negociada en Colombia.

Hasta ahora, Santos tenía muy fácil su camino a la presidencia, pues nadie parecía disputarle esa estrategia. Pero ello, a la vez, hacía muy frágil el proceso de paz, porque lo ponía a depender exclusivamente de la voluntad de un gobernante, y de uno que no se caracteriza precisamente por cumplir los acuerdos ni por explicar con claridad sus propósitos.

Un sector del electorado estaba convencido de que había que votar por Santos porque era el único que ofrecía la paz, aunque fuera una paz a ciegas, sin claridad de objetivos, en medio de grandes secretos y con inquietantes mensajes contradictorios.

La declaración de Óscar Iván Zuluaga, quien llevaba meses siendo el tema de los caricaturistas por su falta de iniciativa y su aparente sumisión a la voz cantante de su jefe Álvaro Uribe, lo convierte de repente en un candidato con voz propia y cambia el escenario de la política en Colombia, por dos razones muy sencillas: porque significa que Álvaro Uribe ha aceptado finalmente una negociación con sus enemigos y porque pone a Santos en la obligación de explicar su proyecto.

Mucha gente, aunque desconfía de Uribe por su espíritu pendenciero, sus pésimas amistades políticas, su autoritarismo y su enemistad jurada con los gobiernos vecinos, sabe que es alguien que cumple lo que promete. Harto sabemos que Uribe es el principal adversario de la guerrilla y eso casi significa que una paz sin él, y sin los poderes a los que él representa, no llegaría muy lejos en Colombia.

Con esta declaración, por fin Óscar Iván Zuluaga ha comenzado su campaña. Ahora Santos sabe que si quiere ganar las elecciones tendrá que echar a andar un proceso de paz más claro, menos contradictorio, más preciso y más verosímil, porque ya no es el único que está dispuesto a resolver políticamente el conflicto.

15 de febrero de 2014

21

La irrupción de lo invisible

En los últimos treinta años se abrió camino, no como un azar de la historia ni como una ineluctable tendencia de las fuerzas económicas, sino como un programa consciente de los grandes poderes del mundo, la decisión de minimizar el papel del Estado, abandonar la idea de lo público y dejar en poder del mercado y de su mano invisible el manejo de las sociedades.

Los viejos estados responsables, protectores de la familia y del trabajo, de la educación, de la salud y de la iniciativa cultural son destituidos de esas funciones; se busca que el mercado dirija el empleo y el consumo, que la salud y los sistemas de pensiones sean problemas particulares, que la educación se convierta en un apéndice del mundo empresarial y que la cultura se sostenga a sí misma mediante lo que cada vez llaman con más entusiasmo los ministros de Cultura la industria cultural.

Como decía hace poco una viñeta de El Roto en *El País* de Madrid, "el Estado y el mercado se han casado por todo lo alto". Esa política arrasadora, construida sobre la ruina del socialismo soviético y sobre el desprestigio de los regímenes totalitarios nacidos de varios experimentos revolucionarios en el siglo xx, se abrió camino en el mundo a través de los gobiernos neoliberales, y con la ayuda invaluable de unos medios de comunicación que se presentan a sí mismos como la voz imparcial de la opinión pública y como los defensores de los grandes valores de la civilización, pero que muy a menudo militan en el bando de una política concreta, de la que el mercado omnipotente es el amo y el gran ventrílocuo.

En el mundo entero se ha instaurado un modelo en el cual la suerte de millones de personas es menos importante que los rendimientos del capital, y no hace muchos días se reveló la escandalosa noticia de que el 1% de los habitantes del planeta son dueños de la mitad de la riqueza mundial. Estos datos duelen más en sociedades como las nuestras, donde la concentración de la riqueza y la desigualdad se traducen en violencia, marginalidad y desdicha para millones de personas.

Es una tradición en América Latina que todo esfuerzo generoso por ayudar a las mayorías pobres y por brindarles horizontes de dignidad se enfrentan siempre a la hostilidad de los poderosos, e incluso al egoísmo de las clases medias, a quienes les basta con tener su situación asegurada y sus oportunidades abiertas, y se alzan de hombros con frecuencia ante el clamor de los desposeídos.

La verdad es que el modelo que hoy impera, sobre todo en los países dirigidos por aristocracias premodernas, es aberrante. Abandona las mayorías a la pobreza, y al mismo tiempo las bombardea a través de la publicidad con el discurso del consumo, con la prédica de la opulencia, señuelos inaccesibles de un modelo mental y moral que no se compadece de la precariedad de su vida.

En tiempos de la esclavitud, predicar la liberación de los esclavos era denunciado por los amos como un atentado inhumano contra los derechos de propiedad y de comercio. En tiempos de fray Bartolomé de Las Casas, abogar por los indígenas era defender la barbarie contra la civilización. Así ahora criticar a la banca es atentar contra la libre empresa, cuestionar a los grandes medios es atentar contra la libertad de expresión, criticar a la industria es recelar de la modernidad, denunciar al poder es una falta de respeto y querer cambiar el mundo es pecar de ingenuidad utópica o ser sospechosos de rebelión.

Pero también las hoy prósperas sociedades socialdemócratas, las sociedades del bienestar, tuvieron que decirles adiós de una manera muchas veces cruenta a viejos modelos de arrogancia y de servidumbre. El relámpago fundador de la democracia moderna fue en Europa la Revolución francesa, y todos sabemos que esa tempestad precedida por un siglo de *Enciclopedia*, de filosofía de las luces, de prédica de los derechos humanos, pasó por largos túneles de terror, porque la resistencia de la aristocracia a esas reformas mínimamente igualadoras fue monstruosa y desató la ira de los pueblos.

Hoy, a los liberales de todo el mundo, y hasta a los neoliberales, les gusta mucho recordar los principios de libertad, igualdad y fraternidad que se impusieron con los truenos de la revolución, pero vuelven a poner el grito en el cielo cada vez que los pobres piden justicia o quieren abrirle camino a un orden de dignidad que haga verdaderos sus derechos.

Es casi una ley de la condición humana que el que tiene mucho quiere más, que todas las cosas quieren prevalecer en su ser, como decía Scoto Eriugena, que el egoísmo está en la entraña de la condición humana, que cuando la generosidad se levanta la codicia ya lleva horas trabajando, pero los pueblos no pueden inclinar la cerviz ante esas evidencias, y la humanidad tiene que persistir en la búsqueda de un poco de justicia, que finalmente no beneficia sólo a los pobres.

La principal tarea de los poderosos debería ser hacer posible la vida para los humildes, ya que la mayoría de la gente no quiere opulencia sino dignidad, un orden decente de valores donde sean posibles el trabajo, la retribución justa, una mínima seguridad frente al futuro y una educación que no ahonde los abismos entre las clases sociales y la repulsión entre los grupos humanos.

Pero es más fácil mantener a las mayorías en la miseria sin que eso se traduzca en estallido social, que hacer recortes, así sea pequeños, en la opulencia de ciertos sectores, y en la expectativa de opulencia de otros. Mientras tienen todo en sus manos, los poderosos no ven a los pobres, y cuando los pobres se hacen visibles, aunque no los estén echando, ya no quieren estar a su lado. En el siglo XIX

Victor Hugo decía que cuando llegan los tiempos de las revoluciones, los ricos miran a los pobres y exclaman: "Y ustedes… ¿de dónde vienen?". Y que los pobres contestan: "Y ustedes… ¿a dónde van?".

Febrero de 2014

22

El deber de la esperanza

Como si fuera poco una guerra de cincuenta años, ahora los colombianos tenemos que echarnos al hombro la inútil pelea entre Santos y Uribe.

Como si no estuviéramos cansados de discordias, y esperando que el proceso de La Habana dé comienzo a la verdadera construcción de la convivencia y a la normalidad de la vida, tenemos que soportar que una campaña electoral que debería estar proponiendo soluciones para diez mil problemas se eternice en gritos y descalificaciones, insultos y acusaciones, donde cada quien trata de demostrar que el otro es el demonio.

Esto no sería tan extraño si no fuera porque los que así se descalifican y se desenmascaran, todo lo hicieron juntos. Sorprende que cada uno pretenda hacernos olvidar su vieja alianza, pero es costumbre que los políticos olviden su pasado, que después de hacer las cosas salgan a criticarlas, y quieran demostrarnos que sus viejos aliados, sólo porque les dieron a ellos la espalda, son ahora enemigos de la humanidad.

Es costumbre que en la tarea de hacerse elegir de cualquier forma recurran a toda retórica, traten de provocar la amnesia colectiva, para aparecer de repente como los grandes innovadores que al fin tienen la clave de las soluciones.

Lo que debería asombrarnos es que la gente no se haya cansado de esa retórica, que ni siquiera inventa tonos nuevos sino que vuelve con la gastada fórmula. Así se descalificaban federalistas y centralistas, aunque al menos tenían ideas opuestas; así se descalificaban liberales y conservadores, y pasaron de descalificarse a degollarse, abusando de un pueblo al que la religión había acostumbrado a creer que todo el que no piensa como uno es un demonio.

Ya deberíamos haber aprendido la amarga lección de que cuando ellos son amigos todos perdemos, y cuando se vuelven enemigos, a nosotros nos toca cargar con la discordia, y al final todavía perdemos más.

Allá afuera está el mundo lleno de desafíos, los jóvenes viajan por el continente y dialogan con sus amigos de todo el planeta; se hacen carreteras y puertos, se construyen industrias, se toman decisiones originales, se enfrenta la pobreza, se redistribuye el ingreso, que en Latinoamérica ha crecido; pero en Colombia, en cambio, como en ninguna otra parte, se concentran y agravan la inequidad y la injusticia. Nuestros políticos siguen hablando en el lenguaje del odio y de la discordia, no proponen rumbos nuevos ni altas tareas de civilización.

Aún estamos esperando que alguien tenga un proyecto de país moderno que proponernos, pero lo único que escuchamos es quién es malo y quién es peor, quién me traicionó, quién es más perverso y más malvado. Pero no, no son malvados, ni perversos, ni traidores, o al menos no es eso lo peor que son; en realidad son ambiciosos: los proyectos que tienen favorecen a pocos. Lástima que por pelear no aciertan a esgrimir un argumento generoso, una propuesta grande, algo que saque de verdad a la gente de la miseria, de la exclusión, de la violencia, de la abominable estratificación que impide toda solidaridad, del conformismo que nos deja en el último lugar en las pruebas de inteligencia, pero también en el último lugar en las pruebas de convivencia, que son las se hacen cada día en las calles riesgosas y en los barrios humildes.

En esa lógica de pequeñeces, hasta la paz se vuelve un instrumento más para atornillarse en el poder, sin que podamos estar seguros de que esa paz podrá aclimatarse, porque todo se esconde en fórmulas secretas y recurriendo más al miedo que a la esperanza.

Por un futuro sin odios, alguien debería contener esos extremos y salvarnos de esa disyuntiva. Alguien debería decirnos qué hacer con unos tratados de libre comercio que acabaron con nuestra economía: alguien debería decirnos si son compatibles con la reactivación de la industria y con la urgente reinvención de la agricultura, y cómo podemos avanzar en una decisiva integración continental. Alguien debería decirnos cómo, después de los acuerdos, construiremos la convivencia, la fraternidad y el afecto, en una sociedad carcomida por el odio y por el resentimiento, donde hasta hay quien se atreve a graznar en el silencio sagrado del funeral del más grande dignificador de nuestra cultura.

Alguien debería decirnos cómo vamos a volver verdadera esta democracia de clientelas, donde todo el mundo sabe que lo que menos vale es el voto de opinión, donde todo el mundo dice que las elecciones no las gana el que tenga más ideas sino el que tenga más buses para llevar a los votantes a las urnas.

Alguien debe atreverse a no estar de acuerdo con la pequeñez de esa política, y preferir perder con honor y con propuestas antes que resignarse a perder con pusilanimidad, ante quienes conceden más importancia a las maquinarias y a los odios que a la opinión de la gente.

El futuro no está en cálculos mezquinos sino en decir lo que hay que decir, soñar lo que hay que soñar y hacer lo que hay que hacer. Acaso tanta gente está desanimada e indecisa es por esa falta de grandeza, y acaso el lenguaje de la gran política, generosa, humana, incluyente, no hecha apenas para la gente sino con la gente, podría todavía dar una sorpresa mayúscula a los viejos predicadores de la resignación.

Un país postergado, pero lleno de entendimiento y de laboriosidad, está esperando algo más que esta sopa de lugares comunes, donde los que han manejado el país por décadas salen a pregonar contra toda evidencia que estamos en el reino de la abundancia, y sin dejar de echarle tierra al contrario, cada día sacan del sombrero un nuevo conejo de feria.

3 de mayo de 2014

23

De dos males

Ahora todos piensan que el mal menor es Santos, porque Colombia tiene una infinita capacidad de equivocarse.

Pero he llegado a la conclusión, que nadie tiene por qué compartir, de que en estos momentos el mal menor de Colombia se llama Óscar Iván Zuluaga.

De que es un mal, no tengo dudas. Es el representante de Uribe, quien tuvo en sus manos ocho años la posibilidad de cambiar a Colombia, de modernizarla, de construir la paz, y no lo hizo.

Más aún, siempre he estado en contra de su discurso de guerra total; siento que Colombia vivió de crispación en crispación bajo su mandato; repruebo que por matar a un colombiano haya bombardeado el suelo hermano del Ecuador y no comparto su rechazo a los procesos democráticos de la nueva izquierda latinoamericana, ya que, como se sabe, soy partidario de Chávez, de Correa, de Evo Morales, de Rousseff, de Pepe Mujica y de Cristina Kirchner.

Sin embargo, considero a Zuluaga el menor de los dos males. ¿Por qué? Yo lo resumiría diciendo que el uribismo es responsable de muchas cosas malas que le han pasado a Colombia en los últimos veinte años, pero el santismo es responsable de todas las cosas malas que han pasado en Colombia en los últimos cien años. Y si me dicen que Santos no tiene cien años, yo les respondería que tiene más.

No es algo personal: Santos es un hombre inteligente, sagaz y hasta elegante. Pero la mirada que arroja sobre el mundo, la manera de su gobierno, es la de la vieja élite bogotana que se siente designada por Dios para manejar este país con una mezcla de desdén y de indiferencia que aterra.

Son expertos en hacerlo todo y no ser nunca responsables de nada. Lo que hoy es Colombia, con sus desigualdades, su miseria, su inautenticidad, sus violencias, sus guerrillas, sus delincuentes, sus narcotraficantes, su atraso, su premodernidad, su docilidad ante la manipulación, se les debe por entero.

Y no es que ellos quieran hacerlo, es que no pueden cambiarlo: son una cosmovisión, son un destino, son la última casta del continente. Tuvieron el talento asombroso de mantenerse en el poder más de cien años, y si lo permitimos, tendrán la capacidad de condenarnos todavía a otros cien años de soledad.

Por eso siento que no hay nada más urgente que decirle adiós a esa dirigencia elegante, desdeñosa y nefasta; porque mientras ellos gobiernen, nada en Colombia cambiará.

Tan excelentes son en su estilo, que ahora han logrado que una parte importante y sensible de Colombia olvide la historia y cierre filas alrededor de ellos, viéndolos como la encarnación de las virtudes republicanas, del orden democrático y de la legalidad. Hace mucho manejan el talento de apadrinar o tolerar el caos, y beneficiarse de él, y cada cierto tiempo encuentran un monstruo al cual culpar de todo: fue Rojas Pinilla, fue Sangrenegra, fue Camilo Torres, fue Fabio Vásquez, fue Pablo Escobar, fueron los Rodríguez, fue Carlos Castaño, fue Manuel Marulanda. Es asombroso pensarlo, pero estos señores engendraron a todos los monstruos, y después con gran elegancia se deshicieron de ellos.

Uribe, con su inteligencia, su astucia y su tremenda energía de animal político, se inventó un poder nuevo que benefició muy poco al pueblo, pero que benefició enormemente al viejo establecimiento colombiano que hacía agua por todas partes. Sin ignorar quién era, Santos se alió con Uribe, guerreó a su lado, gobernó con él, pecó con él, se hizo elegir gracias a la política y el talento del otro, y ahora descarga en él todo el desprestigio de esa acción conjunta, para quedarse con el género y sin el pecado.

Yo he abogado veinte años por la paz negociada, pero, con el perdón de las FARC, nada me parece más inverosímil que la paz de Santos. La paz, para que sea verdadera, tiene que ser otra cosa, y ya muchos han advertido que si la paz sólo puede hacerse con el enemigo, una paz sin Uribe es como una mesa de dos patas.

La verdad es que temo que Santos, por reelegirse, firme todo pero no cumpla nada. Una paz con Zuluaga tal vez sea más difícil, pero hay más probabilidades de que se cumpla. Uribe y Zuluaga representan ya a otro sector de la sociedad. Sé que no representan a los pobres ni a los excluidos, sé que cada vez necesitamos con más urgencia la Franja Amarilla, pero ya no representan a esa vieja élite clasista, racista, que gobernó al país por muchas décadas y nunca supo qué país era este.

Por la ilusión de la paz, Colombia podría firmarle otra vez un cheque en blanco a la vieja aristocracia. Y hoy somos testigos de la última paradoja de Colombia: que el postrer salvavidas para una élite que naufraga se lo arrojen la izquierda y las guerrillas.

Zuluaga y Uribe también son neoliberales, también son partidarios de la economía extractiva, también son autoritarios, también son el adversario, pero algo saben del país y no venden imagen. No fingen ser de izquierda para darle después la espalda a todo; no fingen ser tus amigos cuando les conviene. Con ellos no es posible llamarse a engaños: si hablan de guerra, hacen la guerra; si odian a la oposición, no fingen amarla.

Parece una diferencia de matiz, pero es mucho más. Ante un adversario, más vale saber con qué se cuenta. Sé que si gana Zuluaga estaré en la oposición todo el tiempo. Pero con la vieja dirigencia puesta a un lado, tal vez sea más posible ver luz al final de este túnel, de este largo siglo de centralismo, de desprecio por Colombia y de arrogancia virreinal.

31 de mayo de 2014

24

Verdades amargas

Es importante que alguien le recuerde a nuestra dirigencia que ha sido una élite irresponsable.

Ahora, en la embriaguez de su victoria, es importante decirle que el doloroso y catastrófico país que tenemos es fruto de su arrogancia, su espíritu de exclusión y su tradicional menosprecio por el país y por su gente.

Somos un país donde los partidos de fútbol producen más muertos que en el vecindario las revoluciones, porque el pueblo ha sido condenado a la miseria, la marginalidad, la ignorancia y el resentimiento.

Ante este proceso de paz con las guerrillas, es necesario recordarle a esa dirigencia que las guerrillas, el narcotráfico, el paramilitarismo y la delincuencia común son fruto de su vieja costumbre de cerrarle las puertas a todo lo que no quepa en el orden de los privilegios; que la dirigencia colombiana no sólo tiene que hacer un proceso de paz con las guerrillas sino con todo el país.

Recordarle que fue ella la que permitió que un puñado de campesinos perseguidos, que reclamaban unos gestos de incorporación al orden institucional, se convirtieran con las décadas en un ejército de miles de militantes. Y que para combatir a esas fuerzas nacidas de su indolencia, ella les exigió a las familias pobres de Colombia durante años que le dieran sus hijos para ir a librar la guerra.

Recordarle que el Ejército Nacional no ha estado defendiendo las fronteras, como en todas partes, sino defendiendo a los colombianos de los colombianos. Como las guerrillas, primero perseguidas, después hundidas en el horror y hoy llamadas al diálogo, también los soldados del Ejército Nacional merecen respeto, merecen gestos de paz, y no es un gesto de paz que quienes llamaron siempre a la guerra, quienes dirigieron la guerra, quienes mandaron a los pobres a los campos minados, les digan ahora a todos esos muchachos que perdieron brazos y piernas defendiendo a los que en Colombia tienen algo que defender, que la guerra fue una estupidez, que las madres se equivocaron entregando sus hijos a la guerra.

Si vamos a reconocer culpas, reconozcámoslas todas, si vamos a hacer la paz, hagámosla con toda la sociedad, no creemos más odios para salir rápido del problema. No señalemos en una sola dirección para buscar al culpable, porque si para hacer una guerra se necesitan muchos, para hacer la paz verdadera se necesitan más.

Siempre he sido partidario de la solución negociada del conflicto, pero siempre he sido partidario de que la dirigencia colombiana reconozca su responsabilidad en esa guerra de cincuenta años. Si los guerrilleros deben reconocer sus culpas, los hechos terribles a los que los condujo la lógica atroz de la guerra, es necesario que todos los ejércitos admitan su parte en esa carnicería, para que podamos pasar la página con un ejercicio verdaderamente noble y humano de reconciliación.

Es un error que la guerrilla niegue su parte, es otro error que Uribe niegue o minimice la atrocidad de los paramilitares, es un error que el Estado niegue o minimice la parte que le toca en esta historia tremenda.

Todos deben reconocer que el que tiene que perdonar aquí no es el Estado, ni los paramilitares, ni la guerrilla, sino el pueblo, y en primer lugar las víctimas. Pero, en mayor o menor grado, ¿quién no ha sido víctima en esta historia dolorosa y larguísima? Yo mismo cuento con desaparecidos en mi familia, y su dolorosa desaparición, que es parte del conflicto, ha marcado poderosamente mi vida y la de mis seres queridos.

Más de la mitad del electorado ha votado indiscutiblemente por la paz de Santos. Y me parece importante seguirla llamando la paz de Santos, porque todavía no he visto que se convierta en la paz de todos los colombianos. Todavía es de tal manera la paz de un sector de la sociedad, que en la campaña pudimos ver el fenómeno extraño de que uno de los candidatos era acusado de querer enterarse por vías ilegales de lo que se estaba negociando en La Habana. Como si no fuera un deber de la democracia que todos los que han sido aceptados como alternativas para llegar al gobierno supieran con qué proceso se iban a encontrar.

Pero no puedo negar que la paz de Santos puede convertirse en la paz de todos los colombianos. Basta que se convierta en una paz con justicia social. Nunca entendí a los gobiernos cuando dicen que hay que modernizar el campo, resolver el problema de la tierra, dinamizar la economía, combatir la exclusión, dar educación y salud al pueblo, pero siguen esperando que sean las guerrillas las que les impongan la agenda, cuando tienen todo en las manos para emprender desde ya esos cambios. Sólo haciendo la paz con la sociedad se salvarán de ser rehenes de sus interlocutores.

Se acusa a Álvaro Uribe de ser el único responsable del paramilitarismo: yo creo que muchos prohombres de esta patria se beneficiaron de ese horror, y hoy quieren descargar en uno solo el fardo espantoso de la guerra, de la persecución contra la izquierda, de las masacres, de la intolerancia.

Y Uribe ayuda a fortalecer esa percepción con su tono de permanente confrontación, de acusaciones y de guerrerismo. Eso hace que la gente olvide lo que muchos saben, que él fue el único de los que promovieron el paramilitarismo que hizo algo por desmontarlo; que hasta los más pacifistas aceptan que fue su estrategia de seguridad la que permitió llegar a la mesa de diálogos; que Santos no estaría dirigiendo con legitimidad ese proceso si no fuera por Uribe.

Verdades difíciles de tragar en un país ebrio de odios, pero que son el purgante necesario de una reconciliación verdadera.

Presidente Santos: le deseo que tenga la grandeza, la humildad y la generosidad que requiere este momento histórico. Tal vez el más decisivo de nuestra historia.

21 de junio de 2014

25

La paz y las reformas

Basta ver el editorial de hace días del diario *El Tiempo* sobre el Chocó, para entender la calamidad que ha significado el centralismo en Colombia.

Y comprobar una tragedia que no es nueva, que lleva décadas de acumuladas injusticias y desamparos, no mueve a nadie a señalar y admitir responsabilidades. El modelo económico y político que tiene así al país sigue viviendo asombrosamente de las esperanzas del país que lo padece.

Basta ver los informes sobre La Guajira en los días recientes. Basta ver el informe del mismo diario el viernes pasado sobre los índices de desigualdad del Programa de las Naciones Unidas para el Desarrollo, que muestran que Colombia es el duodécimo país con mayor desigualdad en el ingreso en el mundo, entre 168 países, sólo superado por Níger, la República del Congo, la República Centroafricana, Chad, Sierra Leona, Eritrea, Burkina Faso y Burundi, para entender la tragedia en que vive más de la mitad de la población colombiana, esa que no les interesa a los políticos porque ni siquiera cree en el discurso de la democracia, o no lo entiende.

Pero el gobierno parece empeñado en pensar, como siempre, que es posible acabar el conflicto que extenúa a Colombia sin hacer ningún cambio en el orden económico y en el orden social. Es más, advierte cada día que la paz no va a suponer un cambio en el modelo económico.

Aunque cada vez más la sociedad comprende que el conflicto es fruto de la indolencia institucional, de la exclusión y de una manera arrogante y egoísta de entender al país y de gobernarlo, todavía, viendo la sociedad fragmentada, desgarrada moralmente, postrada en la pobreza y en la desconfianza, creen que será posible hacer primero la paz y después intentar las reformas.

No creo que sea deseable, pero tampoco creo que sea posible. Mientras los gobiernos sigan siendo voceros exclusivos, no de la comunidad, sino de intereses parciales: de la banca, los terratenientes, la industria, los privilegios, las multinacionales; mientras el interés de los millones que votan no sea honestamente representado en las decisiones del poder, y —lo que es más numeroso y más grave— mientras el interés de los millones que no votan no sea considerado e incorporado a la agenda de la política, en vano intentaremos que un acuerdo entre quienes hace medio siglo combaten utilizando a los pobres como su carne de cañón, signifique el nuevo comienzo con el que toda la sociedad está soñando.

Yo vuelvo a hacerme la misma pregunta desde hace años, y no puedo impedirme repetirla siempre en esta columna: "Pero si ya saben lo que hay que hacer, ¿por qué no lo hacen? ¿Por qué hay que esperar a que sean las guerrillas las que les impongan la agenda de los cambios en la mesa de negociación?".

Hay en marcha un proceso de restitución de tierras que en cuatro años ha devuelto, se dice, cuatrocientas mil hectáreas. Si se habla de cinco millones de hectáreas arrebatadas, ¿no significa eso que el proceso durará cincuenta años? La cifra sería optimista, porque en los vericuetos de la ley las primeras que se restituyen son las que tienen menos líos jurídicos, menos obstáculos políticos, menos amenaza y peligro.

Hay en marcha un acuerdo que permita la reinserción en la legalidad de los insurgentes, que garantice su seguridad y defina el grado de participación que tendrán en la vida política. Pero el movimiento Marcha Patriótica, al que hace tiempo respeto y apoyo, sigue denunciando una campaña de exterminio, y no hemos visto que se esté respondiendo desde el Estado con prontitud y contundencia a ese peligro. ¿Van a permitir, en pleno proceso de paz, que la experiencia atroz del exterminio de la Unión Patriótica se repita?

¿De qué sirven los acuerdos en la mesa si persiste la arbitrariedad en las calles? ¿Y dónde está el gran proceso cultural que permita aclimatar la paz y la reconciliación?

La campaña electoral volvió a utilizar, como principal argumento, el miedo y la satanización del adversario, al peor estilo de los años cincuenta del siglo XX, que yo padecí en mi infancia, y ambas campañas utilizaron ese argumento. Si para hacer la paz con quince mil guerrilleros hay que declarar la guerra a los millones de personas que votan por otra opción, la reconciliación nacional no parece estar cerca.

En Colombia, al parecer, hay una cosa que está tácitamente prohibida, y es decir siquiera una palabra de reconocimiento a los adversarios. Cristo, que iba más lejos, y hablaba de amar a los enemigos, sería expulsado de estas tierras, porque aquí hasta los que se persignan y rezan el padrenuestro quieren prohibir a sus amigos que saluden siquiera al oponente. Pero, lo repito, y esto vale para todos los bandos, no se puede satanizar a millones de ciudadanos y hablar al mismo tiempo de paz y de reconciliación.

Vuelvo a decir que Colombia necesita los siete millones de electores de Zuluaga para alcanzar una paz verdadera. Más aún, necesitamos los quince millones que no votan, y no están en los cálculos de ninguna campaña electoral, para que la reconciliación sea posible.

Y para ello, doctor Santos, no creo que se pueda hacer primero la paz y luego los cambios. Creo, lo repito, que hay que hacer la paz con toda la sociedad, y que son las reformas, por parte de quienes tienen el mandato y los recursos, las que nos pueden llevar a la paz, las que pueden desarmar a quienes no se sienten incluidos en el proyecto de país que hasta ahora nos han formulado.

26 de julio de 2014

26

El pacto

No se ha posesionado el presidente Santos para su segundo mandato y ya está hablando de romper las negociaciones de La Habana.

¿Lo hace porque las FARC estén haciendo algo distinto de lo que han hecho siempre? Creo que no. Si por algo se caracteriza esta larga guerra colombiana, es porque nunca ha respetado las normas del derecho internacional humanitario.

Hace dos siglos, Bolívar y Morillo durmieron bajo el mismo techo e intercambiaron prisioneros, al final de una "guerra a muerte" que perpetró todas las atrocidades. Ahora gastan saliva en el parlamento y munición en el monte, pero el intercambio no se abre camino.

El presidente ha dicho que cuando ya había empezado a dialogar con Alfonso Cano, tras la decisión de negociar en medio del conflicto, él mismo, para demostrar que fuera de la mesa de diálogo la guerra sería sin cuartel, dio la orden de dar de baja al comandante con el cual dialogaba.

Desde entonces, según entiendo, hay bombardeos permanentes en varias zonas del territorio, y las FARC a su vez prosiguen en su oficio de asaltar, atentar contra la infraestructura y combatir a la fuerza pública, obrando todos los daños colaterales que en una guerra irregular son habituales.

De modo que no creo que sea por los atentados, a los que la guerrilla nos tiene acostumbrados, por lo que el gobierno habla de la posibilidad de romper la negociación. Y no nos cabría en la cabeza que lo haga, porque ya logró hacerse reelegir apelando a la esperanza cada vez más desesperada de la comunidad.

Es a él a quien menos le conviene ser impaciente. Su argumento de campaña fue la paz, y el país sabe que de esa paz depende la recuperación de la sociedad: una guerra inútil de cincuenta años degrada todo el orden social. Colombia es un país colapsado por las violencias, la insolidaridad, la corrupción y la irresponsabilidad estatal.

¿Por qué no se nos ocurren más ideas que la cíclica promesa de sentarse a la mesa y la cíclica amenaza de pararse de ella?

Álvaro Uribe mantiene su discurso hostil a los acuerdos con el argumento de la impunidad, pero muchos le recuerdan que él hizo todo lo posible para que los paramilitares se desmovilizaran sin castigo. No se puede medir la justicia con una vara tan parcial, y sabiendo que muchas veces no está en manos de los guerreros controlar los alcances de su infierno.

Comienza la discusión sobre las víctimas. El gobierno parece empeñado en mostrar a las FARC como los únicos victimarios, y las FARC en mostrar que fueron el Estado y la vieja dirigencia quienes comenzaron. Es una tesis que yo comparto, pero no permite borrar el horror de cincuenta años de asaltos, secuestros, boleteos y ejecuciones.

La izquierda se empeña en mostrar el papel de Uribe en el auge del paramilitarismo y le recuerda que por haber sido presidente tiene más responsabilidades. Santos intenta salir limpio de la suciedad de la guerra, aunque fue ministro de Defensa de quien ahora es presentado como la encarnación del mal.

Tal vez son esas cosas las que no permiten que la negociación se abra camino. Cada quien persiste en ser el bueno, el que absuelve y perdona, y descarga en los otros la culpa.

Santos quiere hacer la paz, pero siente la obligación de garantizar que no va a cambiar nada del viejo país egoísta, excluyente y abusivo que produjo la guerra.

La vieja dirigencia, aunque no bajó de su nube a elegirlo y le dejó esa tarea a la izquierda democrática, quiere que la guerrilla intente abrirse camino en la legalidad sin que eso les cueste a los poderosos ningún examen de conciencia y ningún propósito de enmienda, sin corregir los males que produjeron nuestro colapso ético e institucional.

Y Uribe quiere la paz como la quieren muchos militares, con la derrota total de los guerrilleros. Pero yo creo que la guerrilla tuvo razones para alzarse en armas.

Como dije en mi libro *Pa que se acabe la vaina*, en un país donde diez millones de campesinos fueron expulsados del campo a sangre y fuego, sin misericordia, los guerrilleros son los campesinos que no se dejaron expulsar, que se armaron para protegerse porque nadie los protegía, y en ese gesto hay valor y hay dignidad.

Cincuenta años atroces son mucho tiempo, y se llevan muchos principios bajo los puentes, pero si no partimos de hacer esos reconocimientos será muy difícil, doctor Santos, muy difícil, doctor Uribe, que abramos camino a un país decente para nuestros hijos y nietos. Nos pasaremos la eternidad cobrándonos las heridas que nos hemos propinado, agrandando los crímenes que han cometido contra nosotros y minimizando los que se han hecho en nuestra defensa.

Cómo van a reconciliarse los enemigos de cincuenta años, si los que eran amigos hace diez ahora se tratan como monstruos irreductibles. Alguien tiene que recomendar un alto en el camino, que por un instante los colombianos nos miremos, no como los enemigos que fuimos, sino como los adversarios que podemos llegar a ser, y hagamos un pacto para sacar adelante la paz.

Gritamos con alarma que ha habido crímenes. Pero es que ha habido una guerra, y no cualquier guerra: la más larga del continente. La guerra es el crimen.

La única manera de hacer que sólo los otros paguen es derrotarlos. Si no podemos derrotarlos, si necesitamos de su buena voluntad para superar la guerra, de un acuerdo de buenas intenciones que permita un nuevo comienzo, no podemos ser los rabiosos justicieros que no dan el brazo a torcer hasta que el otro muerda el polvo. Cada voz lleva su angustia y en la guerra cada quien arrastra su culpa.

No puede ser que quienes no han victimizado a nadie estén dispuestos a perdonar, y los que participaron ferozmente en la danza sean los que más exigen castigo.

2 de agosto de 2014

27

Pa que se acabe la vaina

Alguien ha dicho, y yo le creo, que lo que debería producir el proceso de paz en Colombia es sencillo:

En primer lugar, el reconocimiento por parte del Estado de que hace cincuenta años respondió injustamente a los reclamos de unos campesinos que pedían respeto, presencia institucional, obras y servicios públicos a los que todo ciudadano tiene derecho, y que esa respuesta abusiva dio origen a un conflicto armado costosísimo en vidas y en recursos.

El reconocimiento de que desde hace treinta años, cuando se estaba llegando a un acuerdo de desmovilización, grupos criminales con el apoyo de muchos miembros de la fuerza pública exterminaron en las calles en condiciones de inermidad al partido político que debía acoger a los desmovilizados.

El reconocimiento de que esos cincuenta años de guerra degradaron a todas las fuerzas enfrentadas y produjeron innumerables actos de sevicia y de inhumanidad por parte de la guerrilla, de los paramilitares y del Estado mismo.

Que se reconozca que a lo largo de la historia republicana muchas veces se utilizó el poder político para perseguir y acallar a los adversarios.

Que todas las partes acepten su responsabilidad en el deterioro de la vida civilizada y pidan perdón por la larga estela de horrores y el rastro de dolor que han infligido a generaciones de colombianos.

Que se reconozca que es condición para abrir un futuro distinto una amnistía general para las fuerzas en pugna que voluntariamente acepten, bajo vigilancia internacional, poner fin al conflicto, no volver a permitir que las armas intervengan en el debate político, contar toda la verdad de esta larga historia de sangre y participar en la efectiva reparación de las víctimas.

Que se reconozca que la democracia colombiana tiene una deuda inaplazable con el pueblo en términos de empleo, educación, salud, igualdad de oportunidades, justicia y distribución del ingreso, y que esa deuda aplazada ha sido uno de los principales alimentos del conflicto.

Que se reconozca que la violencia bipartidista de los años cuarenta y cincuenta fue el semillero de las sucesivas violencias colombianas, y que el Frente Nacional instaurado por los dos partidos cerró los caminos a las nuevas fuerzas pacíficas de la sociedad.

Que se reconozca que la prohibición de las drogas genera mafias, capitales clandestinos, justicia privada, corrupción, muerte y degradación del orden social, que esos poderes han alentado el conflicto, y que se impone un gran esfuerzo internacional para pasar de la prohibición al control, de modo que las drogas dejen de ser un asunto criminal para convertirse en un asunto de salud pública.

Que se acepte que todos los que participaron en la guerra y la abandonaron voluntariamente tienen derecho a participar en la vida política.

Álvaro Uribe se negará a aceptar que se reconozca la responsabilidad del Estado y de la vieja dirigencia en la gestación de este conflicto, pero esa responsabilidad no sólo salta a la vista, sino que Uribe debería tener claro que los mismos que les dieron la espalda a los acuerdos con él, son los que siempre incumplieron los acuerdos con la guerrilla, de modo que se entienden por parte de ésta la desconfianza y hasta el resentimiento.

No hay cómo seguir negando que la guerrilla tuvo razones para rebelarse, y que ello no justifica ni la atrocidad de la guerra ni la degradación de los métodos de todas las partes. Si sólo las guerrillas se hubieran degradado, podríamos persistir en la invocación a la legitimidad y a la justicia, pero en las condiciones de la guerra colombiana se impone una nueva oportunidad para todos, y a partir de allí, una nueva severidad.

Y a Álvaro Uribe sólo queda recordarle esta frase de Lincoln: "¿Acaso no destruimos a nuestros enemigos cuando los convertimos en nuestros amigos?".

Todo el tiempo el presidente Santos ha dicho que en La Habana hay que hablar de paz, pero que mientras tanto en el país sigue la guerra. Sin embargo, suspende de modo unilateral los diálogos porque la guerrilla ha retenido a un general de la república. El general Alzate es el militar de más alto rango retenido por los insurgentes, pero Santos se envanece de haber dado de baja a varios generales del ejército contrario.

Porque si lo que hay es un conflicto armado, y si su solución es política, ¿cómo negar que los jefes de la guerrilla son generales del ejército contrario? Cuando comenzaban los diálogos, Juan Manuel Santos dio la orden de dar de baja al máximo general de las FARC, Alfonso Cano, y la guerrilla aceptó dialogar a pesar de ese golpe. El 13 de junio, Santos le dijo al hermano de Cano: "Yo ordené la muerte de su hermano porque estábamos en guerra, y estamos en guerra". Cualquiera puede verlo en internet diciendo esas palabras.

El general Alzate fue retenido sin fuego por los rebeldes. ¿Podía esa retención ser causa suficiente para suspender el diálogo? Si el gobierno rechaza el cese al fuego bilateral que la guerrilla propone, y se reserva el derecho a eliminar a sus adversarios, no puede exigir que la guerrilla deje de hacer la guerra para poder dialogar.

Sobre los retenidos, la guerrilla podría responder: "Los capturamos porque no queremos matarlos". Santos en cambio parece decirles: "Yo les mato cuando quiera a sus soldados, pero ustedes devuélvanme los míos". Todo indica que la guerrilla ya no se va a sentar en la misma mesa de la que Santos se levantó con altivez, pero a lo mejor eso obliga a que lleguen a acuerdos para bajarle el fuego al conflicto.

Ya sería hora de que se abra camino el cese al fuego bilateral, pero también de que el largo forcejeo de la negociación dé paso a hechos más prácticos y eficaces.

29 de noviembre de 2014

28

Lo que se gesta en Colombia (2)

Lo que verdaderamente está en juego no es la paz, que es clamor unánime, sino decidir cuál es la paz que necesita el país.

Gracias a un esfuerzo de muchas gentes y de mucho tiempo, el presidente Santos ha logrado que la solución negociada del conflicto sea un camino que ya nadie niega, ni siquiera los que siguen exigiendo de modo irreal una justicia de venganzas y una paz de vencidos.

Pero este gobierno pregona por todas partes una paz sin cambios esenciales. Repite, para tranquilizar a los grandes poderes, a las Fuerzas Militares y a Estados Unidos, que no se van a alterar el modelo económico ni el modelo político.

Para el santismo y para el uribismo se trata entonces de eliminar el conflicto, cosa que le conviene mucho a la dirigencia, pero no las causas del conflicto, que es lo que le conviene a la comunidad. Por eso insisten en que la causa de esta guerra es la maldad de unos terroristas y no, como pensamos muchos, un modelo profundamente corroído por la injusticia, por la desigualdad, por la mezquindad de los poderosos y la negación de una democracia profunda.

Pretenden que la paz no tiene que enfrentar el problema de un sistema electoral donde sólo pueden ganar las maquinarias del clientelismo. Pretenden encarnar la legitimidad, pero todo el mundo sabe que nuestro Estado es un monstruo burocrático irrespirable, que las Fuerzas Armadas requieren cambios profundos, que los niveles de desigualdad son los más escandalosos del continente, que los niveles de violencia son pavorosos, que la pobreza y la negación de su dignidad mantienen a vastos sectores hundidos en la indiferencia o el delito.

Qué extraño sería que de repente desapareciera el conflicto sin que fuera necesario modificar ninguna de las deformaciones de la democracia que lo hicieron posible.

Sospecho que la razón por la cual la dirigencia quiere acabar el conflicto no es el dolor por la muerte de tantos colombianos, ni el dolor de las víctimas acumuladas, ni los millones de hectáreas arrebatadas, que por las vías jurídicas propuestas no serán restituidas en cien años.

Han descubierto que Colombia tiene la mitad del territorio lleno de recursos naturales que serían un negocio incalculable ante la demanda planetaria de materias primas, y el palo en la rueda para la venta de esos recursos, y para la implantación de la gran agricultura industrial en la altillanura, es la desesperante guerra de guerrillas que agota la paciencia inversionista y gasta en un conflicto interminable los recursos públicos.

Han llegado a creer que es posible terminar el conflicto sin cambiar las miserias que lo alimentan, y cualquier precio parece barato comparado con los beneficios que podrían obtener. Europa y Asia han extenuado sus recursos naturales durante miles de años, mientras Colombia tiene la mitad de su territorio en el segundo día de la Creación.

Una dirigencia acostumbrada por siglos a la corrupción, a hacer negocios privados con la riqueza pública, está lista para vender al mejor postor esa riqueza, con la conocida falta de patriotismo con que fue capaz de ceder la mitad del territorio nacional en los litigios fronterizos y el proverbial egoísmo con que ha condenado a la sociedad a la precariedad, a la mendicidad y a la desesperación.

Por eso debería estar claro que la paz negociada sólo le sirve a Colombia si es una paz que perfeccione la democracia, que ayude a convertir el país en lo que debió ser desde el 8 de agosto de 1819: una república decente, una democracia incluyente, con un Estado que defienda el trabajo, donde la economía no sea vender el suelo en bruto; donde tengamos industria, agricultura, mercado interno; una infraestructura pensada para favorecer al país y no sólo a unos cuantos empresarios; y un orden legal donde la protección de los débiles sea prioridad de las instituciones.

Colombia tiene demócratas suficientes para no seguir permitiendo que una élite simuladora y apátrida mantenga el país en las condiciones vergonzosas de precariedad en que permanece. Colombia tiene ya las condiciones para conformar la franja amarilla, para poner freno a esas minorías, y para exigir de los poderes en pugna que acuerden la paz, no para satisfacer intereses mezquinos, sino para que el país entero pueda respirar una era distinta.

La insistencia del gobierno en que con esta paz nada esencial va a cambiar, anuncia que lo que quieren es mantener el mismo desorden que produjo la guerra, la misma injusticia que la alimentó por décadas y la misma pobreza del pueblo que la padeció, pero sin la molestia que representa el conflicto para los negocios de los poderosos.

Así como al terminar la guerra de los partidos, bajo la amenaza de una nueva violencia, nos impusieron la dictadura del bipartidismo, ahora exigirán que aceptemos un acuerdo sin más beneficio que no padecer la brutalidad de los ejércitos.

Pero eso no es todavía la paz, no es todavía la modernidad, no es todavía la reconciliación. Es una astuta manera de atornillarse en el poder otros cien años. El pueblo podría quedar otra vez fuera del pacto, los guerreros querrían ser los únicos beneficiarios y que la comunidad simplemente legitime sus acuerdos.

Hasta propondrán otra vez que el pueblo sea el árbitro pero renuncie a ejercer su soberanía, como en 1958, cuando se maquinó una cláusula por la cual la ciudadanía se prohibía a sí misma volver a expresarse en plebiscitos. Nuestra democracia siempre fue dócil para la caricatura.

Que hagan la paz y que estén todos en ella. Pero del pueblo depende que esa paz, por primera vez en nuestra historia, represente beneficios efectivos para la comunidad siempre aplazada, no una mera limosna de los perdonavidas.

13 de diciembre de 2014

29

Para salir de la cárcel

Borges ha escrito que "el destino, que es ciego a las culpas, suele ser despiadado con las mínimas distracciones". El destino no nos castiga por perdonar, pero sí por descuidar cosas que son básicas para impedir que los males se repitan sin fin.

César Gaviria ha propuesto que, para hacer posible la paz en Colombia, no sólo se incluya en lo que llaman la justicia transicional a todos los actores de esta guerra de cincuenta años, sino a los civiles que de cualquier modo participaron en ella. Guerrilleros, paramilitares, miembros de la fuerza pública, políticos, empresarios, los que han cometido los crímenes, los que los han custodiado, los que los han financiado, todos los partícipes del horror van a beneficiarse de este manto de perdón y olvido que, al parecer, es condición para que la guerra termine.

La propuesta ha despertado gran debate y fue hecha para ello. Los protagonistas de esta guerra quieren impunidad y la necesitan, y ese será el punto en que por fin estén de acuerdo, en un país donde todo en la política polariza, todo lo unido se divide y todos los diálogos son de sordos.

Desde lo alto hasta lo más alto, desde el gobierno hasta las Naciones Unidas, ha empezado a oírse el rumor de los que adhieren a la propuesta y ven en ese acuerdo de punto final, en esa amnistía a la medida, el camino viable a la paz. Y es muy posible que tengamos que pasar por ese arco del triunfo de la impunidad. Pero el doctor Gaviria sólo tiene la mitad de la razón, y es que la justicia tiene por lo menos dos caras.

Muchos se oponen a esa paz sin castigos, sin tribunales, sin cárceles, a ese cósmico archivo de los procesos de una guerra de medio siglo. Afirman que con ella se repetiría fatalmente el sainete del Frente Nacional, que hace medio siglo puso fin a la guerra anterior garantizando la impunidad de los dos partidos que habían predicado, patrocinado y perpetrado todos los delitos. Sostienen que esa impunidad fue la causa de la guerra siguiente, que cuando los crímenes no son castigados se están creando las condiciones de un nuevo baño de sangre. Que es la justicia, el castigo, lo que hace que los crímenes no se repitan.

Pero lo que hizo que el Frente Nacional engendrara todas las violencias siguientes no fue la falta de castigo de los crímenes, no fue la amnistía general, sino que se fingiera la instauración de un país nuevo dejando en pie todas las injusticias, todas las exclusiones y todas las vilezas que habían dado origen a la violencia.

El Frente Nacional fue una solución para los dos partidos degradados por la barbarie, pero no fue una solución para el país. La impunidad que logró garantizó la paz para los partidos, y por muy breve tiempo para la gente, pero engendró todas las guerras siguientes: la de las guerrillas, porque no resolvió los problemas del campo; la de la delincuencia común, porque no creó empleo, ni protegió el trabajo, ni favoreció la vida de los millones de campesinos expulsados a las ciudades; la de los narcotraficantes y las otras mafias, porque cerró las puertas a toda promoción social y a toda iniciativa empresarial; la de la corrupción, porque convirtió la política en un maridaje de burócratas, sin que la comunidad pudiera controlar nada; la del paramilitarismo, porque gradualmente permitió que el Estado desamparara a los ciudadanos y que la fuerza pública se aliara con el crimen.

Nada de eso es fruto del perdón, porque la verdad es que las cárceles nada corrigen. Si las cárceles y la severidad del castigo corrigieran los males de la historia, Colombia sería el país más pacífico del mundo, porque aquí no se le niega cárcel a nadie; las prisiones, que aquí son infiernos despiadados, están tan llenas que parece que los peores delincuentes no caben en ellas por física falta de cupo, y nada se ha corregido en los últimos doscientos años.

Nada corrigió la pena de muerte, ni el cepo, ni las torturas de Rojas Pinilla, ni los consejos de guerra del Frente Nacional contra los estudiantes, ni las torturas de Turbay, ni la interminable retahíla de una justicia meramente formal que exige a los ciudadanos respetar la ley, pero nunca exigió a la ley respetar a los ciudadanos.

Si el castigo trajera la paz, estaríamos navegando en mares de dicha, porque ningún país ha sido más castigado que Colombia.

Aquí lo que hace falta es la justicia que previene los males, no la que los castiga. Y esa justicia no le interesa al doctor Gaviria, que destruyó la industria nacional para favorecer el triunfo arrasador del mercado, ni al doctor Uribe, que les vendió medio país a las transnacionales, ni al doctor Santos, que fue la mano derecha de Uribe antes de ser la encarnación de todas las virtudes y ahora está vendiendo a las multinacionales la otra mitad, y sólo piensa en negociar con las guerrillas para tener libre el camino para feriar los dos grandes atractivos que le quedan a Colombia: la megadiversidad de los suelos y la mano de obra barata que tanto codician los extractores de riquezas.

No, no es la amnistía general lo que impedirá la paz. La amnistía general, si no niega la verdad y la reparación, podría favorecerla. Lo que impedirá la paz es el eterno egoísmo de nuestros dirigentes, que sólo se entusiasman con la paz cuando les conviene, cuando les parece un buen negocio, pero dejan en pie todas las injusticias y todas las degradaciones, en un país que es un hondo pozo de dolor para millones de seres humanos.

Fueron los dueños inflexibles de la guerra durante décadas, y perseguían al que hablara de paz, y ahora son los dueños inflexibles de la paz, y no dejan que nadie más entre en el libreto.

28 de febrero de 2015

30

Los veinte mil

Después del proceso de paz como obra de teatro exitosa, que le ha permitido a Juan Manuel Santos mantener la sala colmada y aplazar por cinco años las reformas que Colombia necesita, va llegando la hora de las definiciones.

Santos tiene un año largo de plazo para sacar adelante su paz, antes de que el carnaval de las elecciones siguientes convierta el armisticio en el último punto de la agenda pública.

Uno no deja de preguntarse si la guerrilla es tan importante como nos dice el establecimiento colombiano. Durante cuarenta y cinco años no se pudo modernizar el país porque la guerrilla no dejaba; ahora llevamos cinco años aplazando las reformas hasta que el proceso de paz las permita. Cincuenta millones de personas seguimos dependiendo de veinte mil.

Alrededor de la mesa de negociación, Santos inventa cada día una guirnalda nueva, una comisión, un festón, una gira, un preacuerdo, para hacerle sentir a la galería que ya se oyen los claros clarines, y cada semana la guerrilla tiene que salir a decir que el acuerdo está lejos.

Entre tanto, el doctor Vargas Lleras hace la única obra de gobierno visible: preparar las siguientes elecciones que garanticen la eternidad de ese grupito autista que se hace llamar la clase dirigente, mediante el sorteo dramático de las casitas, que se va convirtiendo en un *reality* de televisión: la lotería de la esperanza.

Mientras tanto, Álvaro Uribe recorre el país soñando que, con la consigna cansada de una guerra que ya nadie quiere, le será posible recuperar sus laureles: la oportunidad desperdiciada que tuvo de cambiar el país antes de que el tiempo, que es implacable, y Santos, que lo es más, le cambiaran el libreto.

Tanto la vieja dirigencia de la caja registradora como la nueva de la caja de pino siguen soñando que tienen el país en sus manos, pero el país ya iba fuera de madre antes de los diques de Uribe, y se salió definitivamente después de que Santos los hizo volar en pedazos, de modo que hoy no hay en Colombia un poder central sino mil poderes haciendo de las suyas por todas partes, y revistas llenas de noticias alarmantes con una carátula en la que Simón Gaviria le sonríe feliz al porvenir.

Ahora al gobierno no le queda siquiera la opción de levantarse de la mesa, porque eso significaría entregarle el país en una bandeja a la venganza de Uribe, y recostar sobre el tablero el rey de la vieja dirigencia colombiana.

A Uribe le quedaba la opción de sumarse a la mesa (a la que ya está sentado, sin saber el menú, Andrés Pastrana, que sólo sigue las órdenes de su estado de ánimo), pero pudo más la idea primitiva de que Colombia sólo funciona con delaciones, lluvias de bombas y cortes marciales.

Nadie, ni siquiera Santos, sabe para quién trabaja. Ahora el país se precipita, casi sin otra opción, hacia una nueva Asamblea Nacional Constituyente, como lo exigen las FARC, que paradójicamente no tienen quién las elija; como lo desea Uribe, quien cree ser dueño de la mitad de los electores; y como no lo desea ni en sueños Juan Manuel Santos, quien no ha tenido nunca mayorías pero ha mostrado ser el más sagaz de los jugadores, haciéndose elegir primero por la esperanza de guerra de la mitad del electorado y después por la esperanza de paz de la otra mitad. Sólo cuando se está en la partida final, una clase social se ve obligada a mostrar todas sus cartas.

Esa Asamblea Constituyente es necesaria y casi parece inevitable, pero no sólo para refrendar los acuerdos, como la guerrilla lo exige, sino para rediseñar un país que hace rato se quedó sin el ejecutivo, sin el legislativo y sin el judicial.

Ahora la pregunta es si lo rediseñará Uribe, a quien sólo parecen importarle la agroindustria pero en sus manos, la locomotora minera que hoy es todo y mañana es nada, y el poder considerado apenas como autoridad y vociferación. O si lo rediseñará Santos con los votos solícitos de la izquierda parlamentaria, atrapada en el respeto de unas instituciones que se derrumban, e incapaz, década tras década, de proponernos otro país.

O si veremos aparecer por fin la Franja Amarilla que Colombia busca desde hace décadas (y ojalá la izquierda forme parte de ella), que sea capaz de ponerles freno al egoísmo y a la violencia de unas minorías y dejar brotar el país verdadero.

Un país para el que el territorio sea un hermoso laboratorio de la vida y no una saqueada bodega de recursos; para el que un río sagrado y lleno de vida no pueda convertirse en una sucesión de hidroeléctricas y una autopista; un país donde cada región pese y decida; donde en cada ciudadano repose la dignidad de la nación; un país con industria, con agricultura, con autonomía de sus alimentos, que tenga grandeza en su diálogo con el mundo y no esté de rodillas ante las multinacionales, que deben estar para servir y no para expoliar a la humanidad.

Ese país que se agolpa a las puertas esperando el viento fresco de la historia; un país que ya no se deje arrastrar por las maniobras de los pequeños rencores que han profanado a Colombia durante tanto tiempo.

Porque es verdad que cincuenta millones de personas seguimos dependiendo de veinte mil: pero esos veinte mil no son la guerrilla.

28 de marzo de 2015

31

Ante las puertas de la ley

Durante 50 años el problema político colombiano fue tratado por los dueños del país como un problema militar.

Cuando hace cuatro años el gobierno de Santos aceptó que el conflicto era político, creímos que venían en marcha las soluciones políticas correspondientes. Pero la vieja dirigencia sabe que la paz verdadera resulta costosa en términos sociales: que exigirá no sólo cuantiosas inversiones, sino darle al pueblo un protagonismo que aquí nunca ha tenido.

Todo esfuerzo por dar al pueblo un lugar en la historia, desde los proyectos de José María Melo, de los liberales radicales y de Jorge Eliécer Gaitán, hasta los proyectos también frustrados de Rojas Pinilla, de Alfonso Barberena o de Camilo Torres, fueron vistos con terror por una dirigencia para la que este es "un país de cafres", el pueblo en el poder un sinónimo de barbarie y la igualdad un señuelo para atrapar incautos. Colombia es un negocio privado en el que los ciudadanos estorban.

Juan Manuel Santos quiere la paz, pero una paz que no le cueste nada a la dirigencia. Temo que no le duele la guerra porque en ella mueran muchos colombianos, ni porque signifique un desangre para el tesoro público, ni porque aplace eternamente la modernización del país: le duele porque estorba para el proyecto de la casta hegemónica que siempre ha querido vender el país al mejor postor, seguir siendo los administradores ungidos de su república tropical y ser recibidos como socios por los grandes poderes del mundo.

No quieren que la paz les cueste, y si les cuesta, que sea sólo un poco en términos económicos, pero que no signifique una pérdida de poder ni permitir que otros sectores de la sociedad puedan tener iniciativas y convertirse en voceros de la nación. Por eso, en vez de tomar decisiones políticas para que la paz avance, prefieren dejar que la paz se convierta en un debate jurídico: no sobre reformas y transformaciones históricas que aclimaten la paz en las veredas, en las barriadas y en el corazón de los ciudadanos, sino una pelotera inútil sobre tribunales, cárceles, acusaciones y golpes de pecho.

Quieren que la guerrilla abandone voluntariamente la guerra, pero que se comporte como un ejército derrotado en el campo de batalla. Santos tiene el mismo discurso de Uribe, llevó a la guerrilla a la mesa de negociaciones con la política de Uribe, pero quiere ser el beneficiario único de los resultados. Y Uribe ve en él a un hombre que participó de su política, se benefició de ella, fue heredero de todos sus manejos, tanto buenos como malos, y ahora pretende ser el inmaculado símbolo de la legitimidad, uno de esos hombres por encima de toda sospecha que encarnaron siempre al establecimiento colombiano.

En mi libro *Pa que se acabe la vaina* sostengo que la verdadera responsable de todo lo que pasa en Colombia: de la pobreza, el atraso, la violencia, la criminalidad, las guerrillas, el narcotráfico, los paramilitares, la corrupción y el caos generalizado, es la vieja y perfumada dirigencia nacional, que nos gobierna desde hace más de un siglo.

Es una dirigencia astuta: cada cierto tiempo monta en el poder a alguien que le resuelva por la fuerza sus problemas, se beneficia de ello, después instala en la picota a esos que le salvaron el botín, y termina quedándose con el género y sin el pecado. Así lo hicieron con Rojas Pinilla cuando el país se ahogaba en sangre en 1953: el dictador les pacificó el rancho, pero poco después descargaron en él todo el desprestigio del régimen, y firmaron un acuerdo histórico que les devolvía el poder y les limpiaba la imagen para siempre.

Ahora están haciendo lo mismo: le entregaron el poder a Uribe Vélez para que les pacificara un país que hacía agua por todas partes, no les importaron los métodos que su salvador utilizaba para ello, lo acompañaron, fueron sus ejecutores, y ahora descargan en él todo el desprestigio de una edad infame de la que participaron con plena conciencia. Quieren ser los herederos sin sombras de un pasado tenebroso. Sólo que no han logrado garantizar la unanimidad del establecimiento, y una mitad de los poderes está con el otro. Están utilizando la paz como un instrumento para dirimir el conflicto entre dos facciones de la dirigencia colombiana, y ambos la miran con la mirada mezquina del que quiere ganar la guerra sin obrar los cambios que podrían superar la postración histórica de este país.

Porque para conseguir la paz verdadera no basta mandar a los guerrilleros a la cárcel, como quieren unos, o concentrarlos en el sitio conveniente para que puedan llover sobre ellos las bombas después del acuerdo, ni navegar por los mil meandros jurídicos en que se complacen los padres de la patria desde el nacimiento de Colombia, donde la ley está en todas partes y la justicia en ninguna.

Quieren seguir forcejeando para ver en manos de quién queda el trofeo al menor costo, pero por fortuna no sólo ellos existen: también existe la historia, aunque nadie lo crea, y les va a exigir hacer algo por este pueblo al que sólo le han dado miseria y mermelada durante tanto tiempo. Santos hasta ha logrado que, con la miel de la esperanza, los sectores democráticos lo dejen gobernar sin oposición. Pero como no quiere cambiar el país sino limpiarlo de estorbos para su venta a las multinacionales, cada vez se ve más obligado a mostrar su proyecto verdadero: el mismo que tenía en tiempos de Uribe, el de alguien para quien la paz es la máscara y la guerra es el rostro.

Lo he dicho y lo repito: sólo estaremos maduros para la paz cuando nos duela la muerte de todo colombiano, de esos muchachos humildes que hace cincuenta años mueren anónimos, atrapados en todos los bandos, y a quienes los señores de la guerra llaman héroes o canallas dependiendo solamente de si están bajo sus órdenes.

Yo más bien creo que los muertos de todos los bandos son los héroes y los jefes, los canallas. Porque esos jefes saben que el problema es político, y dejan que pase el río de muertos sin tomar las decisiones que salvarán al país, porque eso significará renunciar a una parte de su poder.

Por eso siguen fingiendo que están ante las puertas de la ley, que esto es un problema de cárceles y de tribunales, sabiendo que están en un país donde las únicas soluciones que no existen son las soluciones jurídicas.

30 de mayo de 2015

32

Un llamado a la mesa de La Habana

Es más fácil comenzar una guerra que terminarla. Si algo sabemos en Colombia es que una guerra de cinco décadas deja demasiadas heridas y desconfianzas, y no parece realista terminarla en unos cuantos meses.

A pesar de la pregonada voluntad de paz de las partes, advertimos que los esfuerzos por poner fin al conflicto cada vez se enredan más en una maraña de errores y desacuerdos que podrían prolongar indefinidamente el sufrimiento de millones de seres humanos. Es deber de todo el que quiera realmente la paz no sólo exhortar a las partes a persistir en su voluntad de entendimiento, sino llamarlas a obrar cambios decisivos en la lógica y en la dinámica de la negociación, para sacarla del punto muerto en que se encuentra, y que amenaza con extenuarla ante el escepticismo de la ciudadanía.

El diálogo es un hecho político y exige de ambas partes decisiones políticas inmediatas. El cese al fuego bilateral no sólo es un camino: sería un alivio para todos los que padecen el horror de un conflicto que no puede seguir. El gobierno dirá que ese alto al fuego expone la negociación a todos los avatares de la guerra no resuelta, pero si es verdad que los diálogos han avanzado considerablemente, ¿por qué no asumir que ese alto al fuego también podría oxigenar el proceso, y devolverle al país la confianza en los negociadores y en la paz misma?

Un error de este diálogo ha sido la falta de un esfuerzo de las partes por legitimarse recíprocamente. Creer que la reconciliación sólo llegará con la firma del acuerdo es olvidar que la firma del acuerdo debe ser ya una consecuencia de la reconciliación.

Permitir que el proceso se hunda en un interminable debate jurídico pone el énfasis indebidamente en quién fue el responsable de la guerra, cuando unas decisiones audaces pondrían el énfasis en quién es el principal propiciador de la paz. Ya habrá tiempo para discusiones académicas, históricas y jurídicas; lo que premiará el país es algo más que la voluntad de paz: son los hechos de paz, y el primero de ellos debe ser el voluntario silencio de las armas.

No se puede dejar para más tarde la convocatoria al país entero para que sea el agente inmediato de la aplicación de los acuerdos. Hay que pacificar las veredas, las barriadas, el espíritu de los ciudadanos, pero lo primero que hay que pacificar es la mesa de La Habana, donde los interlocutores se siguen tratando como enemigos. ¿Será mucho pedir que, al tiempo que se detiene el combate, en La Habana las partes hagan declaraciones conjuntas, se traten con cordialidad, se miren como conciudadanos? ¿Será demasiado pedir que su trato desde el comienzo se parezca al que queremos de todos los colombianos para el futuro?

Siempre he dicho que la oposición debe formar parte de la negociación. Sin embargo, es el gobierno en ejercicio el que puede tomar las grandes decisiones. Si de verdad cree que la paz es posible, tendría que dar pasos audaces e incluso riesgosos: lograr que la guerra desaparezca como argumento posible del debate electoral. En esta hora extrema, debe lograr que la guerra no pueda volver a ser un llamado a la ciudadanía.

En una paz verdadera, todos deben obtener algo. La guerrilla debe obtener su reintegración al orden social y un lugar digno en la reconstrucción del país. El gobierno debe obtener reconocimiento por parte de la insurgencia. La oposición debe obtener un lugar en el debate sobre el futuro y la paz. Pero la paz no se medirá por lo que cada uno de los bandos obtenga para sí, sino por lo que a través del diálogo se obtenga para la comunidad, y sobre todo para los más vulnerables.

Nada necesita tanto Colombia como un Estado responsable y con renovada legitimidad. Y allí está tal vez el obstáculo mayor de todo este proceso: la discordia entre sectores de la dirigencia es el clima menos propicio para la renovación del país, nos recuerda demasiado la polarización de las élites que estuvo en el origen de todas las violencias colombianas. Sería verdadera reparación para el país que se diera un pacto de caballeros entre esos sectores de la dirigencia que hoy han convertido la paz en su manzana de la discordia.

Pero ya es evidente que la dirigencia sola no podrá conseguir la paz prometida. Es necesaria la presencia de la sociedad a la que quieren reducir a la condición de testigo pasivo, de dócil aprobador de los acuerdos. Es urgente la conformación de un movimiento ciudadano de convergencia que reciba en la legalidad a los guerreros desmovilizados y los proteja de toda retaliación violenta. Un movimiento cívico cuyos miembros procedan de todos los partidos y de la comunidad: gremios, empresarios, trabajadores, intelectuales, artistas, voceros de todos los sectores sociales y de la población emigrada.

Que nadie sienta la paz como una cosa ajena. Si alguien quiere salvar este proceso, los diálogos de La Habana deben ser el más importante pero no el único escenario de la construcción de la paz. Hay que lograr que el debate sobre las responsabilidades de la guerra sea uno de los hechos de la paz que comienza; que la atención y la reparación de las víctimas no formen parte de las tensiones de la negociación sino de las primeras dinámicas de la paz.

La encíclica "Laudato si" del papa Francisco debería ser asumida ya como compromiso de paz por la mesa de La Habana, y por todos los partidos, no por su origen religioso sino por su extraordinaria pertinencia y por el valor moral que representa, en momentos en que en todo el mundo el debate debe girar en torno al futuro de la especie y del planeta.

Es evidente que no sólo necesitamos la paz: necesitamos un país nuevo. Necesitamos perdonarnos todos por nuestras acciones y nuestras omisiones, pero ninguna reparación será tan contundente como sabernos parte de la reconciliación.

Ya habrá todo un futuro para rivalizar en democracia sobre las mejores soluciones para el país; un futuro en que se demuestre quién está pensando en todos y quién piensa sólo en sí mismo. Que todos seamos tan colombianos frente a la paz como lo somos frente a esta naturaleza excepcional, o a la originalidad de nuestra cultura. Es hora de darle al mundo un ejemplo de modernidad y de compromiso con los desafíos de la civilización.

Decisiones de unos días pueden merecer la gratitud de los siglos.

4 de julio de 2015

33

Paz

Estados Unidos, con trescientos millones de habitantes, tiene un ejército de más de un millón de efectivos. Colombia, con cuarenta y ocho millones de habitantes, tiene un ejército de más de quinientos mil. Colombia debería ser, pues, uno de los países más seguros del mundo.

Pero seis millones de hectáreas arrebatadas a sus dueños, seis millones de ciudadanos desplazados, una aterradora lista de masacres desde 1946, la mayor cifra de desaparecidos en la mayor impunidad, una guerra de guerrillas de cincuenta años y diez millones de colombianos en el exilio demuestran que las soluciones para un país como Colombia no son ni fueron nunca militares.

La función de ese inmenso ejército no parece ser la defensa de las fronteras. Es más, recientemente hemos perdido una parte considerable de nuestro mar territorial. Su misión es defender el orden público, que sin embargo ha padecido violencia por ochenta años. La porción del presupuesto nacional que consume es elevadísima, y la principal justificación de ese presupuesto son los ocho, o diez, o veinte mil guerrilleros alzados contra el orden legal. ¿Por qué no han podido exterminarlos en ochenta años? Porque la guerra de guerrillas es imposible de controlar. No es una guerra regular: atacan y desaparecen. Y si nadie pudo acabar con el IRA en ese campo de flores que es Irlanda, y si nadie pudo acabar con ETA, en ese bosque sereno que es el País Vasco, ¿cómo acabar con las guerrillas en esta selva equinoccial, en estos páramos de niebla, en esta jungla inaccesible? Nada como el gobierno de Uribe Vélez, con su guerra total, demostró que era necesaria una negociación.

Lo más alarmante es que este ejército descomunal a partir de cierto momento no consiguió proteger a los ciudadanos amenazados por una lucha guerrillera que, lejos de atacar el poder central, terminó cebada con los pequeños propietarios y con la clase media que viajaba por las carreteras. Este ejército acabó permitiendo y a veces propiciando la formación de ejércitos paralelos, y todos vimos inermes en Colombia cómo la justicia constitucional cedía paso a la justicia por mano propia, al crimen disfrazado de justicia, armando ejecuciones atroces en las plazas de los pueblos, a menudo con la complicidad de las Fuerzas Armadas.

El espanto final fue ver cómo el ejército proporcionalmente más grande del continente, en vez de combatir a sus enemigos, se aplicaba a disfrazar de guerrilleros a jóvenes humildes de las barriadas y presentarlos como éxitos de la política de guerra, en un holocausto del que los únicos que no se enteraban eran el ministro de Defensa y el presidente de la república.

Ahora Santos, que subió al poder entonando el hosanna del "mejor gobierno de la historia", mira en el espejo retrovisor y declara que los dineros de la salud fueron robados por los paramilitares en los gobiernos precedentes. Y Uribe, que se ve atacado de ese modo por su heredero, le recuerda que Santos era ministro de Defensa, y que si los paramilitares robaron el tesoro público fue porque él lo permitió, con lo cual admite que no puede haber paramilitarismo sin la complicidad del Estado y de los altos poderes.

También él podría mirar en el retrovisor para ver a Santos en todos los espejos anteriores, como ministro de Defensa, de Hacienda, de Comercio Exterior, como alto funcionario de la Federación Nacional de Cafeteros, como propietario del más influyente diario nacional. Con acceso a esas fuentes uno no puede alegar ignorancia, con esas responsabilidades uno no puede alegar inocencia.

Pero Santos, que ya lleva cinco años gobernando, y estuvo en todos los gobiernos anteriores, se sigue ofreciendo como una esperanza. Colombia será la más moderna en el 2018, la más educada en el 2025, y la paz está, como siempre, a las puertas.

Ambos quieren acabar con la guerra, pero pretenden no tener ninguna responsabilidad en ella. Acusan a la guerrilla de ser responsable de todas las violencias colombianas y se sienten con derecho a ser los impugnadores del mal, a señalar a los culpables.

Mi opinión es que la guerrilla es responsable de muchos crímenes, de muchas atrocidades y de muchas locuras, pero que no lo habría sido si este país no hubiera crecido bajo el arrogante poder de los Santos y de los López, de los Gómez y de los Uribes, que convirtieron sus discordias en las discordias de todos. Esos viejos conservadores y esos viejos liberales que mataron a Gaitán son los responsables de las guerrillas, del narcotráfico y de los paramilitares, porque ya gobernaban a este país mucho antes de las guerrillas, de los narcotraficantes y de los paramilitares.

Durante cincuenta años justificaron la guerra, hicieron la guerra, nos ordenaron la guerra, y perseguían al que no la quisiera. Ahora quieren la paz, pero una paz sólo suya, con sus métodos herméticos y ocultos a la manera de Santos, con sus sistemas de guerra implacable y de arbitrariedad militar a la manera de Uribe, pero sin cambiar en nada la injusticia que hizo nacer la guerra, y para seguir siendo los dueños del país, los arrogantes dueños de sus soluciones.

Tiene que haber en el Ejército alguien que entienda que el honor de las armas de la república exige poner fin a esta guerra y a todas las degradaciones que trajo sobre el país entero. Tiene que haber en el Estado muchos que sepan que necesitamos un nuevo orden de grandeza y de generosidad, no esta feria de vanidades, de violencias y de indignidad. Tiene que haber en la sociedad millones de ciudadanos que sepan que merecemos una paz verdadera, no apenas decretada por las élites militaristas sino construida por los ciudadanos. Que el país no necesita limosna sino empleo, que los jóvenes no necesitan armas sino horizontes de futuro en diálogo con el mundo.

Porque hasta ahora todos, incluida la izquierda parlamentaria, seguimos viviendo de las migajas del bipartidismo.

1 de agosto de 2015

34

La guerra de las guerras

Ya antes del acuerdo, que ojalá llegue pronto, entre el gobierno de Juan Manuel Santos y la guerrilla de las FARC, Colombia, dicen los medios, está en manos de mil quinientas bandas criminales.

Una paz mal hecha —¿y habrá alguna que no lo sea?— podría incrementar esa cifra de un modo dramático, y todo presupuesto sería escaso, y toda solución institucional precaria, ante una escalada de la criminalidad incontrolable.

¿A qué se debe la abundancia de esas bandas criminales? En primer lugar, a la guerra misma, que es una inmensa factoría de guerreros en un país donde hace años los jóvenes casi no tienen otra alternativa laboral que la violencia.

En segundo lugar, a la desmovilización a medias de los sanguinarios ejércitos paramilitares que por décadas usurparon con sangre la labor de la justicia, ocuparon el territorio con la complicidad del Estado o de sus agentes, y pretendían combatir a la guerrilla cuando en realidad despejaban las rutas de la droga o competían en ese trabajo con la insurgencia.

Y en tercer lugar, pero el más importante, a la guerra de las drogas. Al hecho de que el negocio de la droga no ha sido desmontado, y mientras exista será la mayor amenaza para la estabilidad de nuestras naciones y fuente de violencia y de corrupción.

El papel de los gobiernos de Estados Unidos ha sido decisivo en el proceso creciente de desintegración de la sociedad latinoamericana. Desde cuando el despertar de Woodstock, en 1969, el gobierno de Richard Nixon convirtió el tema de la droga en un asunto de política criminal y no de salud pública, la suerte de nuestros países estaba echada.

Los cerebros más perspicaces de Estados Unidos no podían haber olvidado que la principal ocasión en que un tema de salud pública se convirtió en asunto de policía, la gran nación norteamericana estuvo a punto de naufragar en el crimen. Prohibido el comercio legal de alcohol en enero de 1920, hordas de gánsteres amasaron fortunas gigantescas, se tomaron con armas las calles de Chicago y de Nueva York, compraron a la Policía, corrompieron a la justicia, e hicieron vacilar la estabilidad del país más poderoso del mundo. El número de presos en las cárceles pasó de cuatro mil a veintisiete mil en doce años, el gobierno gastaba fortunas en perseguir un crimen que crecía, y el consumo mismo de alcohol aumentó en forma considerable.

En cuanto la violencia evidenció el poder desintegrador de la prohibición, Roosevelt se apresuró a derogar la ley prohibicionista, y el Estado recuperó su control sobre la sociedad.

¿Es inocuo el alcohol? No: el alcohol es una droga peligrosa. También entonces se alegó, contra la despenalización, que volverlo legal exponía a todo el mundo al alcoholismo. Pero se requiere mucho más que botellas de whisky y de aguardiente en las góndolas de los supermercados para que nos convirtamos en alcohólicos. Y mantener ese negocio lejos del poder corruptor de las mafias les ha permitido a las sociedades vivir sin sucumbir a la violencia, tratándolo como un asunto de salud pública.

Colombia es quizás el único país de América Latina que a comienzos del siglo XXI no ha realizado las reformas liberales que ha debido hacer desde el siglo XIX. No instauró los supuestos democráticos que su himno nacional promete desde entonces: "Si el sol alumbra a todos, justicia es libertad". Eso, y la frustración del proceso popular gaitanista, prolongada por la violencia de los años cincuenta y por el pacto antipopular del Frente Nacional, fueron las causas visibles de esta guerra de cincuenta años. Pero lo que permitió que esa guerra se prolongara, que sólo en Colombia las guerrillas comunistas siguieran siendo un factor desestabilizador cuando ya no tenían horizonte de realización histórica, fue el narcotráfico.

A partir de los años ochenta, cuando se les agotaba su fuego revolucionario, esas guerrillas se fortalecieron protegiendo a los campesinos cultivadores de plantas prohibidas, y se dio una alianza inesperada del espíritu de subsistencia de los campesinos sin proyecto agrario con el espíritu emprendedor de las clases medias transgresoras, con la mediación de ejércitos ilegales que se beneficiaban del negocio floreciente para persistir en la guerra sin futuro.

Son las ironías de la época. Los guerreros feroces de la lucha de clases cobrándole impuestos a la agricultura de subsistencia, bajo el negocio global de la prohibición alimentado por el hastío de las sociedades opulentas. Cuatro caras del nihilismo contemporáneo, que con las sobras del confort industrial financia la avidez de riqueza de las sociedades postergadas y paga la supervivencia de los pobres con la sangre de los excluidos.

¿Está Obama de verdad interesado en la paz de Colombia? Si así fuera, podría dejar un legado aún más audaz que la reconciliación con Cuba, más estratégico que el pacto con Irán, tan visionario como el control de las emisiones de gases de efecto invernadero. Podría prevenir el desmoronamiento de la precaria institucionalidad que hoy resiste en América Latina, garantizando un vecindario más estable para sus ciudadanos y deteniendo la presión violenta de un mundo acorralado contra la frontera norte de México, la frontera más convulsiva del planeta.

Y para ello no tiene que legalizar, cosa que no está en las manos de ningún presidente, sino abrir el debate al más alto nivel sobre las conveniencias de la despenalización de la droga para poner fin al poder corruptor de las mafias. El debate sensibilizará a la población mundial y abrirá el espacio a la voz de los sabios.

¿Está el papa Francisco interesado en la paz de Colombia, de México, de Brasil, de Argentina? Podría hacer un llamado a la reflexión sobre maneras más humanas de manejar el asunto de las drogas, donde imperen la comprensión y la lucidez sobre la intolerancia y la guerra. Un llamado a diferenciar la moralidad del moralismo.

No hay guerrillas en Sinaloa, ni en las favelas de Río, ni en las rancherías de Caracas. Ya no hay guerrillas en El Salvador. El fin de las guerrillas colombianas es urgente, pero no nos librará del destino del continente. El debate sobre la legalización de la droga debe formar parte de todos los diálogos de paz.

12 de septiembre de 2015

35

Los invisibles

Un gran historiador nos decía hace poco: "¿Por qué no hay un tren rápido entre Bogotá y Tumaco? Podríamos ir allá en cinco horas, comer una cazuela de mariscos junto a los manglares y volver aquí al anochecer".

"¿Por qué, si es el principal puerto del país sobre el Pacífico, no hay un vuelo directo entre Buenaventura y Tokio?". "¿Por qué no hay una gran ciudad verde, pionera de una nueva relación con la naturaleza, en la altillanura?".

¿Por qué, en un mundo donde las proezas tecnológicas son hechos cotidianos y las soluciones de infraestructura son posibles y admirables, a nosotros nos acostumbraron a pensar que aquí todo es imposible? Ciudades con belleza, jóvenes con empleo, pobres con dignidad, ricos con responsabilidad y un Estado eficiente resultan inconcebibles en Colombia. ¿Por qué? Por una dirigencia que nos acostumbró a la mendicidad, a la resignación, al odio y a no ver más allá de nuestras narices.

Desde hace mucho tiempo esa dirigencia busca y busca las causas de nuestros males, y cada cierto tiempo señala los sucesivos responsables de cada calamidad histórica. En los años cincuenta los bandoleros de la Violencia, en los sesenta los estudiantes rebeldes y

257

los revolucionarios, en los setenta la multiplicación de las guerrillas, en los ochenta Pablo Escobar y los extraditables, en los noventa los paramilitares y en la primera década del siglo XXI las FARC.

Esta semana Juan Manuel Santos ha conseguido mostrarle al mundo, con gran cubrimiento mediático, que el acuerdo sobre justicia transicional al que ha llegado con las FARC es el punto clave de los diálogos de La Habana, quizá porque es el punto en el que las FARC parecen admitir que son las responsables de la guerra de estas cinco décadas. Al menos es el único punto que ha merecido ser presentado al mundo por los dos comandantes de ambos ejércitos.

Pero aunque las FARC admitan ser las principales responsables de los crímenes y las atrocidades de esta guerra, yo tengo que repetir lo que tantas veces he dicho: que es la dirigencia colombiana del último siglo la principal causa de los males de la nación, que es su lectura del país y su manera de administrarlo la responsable de todo. Responsable de los bandoleros de los cincuenta, a los que ella armó y fanatizó; de los rebeldes de los sesenta, a los que les restringió todos los derechos; del M-19, por el fraude en las elecciones de 1970; de las mafias de los ochenta, por el cierre de oportunidades a la iniciativa empresarial y por el desmonte progresivo y suicida de la economía legal; de las guerrillas, por su abandono del campo, por la exclusión y la irresponsabilidad estatal; de los paramilitares, que pretendían brindar a los propietarios la protección que el Estado no les brindaba; responsable incluso de las FARC, por este medio siglo de guerra inútil contra un enemigo anacrónico al que se pudo haber incluido en el proyecto nacional cincuenta años antes, si ese proyecto existiera.

Me alegra que el acuerdo entre gobierno y FARC esté próximo, aunque no pienso que sea un regalo que debamos agradecer de rodillas, sino algo que ambas partes nos debían desde hace mucho tiempo. Tampoco creo que un mero pacto entre élites guerreras, siendo tan necesario y tan útil, vaya a garantizarnos una paz verdadera.

Lo que me asombra es que la astuta dirigencia de este país, una vez más, logre su propósito de mostrar al mundo los responsables de la violencia y pasar inadvertida como causante de los males. A punta de estar siempre allí, en el centro del escenario, no sólo consiguen ser invisibles, sino que hasta consiguen ser inocentes; no sólo resultan absueltos de todas sus responsabilidades, sino que acaban siendo los que absuelven y los que perdonan.

Una vez desaparecido del horizonte de la historia el episodio de la insurgencia, volverá a ocurrir lo que ocurrió cuando fueron abatidos los bandoleros de los cincuenta y sometidos los rebeldes de los sesenta, cuando se desmovilizó el M-19, cuando fueron extraditados los extraditables y dado de baja Pablo Escobar, y cuando fueron desmovilizados y extraditados y amnistiados los paramilitares: que el extraño mal de la patria, del que todos ellos parecían los culpables, siguió vivo, y aún nos tiene como nos tiene.

Pero tal vez esté llegando la hora de que la causa verdadera, profunda, persistente y eficiente de los males de Colombia se haga visible por fin. Tal vez Juan Manuel Santos esté contribuyendo sin proponérselo a remover el último obstáculo que nos impedía ver que la verdadera causa de todo es una dirigencia inepta, sin responsabilidad y sin grandeza, que nos enseñó a pensar en pequeño y a sentirnos mal por soñar que el país podía ser mejor y podía ser de todos.

El proceso de paz es importante, los diálogos de La Habana son fundamentales, los acuerdos entre guerreros son indispensables, pero la verdadera paz de Colombia exige una dirigencia distinta, un relato más complejo del país, un horizonte de propósitos más amplio y más patriótico.

No habrá paz sin un proyecto urbano adecuado a la época, sin un proyecto de juventudes lúcido y generoso, porque hoy los jóvenes son la guerra, sin un proyecto cultural de creación, de afecto y de reconciliación, porque la cultura es nuestro mayor escenario de conflictos y de necesidades.

Tal vez ya no podrán impedir que el país se aplique a soñar y a construir una nueva época. Tal vez ya no podrán llamar subversivo a todo el que pida un cambio, a todo el que quiera reformar las instituciones, a todo el que quiera ser protagonista de la historia.

Una paz sin enormes cambios sociales, sin proyecto urbano, sin una estrategia económica generosa, sin un proyecto ambicioso de juventudes, podrá ser una buena campaña de comunicación, pero no llegará al corazón de millones de personas que necesitan ser parte de ella.

Claro que ya es ganancia que el discurso anacrónico de la guerra sin cuartel, al que las élites recurrieron siempre, vaya quedando arrinconado. Nadie protesta tanto contra la impunidad como el que se beneficia de la impunidad.

La dirigencia colombiana, empeñada siempre en demostrar que sólo los otros son culpables, tal vez no admita nunca su responsabilidad, pero será cada vez más visible en su mezquindad y su ineptitud, y ya será bastante reparación que se haga a un lado y deje pasar al país.

26 de septiembre de 2015

36

Oración por la paz

Hace sesenta y cinco años se alza desde esta tribuna un clamor por la paz de Colombia.

Sesenta y cinco años es el tiempo de una vida humana. Eso quiere decir que toda la vida hemos esperado la paz. Y la paz no ha llegado, y no conocemos su rostro.

Es un pueblo muy paciente un pueblo que espera sesenta y cinco, setenta, cien años por la paz. Cien años de soledad. Un pueblo que trabaja, que confía en Dios, que sueña con un futuro digno y feliz, porque, a pesar de lo que digan los sondeos frívolos, no vive un presente digno y no vive un presente feliz.

Aquí no nos dan realidades, aquí se especializaron en darnos cifras. El pueblo tiene hambre pero las cifras dicen que hay abundancia. El pueblo padece más violencia pero las cifras dicen que todo mejora. El pueblo es desdichado pero las cifras dicen que es feliz.

Ahora comprendemos que un pueblo no puede sentarse a esperar a que llegue la paz, que es necesario sembrar paz para que la paz florezca, que la paz es mucho más que una palabra.

El verdadero nombre de la paz es la dignidad de los ciudadanos, la confianza entre los ciudadanos, el afecto entre los ciudadanos. Y donde hay tanta desigualdad, y tanta discriminación, y tanto desprecio por el pueblo, no puede haber paz. Allí donde no hay empleo, difícilmente puede haber paz. Allí donde no hay educación verdadera, respetuosa y generosa, qué difícil que haya paz. Allí donde la salud es un negocio, ¿cómo puede haber paz? Donde se talan sin conciencia los bosques, no puede haber paz, porque los árboles, que todo lo dan y casi nada piden, que nos dan el agua y el aire, son los seres más pacíficos que existen.

Donde los indígenas son acallados, donde son borradas sus culturas, donde son negadas su memoria y su grandeza, ¿cómo puede haber paz? Donde los nietos de los esclavos todavía llevan cadenas invisibles, todavía no son vistos como parte sagrada de la nación, ¿a qué podemos llamar paz?

La paz parece una palabra, pero en realidad es un mundo. Un mundo de respeto, de generosidad, de oportunidades para todos.

Y hay que saber que lo que rompe primero la paz es el egoísmo.

El egoísmo que se apodera de la tierra de todos para beneficio de unos cuantos, que se apodera de la ley de todos para hacer la riqueza de unos cuantos, que se apodera del futuro de todos para hacer la felicidad de unos cuantos. De ahí nacen las rebeliones violentas, y de ahí nacen los delitos y los crímenes.

Hemos ido aprendiendo a saber qué es la paz... haciendo la suma de lo que nos falta.

La paz es agua potable en todos los pueblos y agua pura en todos los manantiales. No hay paz con los ríos envenenados, con los bosques talados y con los niños enfermos por el agua que beben.

La paz es trabajo digno para tantos brazos que quieren trabajar y a los que sólo se les ofrecen los salarios de sangre de la violencia y del crimen.

La paz son pueblos bellos y ciudades armoniosas, que se parezcan a esta naturaleza. Porque las montañas, los ríos, las llanuras, las selvas y los mares de Colombia son la maravilla del mundo, y no hemos aprendido a habitarlas con respeto, a aprovecharlas con prudencia, a compartirlas con generosidad.

Porque la idea de generosidad que tienen muchos grandes dueños de la tierra tiene un solo nombre: alambre de púas. Esa idea medieval de tener mucha tierra, mientras las muchedumbres se hacinan en barriadas de miseria.

Pero es que la paz verdadera exige no sólo un pueblo respetado y grande y digno, sino una dirigencia verdadera. Y no es una gran dirigencia la que se esfuerza veinte años por que le aprueben un tratado de libre comercio, y cuando le aprueban el tratado la sorprenden con un país sin carreteras y sin puertos, con una agricultura empobrecida, con una industria en crisis, confiando sólo en vender la tierra desnuda con sus metales y sus minerales para que la exploten a su antojo las grandes multinacionales. Ahí no sólo falta generosidad sino inteligencia, ahí faltan grandeza y orgullo.

En cualquier país del mundo, un tratado de libre comercio se negocia poniendo como primera prioridad qué necesitan y qué consumen los propios nacionales. ¿Por qué tiene que ser la prioridad poner oro en las mesas de otros antes que poner alimentos en nuestras propias mesas?

Hoy, el mundo se ha lanzado a un obsceno carnaval del consumo. Pero esos países que divinizan el consumo, como Estados Unidos y los de Europa, por lo menos han tenido la prudencia de garantizarles primero a sus pueblos agua limpia, vivienda digna, educación seria y gratuita, salud para todos, trabajo y salarios decentes, una economía que se esfuerza por ofrecer empleo de calidad, que no llama trabajo como aquí al rebusque desesperado, ni a la mendicidad, ni al tráfico violento de todas las cosas.

Si por lo menos cumpliéramos con brindar a los ciudadanos las prioridades básicas de una vida digna, no sería tan absurdo que nos predicaran ese evangelio loco del consumo, pero aun así tenemos que pensar con responsabilidad en el planeta, para el que ese consumo indiscriminado es una amenaza. Tenemos climas frágiles porque tenemos ecosistemas ricos y preciosos, que producen agua y oxígeno para el mundo entero.

Colombia es un país de tierras bellísimas y de climas benévolos, esto no es Europa ni Estados Unidos, donde el clima exige millones de cosas, aquí podemos vivir una vida sencilla en un paisaje maravilloso, aquí no habría que refugiarse en ciudades malsanas y estridentes, el país es de verdad La casa grande. ¿Qué nos impide esa felicidad? La desigualdad y la violencia. La codicia, que pasa por encima de todo.

La naturaleza no es una mera bodega de recursos sino un templo de la vida. Pero una lectura equivocada del país y una manera mezquina de administrarlo han convertido este templo de la vida en una casa de la muerte.

Hace sesenta y cinco años Gaitán clamaba aquí por la paz. Sus enemigos no sólo lo mataron sino que llevaron al país a una guerra, a una violencia que acabó con trescientas mil personas. El país entero entró en una orgía de sangre. Y perdimos el sentido de humanidad, y casi nos acostumbramos al horror, y dejamos de estremecernos con la muerte. El tabú de matar se perdió, Colombia se volvió tolerante con el crimen, y en el último medio siglo es posible que por falta de paz y de solidaridad haya muerto en Colombia otro medio millón de personas.

Y cada día que tardan en firmar un acuerdo el gobierno y las guerrillas, más muertos de todos los bandos, más víctimas, se suman a esa lista. Porque no es sólo el conflicto en los campos: bajo la sombra de ese conflicto prosperan las guerras de supervivencia en las ciudades, la violencia de las mafias, el delito, el crimen, la violencia intrafamiliar, el desamparo, la ignorancia.

Pero es que lo único que detiene a la mano homicida es sentir que lo que le hace a su víctima se lo está haciendo a sí mismo. Lo único que detiene esa mano es la compasión, y para que haya compasión hay que sentir al otro como a un hermano, como a un milagro de la vida, efímero, precioso, irrepetible. Si no sentimos eso no sentimos nada. Sin ese respeto profundo por los otros nadie siente verdadero amor por sí mismo.

Pero para que haya ese afecto profundo por los conciudadanos hay que haber sido educados en la generosidad, bajo unas instituciones generosas, hay que haber sido querido. Al que no es valorado en su infancia, respetado, apreciado, ¿cómo pedirle que quiera, que respete, que valore a los otros?

Por eso es tan ciega una sociedad que no da nada y en cambio pide todo. Que da adversidad, obstáculos, discriminación, pero pide a los ciudadanos que se comporten como si hubieran sido educados por Sócrates o por Francisco de Asís. El Estado se volvió irresponsable, los ciudadanos le perdieron el respeto al Estado y el Estado les perdió el respeto a los ciudadanos. En ningún país se exigen tantos trámites para cualquier cosa. Y el que está en desventaja es el que no tiene recursos para sobornar, para abreviar los trámites, para correr con éxito de oficina en oficina. Con mucha frecuencia, el Estado no facilita la vida sino que es un estorbo para las cosas más elementales.

Las cárceles están llenas de seres que no recibieron nada, que fueron educados en la dureza y en la precariedad, y a los que la sociedad les exige lo que nunca les dio. Porque aquí sólo les exigimos respeto a los que nunca fueron respetados.

Es necesario gritar que nuestro pueblo no es un pueblo malo sino un pueblo maltratado. Y todavía a ese pueblo maltratado y admirable vamos a pedirle, aunque no tenemos derecho a hacerlo, vamos a pedirle que nos dé un ejemplo de su espíritu superior; vamos a pedirle que, a cambio de un acuerdo esperanzador entre los guerreros, sea capaz de perdonar.

No hay ceremonia más difícil y más necesaria que la ceremonia del perdón. Pero es el pueblo el que tiene que perdonar: no la dirigencia mezquina ni la guerrilla que tomó las armas contra ella. Y sin embargo todos tendremos que participar, humilde y fraternalmente, en la ceremonia del perdón, si con ello abrimos las puertas a un país distinto, más generoso, que deponga las armas fratricidas, que abandone los odios y que construya un futuro digno para todos, pero sobre todo un futuro de dignidad para los que siempre fueron postergados.

Desde hace sesenta y cinco años pedimos la paz, suplicamos la paz, esperamos la paz. Hoy ya no podemos pedirla ni suplicarla ni esperarla. Si se logra un acuerdo entre el gobierno y las guerrillas, tenemos que construir la paz entre todos, la paz con una ley justa, la paz con una democracia sin trampas, la paz con un afecto real en los corazones, la paz con verdadera generosidad. Y la única condición para que esa paz se construya es que no maten la protesta, que no aniquilen la rebeldía pacífica, que dejen florecer las ideas, que permitan a este país grande y paciente ser dueño de sí mismo y de su futuro.

Esa paz que construiremos será un bálsamo sobre esos miles de muertos que se fueron del mundo sin amor, a veces sin dolientes, a veces sin un nombre siquiera sobre su tumba.

Entonces sabremos que la paz no es sólo una palabra, que la paz es convivencia respetuosa, prosperidad general, justicia verdadera, campos cultivados, empresas provechosas, bosques y selvas protegidos, ríos que tenemos que limpiar y manantiales a los que tenemos que devolver su pureza.

Y que otra vez haya venados en la sabana y bagres sanos en el río, que salvemos la mayor variedad de aves del mundo, que vuelen las mariposas de Mauricio Babilonia, y que los caballos de Aurelio Arturo vuelvan a estremecer la tierra con su casco de bronce, y que haya hombres y mujeres pescando de noche en la piragua de Guillermo Cubillos, y que el viajero que encontremos por los campos a la luz de la luna no nos produzca terror sino alegría.

Que haya cantos indios por las sabanas de Colombia, y arrullos negros en los litorales, y que las armas se fundan o se oxiden, y que haya carreteras y puertos, y barcos y trenes que nos lleven a México y a Buenos Aires, y que nuestros jóvenes tengan amigos en todo el continente, y que sólo una industria se haga innecesaria y necesite ayuda para cambiar su producción: la industria de las chapas y los cerrojos y los candados y las rejas de seguridad, porque habremos logrado que cada quien tenga lo necesario y pueda confiar en los otros.

Porque la paz se funda en la confianza y en la sencillez, y en cambio la discordia necesita mil rejas y mil trampas y mil códigos. Aquí, por todas partes, están los brazos que van a construir ese país nuevo, los pies que van a recorrerlo, los cerebros que van a pensarlo, y los labios del pueblo que lo van a cantar sin descanso.

Que hasta los que hoy son enemigos de la paz se alegren cuando vean su rostro.

Que llegue la hora de la paz, y que todos sepamos merecerla.

Leído por Piedad Córdoba en la plaza de Bolívar de Bogotá,
9 de abril de 2013

37

Lo que falta en La Habana

Cuando el 23 de septiembre de 2015 el presidente Juan Manuel Santos y el comandante de las FARC anunciaron al mundo que los negociadores de paz en La Habana habían llegado a un acuerdo sobre el tema de justicia transicional, muchos en el mundo creyeron que ya se había firmado el acuerdo definitivo.

Quizá por eso resultó tan sorprendente que esa misma semana el gobierno colombiano declarara que el acuerdo de 75 puntos era apenas un borrador, al tiempo que la guerrilla sostenía que era algo acordado en firme. Lo cierto es que el gobierno se ha negado a publicar el documento, por considerarlo todavía en desarrollo, pero ha dejado en pie el plazo de seis meses a partir de ese acuerdo para la firma de la paz definitiva con las FARC.

No es éste el único punto de tensión. El acuerdo sobre justicia transicional al parecer resuelve el tema de si los protagonistas de la guerra pagarán pena de prisión, o si se verán libres de ella por el hecho de confesar cabalmente lo que hicieron. Ya en el punto anterior sobre las víctimas, el diálogo había avanzado hacia la configuración de las víctimas particulares como protagonistas centrales del proceso de pacificación.

Ahora, en caso de confirmarse el acuerdo de justicia transicional, las víctimas estarán en condiciones de citar a los tribunales a todos los que han participado en la guerra, y no se trata solamente de la guerrilla, de los paramilitares o de las Fuerzas Armadas de la república, sino a políticos, funcionarios, empresarios, a todo aquel que haya desempeñado algún papel como victimario o como cómplice en este largo conflicto.

El gobierno cree estar ajustando un acuerdo para que la guerrilla quede sujeta a procesos efectivos de juzgamiento y de castigo, pero todo parece conducir hacia algo que el gobierno no buscaba: que todos los actores de la guerra, algunos harto inadvertidos hasta ahora, tengan que acudir a los tribunales.

Una de las consecuencias de esta deriva del proceso de paz hacia un escenario puramente jurídico podría ser que Colombia dedicara las próximas décadas a una interminable sucesión de procesos particulares, con las víctimas como acusadores y los actores de la guerra como acusados, y a seguir girando en el tiovivo de la guerra, de la enumeración de los crímenes, de la denuncia y de la vindicta.

Yo dudo mucho de que una guerra inconclusa de medio siglo pueda liquidarse en los tribunales. Pero sobre todo dudo de que la verdadera solución del conflicto se agote en una fórmula jurídica, hecha para fingir que estamos restaurando el imperio de la ley, tras una suspensión transitoria de la normalidad institucional. Lo que ha ocurrido en Colombia es más grave, y no sabemos si hay una normalidad a la cual retornar, o si de lo que se trata es de instaurar por fin una normalidad de la que hemos carecido en el último siglo.

Para el gobierno puede resultar más cómodo formular la tesis de que la guerra se limitó a un conjunto de delitos o de crímenes obrados por unos particulares que deben ser procesados y castigados. Y ello resultaría fácil si los únicos responsables terminaran siendo las guerrillas. Pero todo parece avanzar hacia un momento en que, sin negar las responsabilidades y los crímenes de la guerrilla, todos los bandos se verán cada vez más implicados en la responsabilidad del conflicto, y el Estado mismo terminará siendo uno de los responsables. Ya hemos visto en distintos momentos a los altos poderes pidiendo perdón en nombre del Estado por este delito, por aquel crimen, por aquella masacre; ya hemos visto a la nación condenada por los tribunales internacionales.

¿Hasta dónde se pueden individualizar o particularizar las responsabilidades de una guerra? ¿Hasta dónde se puede clausurar una guerra —y una guerra aún inconclusa, que requiere la buena voluntad de los combatientes para ser superada— con soluciones meramente jurídicas?

No pretendo con ello negar que en el conflicto haya hechos que deben resolverse jurídicamente, afirmo que el proceso no puede ser un proceso jurídico: la paz es un hecho político y la política exige la toma de decisiones superiores que no giren sólo alrededor de los hechos particulares, los victimarios y sus víctimas, sino del asunto central de la paz como derecho de toda la sociedad.

La paz, definitivamente, tiene que ser algo más que la suspensión de la guerra, la paz tiene que ser algo más que el silencio de las armas, la paz tiene que ser la corrección de las causas que desencadenaron el conflicto y de las condiciones que lo favorecieron durante décadas. La paz tiene que ser la garantía de que las víctimas serán indemnizadas, pero también de que la sociedad entera será reparada del terrible mal de la guerra y del peligro de un recomienzo de esa confrontación que ha sido el pretexto para mantener un orden injusto, para demorar la modernización del país, y para aplazar la reivindicación de la nación entera contra largos hábitos de exclusión y de miseria moral.

Quienes pretendan limitar el proceso de paz a una mera ordalía de tribunales no sólo debilitan los alcances de esa paz sino que impiden la transformación positiva del país que es lo único que puede evitar que la violencia recomience y que el desorden se perpetúe. Aunque el gobierno se haya dejado deslumbrar por la esperanza de convertir la paz en un juicio a unos culpables, los otros puntos de la agenda son tan importantes como este de la justicia transicional, y tal vez no será posible impedir que otros temas y otros protagonistas hagan irrupción en el proceso.

El gobierno ha afirmado repetidas veces que los diálogos de La Habana no van a poner en juego el modelo económico ni el modelo político del país. Pero yo soy de los que piensan que no habrá paz si el modelo económico y el modelo político no se ciñen a nuevos desafíos, aunque no son las FARC las que pueden proponer esas alternativas. Quizás la mesa de negociación de La Habana no sea el espacio adecuado para una discusión sobre las reformas que el país requiere con urgencia, pero los ciudadanos tenemos el derecho de exigir una paz más compleja y más verdadera de la que actualmente se negocia.

Esa negociación, siendo tan importante, esa desmovilización, siendo tan urgente, ese acuerdo de los guerreros en la mesa de La Habana, siendo tan indispensable para el destino del país, no serán suficientes para llevarnos a un nuevo comienzo. Y Colombia necesita un nuevo comienzo. El gobierno, y toda la discorde dirigencia colombiana, pretenderán que sólo nos refiramos a los puntos de la agenda, que sólo hablemos de eso que llaman en un lenguaje cada vez más irreal el posconflicto, pero la agenda de la paz sólo pasa parcialmente por los acuerdos de La Habana. Es más: los acuerdos de La Habana podrían seguir empantanándose en discusiones bizantinas, como lo han hecho ya en estos años, si al proceso no llega el aire fresco de una sociedad comprometida con un cambio histórico.

Santos puede ir a las Naciones Unidas a prometer con una sonrisa triunfal que el próximo año volverá a ese foro llevando un acuerdo firmado con las guerrillas, y puede asegurarles que ese acuerdo significará por fin la paz de Colombia y el final del último conflicto armado del continente. Pero ya hemos visto que nada más el punto de la justicia transicional, que dio pie a los seis meses de plazo, sigue atascado como rueda en el barro. Y la guerrilla ha dicho que el plazo de seis meses sólo echará a andar a partir del momento en que se reconozca que el punto está acordado.

Aún faltan por resolver los temas de la desmovilización, de la dejación de las armas y de la ratificación democrática de los acuerdos. Por fuera de los consensos de La Habana, el gobierno juega cada día a inventar para esa refrendación popular una fórmula, que anteayer se llamaba Referendo, que ayer se llamaba congresito, que hoy se llama reforma constitucional para la paz, que mañana se llamará consulta o plebiscito, pero en todos los casos la guerrilla ha salido a decir que aquí están ensillando sin traer las bestias, que el tema de la refrendación de los acuerdos no puede ser decretado por el gobierno sino acordado por las partes, y sigue insistiendo en que la terminación del conflicto exige la convocatoria de una Asamblea Nacional Constituyente.

Es lícito pensar que si la desmovilización del M-19 y su incorporación a la vida política justificaron la convocatoria a una Constituyente, mucho más se justificaría hacerlo para desmovilizar a las Farc y poner fin a un conflicto de medio siglo. El gobierno debe tener razones muy fuertes para oponerse a esta idea, y posiblemente esas razones no tengan tanto que ver con los acuerdos de La Habana sino con la conservación de su poder efectivo sobre la sociedad. Las dos elecciones en que ha ganado Santos, lo ha hecho con votos ajenos y con las aplanadoras de la maquinaria clientelista, y quién sabe si para una Asamblea Constituyente sea tan fácil movilizar la corrupción electoral que caracteriza al establecimiento colombiano. La Constituyente podría caer en manos del uribismo, cerrilmente opuesto al proceso de paz, pero también, dado que Uribe siempre pierde las batallas decisivas, cabe el riesgo de que alguna fuerza inesperada, de esas que Santos suele declarar inexistentes hasta cuando ya no puede ocultarlas, ponga en evidencia el creciente descontento de la sociedad.

Hasta hace poco el proceso de paz era el escenario donde se dirimía el forcejeo entre distintos sectores de la dirigencia colombiana. Santos, propiciando el diálogo, procuraba mantener el poder de su coalición; Uribe, oponiéndose a él, procuraba beneficiarse del escepticismo ciudadano y recoger al final la cosecha de otro proceso frustrado. Pero en una realidad tan dinámica, donde el desenlace no está prefijado, las circunstancias cambian, y en los recientes movimientos del tablero Santos ha logrado hacer avanzar el proceso y despertar una nueva expectativa, en tanto que Uribe ha perdido influencia y ha visto palidecer su prestigio en las elecciones regionales.

También la izquierda parlamentaria ha perdido fuerza ciudadana, aunque no podía ser de otra manera, pues embriagada con las mieles de la esperanza ha renunciado a toda oposición y se ha convertido en irrestricta aliada del poder, no sólo con su presencia en el proceso de paz sino con su ausencia en todo el resto del espacio político, y precisamente ante uno de los gobiernos que más merecerían una oposición decidida.

El fracaso de la economía extractiva, el deterioro de la capacidad productiva, el agravamiento de la depredación ambiental, la parálisis del proyecto de restitución de las tierras arrebatadas, la súbita necesidad de reactivar el campo después de décadas de abandono consciente de la agricultura, el intempestivo llamado "a sembrar un millón de hectáreas", que sólo revela cuán capaz de improvisación es el modelo y cuán sujeto está a las volteretas del mercado mundial, el ahondamiento del déficit comercial, la persistencia de la violencia social, el modo como el alarmante subempleo permite disfrazar la tragedia del desempleo, la imprevisión frente a los avatares del clima y la permanencia del clientelismo y de sus corrupciones como principal sustento del poder, exigirían una oposición democrática menos sumisa o siquiera un apoyo menos irrestricto a una política de paz no por necesaria menos errática.

Una de las causas más evidentes de la proliferación de las guerrillas en el último medio siglo ha sido el cierre del espacio para el debate político. Uno pensaría que el llamado a la paz es un llamado a que las guerrillas abandonen las armas y acepten participar desarmados en la lucha política. Por eso es tan sorprendente que en medio de las bengalas del proceso de paz parezca abrirse camino la decisión de negar a la guerrilla desmovilizada un espacio activo en la democracia. El hundimiento en los debates del Congreso de la posibilidad de que los guerrilleros participen en la vida pública muestra cuán en contravía del proceso de paz marcha el mundillo político y cuán difícil será aclimatar una reconciliación verdadera.

Sin embargo, es nuestro deber creer en la paz y esforzarnos para que avance. Mi opinión es que al proceso, antes que una adhesión rendida, le ayuda más un apoyo crítico, exigente, que vea más allá de los acuerdos y de los estrados, de la venganza y de la victoria, y que se reafirme en la convicción de que los acuerdos valen no tanto por lo que obtengan para los bandos negociadores sino por lo que obtengan para ese país humilde que ha padecido décadas de violencia, que ha perdido a sus hijos y a sus padres en la guerra, que ha visto marchitarse sus esperanzas y cerrarse sus oportunidades, y que es sin embargo el país que podría hacer la paz porque es el que más la necesita, y el que finalmente podría garantizárnosla a todos.

El actual proceso de paz, amenazado por un esquema burocrático y conservador, hostil al cambio social, carece de una visión de la ciudad como escenario de la paz posible, carece de un proyecto de juventudes verdaderamente audaz y renovador, cosa que es gravísima porque aquí la juventud es la guerra, carece de un proyecto cultural dinámico, imaginativo y creador que ayude a convertir el sueño de la paz en un hecho de las calles y de los barrios, de las veredas y de los pueblos, de las comunidades más vulnerables y de la juventud capaz de abnegación y de fiesta.

El esfuerzo por mantener la paz en el ámbito de un forcejeo entre guerreros y de una partida burocrática está privando a Colombia de una primavera de amistad y de solidaridad, de afecto y de creatividad, de trabajo solidario, de renovación de los hogares y de los afectos, de reinvención de las costumbres y de los rituales. Pero ese esfuerzo mezquino por hacer de la paz el mero botín de unos políticos podría hacer, paradójicamente, que se les saliera de las manos y se convirtiera en una súbita siembra de esperanza en los sectores siempre excluidos, y en una inesperada cosecha de iniciativas en manos de una juventud ávida de tomarse el futuro.

Hace un siglo el mundo vivió la guerra más pavorosa de la historia. La Primera Guerra Mundial fue tal vez la más desesperada y la más capaz de herir a la imaginación, porque por primera vez puso al servicio de la muerte en gran escala todos los progresos de un siglo de optimismo industrial. El telégrafo, el teléfono, los ferrocarriles, la dinamita, los aeroplanos, las metralletas, los vehículos automotores y los barcos acorazados, todo entró en la danza del horror y puso la suma del talento humano a luchar contra la humanidad. Una Europa que acababa de pasar por una época suntuosa de sofisticación y de refinamiento se precipitó de repente en el infierno. Nunca el espíritu occidental había vivido un desconcierto mayor ni había enfrentado una realidad más desalentadora.

En el vórtice mismo de la guerra, los espíritus más sensibles de Europa respondieron de un modo muy curioso a ese desafío. En la segunda década del siglo XX surgieron en todos los campos del arte unos esfuerzos desmesurados por volver a tejer con los lenguajes del arte el tapiz de la civilización desgarrada. Leer *En busca del tiempo perdido*, de Marcel Proust; *La montaña mágica,* de Thomas Mann, *El hombre sin atributos*, de Robert Musil; *Ulises*, de James Joyce, es ver al espíritu humano tratando de rescatar minuciosamente la memoria de ese mundo en pedazos. Un esfuerzo conmovedor por recuperar el tejido de la normalidad perdida, reanudar el hilo de la cultura, recuperar la fe en el orden, en el sentido, en la sensibilidad y en el pensamiento. La guerra sólo había durado cuatro años, aunque poco después renació de sus cenizas como un pájaro mitológico y volvió a hundirlo todo en el horror. Sin embargo, los esfuerzos de la sensibilidad supieron sobreponerse a esa doble prueba, y las dos guerras mundiales fueron una lección que Europa aprendió bien, de la que derivó grandes principios y grandes acciones.

¿Qué decir de quienes hemos vivido una tormenta bélica de cincuenta y aun de setenta años? La nuestra tal vez no ha tenido la intensidad y la calcinante enormidad de las guerras mundiales, pero ha desgastado persistentemente nuestros valores, desgarrado el tejido social, socavado los principios de convivencia, obrado lo que debemos llamar una degradación totémica, y ha dejado una inocultable trama de horror en varias generaciones.

La paz exige superar todo eso. La paz no puede ser apenas un pacto de élites armadas. Ese acuerdo debe ser un comienzo, pero todos deberíamos estar construyendo desde ya ese relato de complejidad y solidaridad colectiva. Más aún, acaso nunca veremos de verdad los acuerdos si no ocurre ese despertar ciudadano que, sin privarse de mirar al pasado y de exigir la indemnización de las víctimas, ponga el énfasis en el futuro, en inventar la normalidad desconocida y en adivinar la Colombia que nos ha negado la guerra.

Tal vez lo que están necesitando los diálogos de La Habana es ese viento fresco de una sociedad que, sin esperar permiso de nadie, comience las tareas de la reconciliación, y se reencuentre con su maravilloso territorio y con las posibilidades que le ha negado el vicio hereditario de la discordia.

15 de noviembre de 2015

38

La paz y el territorio
(Una mirada desde el Tolima, la tierra donde comenzó el conflicto)

Parece que por primera vez en cincuenta años la dirigencia colombiana hubiera tomado la decisión de enfrentar uno de los grandes males de la nación, de superar políticamente por lo menos la maldición de una guerra que se fue convirtiendo para el país en una fuente múltiple de degradación social y moral.

Estoy seguro de que no lo hace porque le preocupe mucho la sociedad, a la que mantuvo siempre en la marginalidad, en la pobreza, en la falta de oportunidades durante décadas, sino tal vez porque ha advertido que de esta decisión dependía su propia supervivencia como casta.

En estos momentos es urgente que se abran camino los acuerdos de La Habana, que se firme el armisticio entre los ejércitos, que se produzcan la desmovilización, la dejación de las armas, la reinserción y la implementación de los acuerdos a que han ido llegando las partes en la mesa de diálogo. Pero yo creo que lo que se abre camino con ello es una oportunidad mayor para la sociedad.

Durante demasiado tiempo la insurgencia ha sido el pretexto del establecimiento colombiano para cerrar el camino a toda crítica y a toda iniciativa social, con el argumento de que se está atentando contra las instituciones, y para demorar la modernización y la democratización del país. La precariedad de nuestra democracia nunca ha podido ser superada porque sobre toda movilización, sobre todo ejercicio crítico ciudadano y sobre toda lucha social se han proyectado, durante mucho tiempo, las sombras de la suspicacia, la sospecha de la rebelión.

Colombia ha aplazado durante demasiado tiempo su proyecto democrático. Un sistema electoral podrido de clientelismo, un Estado inmovilista que se reelige, una ciudadanía confinada en la pasividad, el acomodamiento, la indiferencia o el rebusque, y a menudo forzada a la ilegalidad, un centralismo ciego a la riqueza y a la diversidad del territorio, que dispone de los recursos contra todo equilibrio y contra toda racionalidad, una postración histórica de la agricultura, un colapso del proyecto industrial, un abandono del mercado interno, un sometimiento grotesco a los intereses del mercado mundial sin tratar de salvar ninguna originalidad, ninguna especificidad del territorio, un dar bandazos entre la economía extractiva y la economía mafiosa, al compás de los imperativos de las grandes multinacionales legales e ilegales, y en el fondo el omnipresente espectro de todas las violencias, todo eso revela la larga falta de una ciudadanía vigorosa, comprometida y democrática que haga valer sus derechos y que exija su lugar en el escenario de la historia.

Lo que tenemos ante nuestros ojos no es un desafío para lo que suele llamarse las fuerzas de oposición, es un desafío para toda la sociedad. Colombia está necesitando ciudadanos, empresarios, profesionales, trabajadores, científicos, técnicos, artistas, intelectuales, maestros, que se unan en un proyecto de reinvención del país, de relectura de su naturaleza, de definición de sus oportunidades, de reconstrucción de su memoria, de renovación de su tejido social. Colombia está necesitando descubrirse a sí misma como proyecto histórico, como diálogo nacional, como fuerza social y como interlocutor de la modernidad.

Es demasiado evidente que la dirigencia política es muy inferior en este momento a los desafíos que vive nuestra nación, a las exigencias que formula nuestro territorio y a las dinámicas que impone la realidad contemporánea. El mayor aporte, y acaso el único, que puede hacer hoy la dirigencia tradicional al país es el de normalizar el ejercicio de la política, y tratar con respeto la marejada de exigencias y de iniciativas que irremediablemente se va a desatar con el final de la guerra y con la desaparición en el horizonte del conflicto armado como límite de la vida social.

Lo que van a tener que comprender los que están adelantando los diálogos de paz es que con la destitución de la guerra como principal escenario de la política, todos los que han hecho de la violencia y de la exclusión su instrumento para eternizarse en el poder nacional y local, lo mismo los partidos tradicionales, las guerrillas, los paramilitares y el crimen organizado, van a tener que aceptar otra dinámica social, la irrupción de la comunidad como dueña de las iniciativas y como generadora de las políticas.

Lo que quiero afirmar ahora es que los colombianos vamos a vivir los acontecimientos inminentes con una gran libertad. Yo diría que lo que muere no es una guerra, es una época, una manera de entender el país y de manejarlo. Y por eso tal vez los resultados irán mucho más lejos de lo que se proponen los bandos en conflicto. Todos hemos ido viendo que una de las consecuencias no buscadas de este proceso de paz es que la sociedad ha ido perdiendo el miedo, un miedo que nos atenazó durante décadas, y ahora todo el mundo necesita decir su verdad y las comunidades se están empezando a asumir como dueñas de una dignidad que siempre se les negó.

Cuando esta semana el jefe guerrillero Pastor Alape acudió a Bojayá para pedir perdón a la comunidad por la espantosa masacre de hace unos años, tal vez lo más conmovedor fue la dignidad de la gente que lo escuchaba. Su silencio, su seriedad, su evidente dolor, la sensación profunda de que las comunidades en Colombia están aprendiendo que en ellas reposa la dignidad de la nación. No es algo que se vaya a lograr por decreto, no es algo que ya exista en todas partes, pero de la manera como vivamos este proceso de paz va a depender si se alza en este territorio una nueva Colombia o si las comunidades van a seguir siendo ninguneadas por los políticos, por los negociantes y por los guerreros. En esa medida, el primer deber de las comunidades es arrojar una mirada sobre el mundo en que viven, y asumir la responsabilidad de ese mundo.

Yo suelo preguntarme qué es lo que falta en La Habana, y creo que es lo que tenemos que preguntarnos todos los colombianos. ¿Podremos tener una respuesta desde el Tolima a esa pregunta? Yo estoy seguro de que sí. Por muchas razones. La primera, porque no hay que olvidar que esta guerra comenzó aquí. Esta guerra de medio siglo nació de la vieja violencia de los años cincuenta y del modo como un Estado que nunca supo hacer presencia en el territorio respondió con desmesura militar a los reclamos de unos campesinos ya maltratados por la guerra anterior.

No ignoramos que los territorios donde se inició el conflicto eran ya territorios de viejos conflictos indígenas, recuerdo de antiguas injusticias e intolerancias.

Si el Estado hubiera tenido a tiempo presencia en esos municipios del sur del Tolima, si el Estado hubiera representado en aquellos tiempos algo más que la soberbia de unos funcionarios ante la fragilidad de los colonos y de los campesinos, ante la indignación de los indios, otro gallo habría cantado.

Pero allá estaba el canapé republicano, en su altiplano, tronando contra las repúblicas independientes, y no le daba vergüenza llamar repúblicas independientes a unos campesinos que piden obras públicas, carreteras y puestos de salud. Lo asombroso, lo digo sin dudas, es que esos campesinos se hayan alzado hasta convertirse en un ejército de miles de hombres. La misma historia de Michael Kohlhaas, el rebelde alemán, que nos relató el poeta romántico Heinrich von Kleist, la historia de una indignación y de un resentimiento que, justificados al comienzo por la desmesura de las ofensas, crece sobre un territorio hasta convertirse en una furia criminal y un incendio implacable.

El Estado colombiano obró mal: los campesinos tolimenses y de la zona cafetera de los años cuarenta y de los años cincuenta habían sido muy cruelmente maltratados por el poder. Aquí había habido demasiado sufrimiento, demasiada crueldad, y también demasiada irresponsabilidad de los políticos, demasiada codicia de los dueños de la tierra, demasiado desprecio de los poderosos, demasiada in- oonoibilidad do las inotitucionoo, para que fuera juoto reoponder a la rebelión con bombas y no con soluciones.

Yo viví la violencia de los años cincuenta; yo estaba en Padua, y en Fresno, y en el Líbano, cuando pasaban los chusmeros en la niebla con sus rifles y sus cananas; yo sé que al comienzo no eran tan monstruosos como al final, porque no encontraron nunca comprensión, ni ayuda, ni corrección, sino poderes que le añadían horror al horror, que apagaban el fuego con gasolina.

Aquí, en el norte, hubo una reforma agraria en el siglo XIX. El gran historiador Hermes Tovar, tal vez el más importante que tiene hoy Colombia, y que es de aquí, de Cajamarca, nos ha enseñado en su importante libro *Que nos tengan en cuenta*, que aquí hubo por un tiempo un Estado responsable en el siglo XIX; que aquí, inspirado todavía por ciertos raudales de la Colonia ilustrada, que habían repartido tierras entre los antioqueños desde el siglo XVIII, el gobierno distribuyó predios entre los campesinos en toda la región del Viejo Caldas, esas selvas que habían quedado abandonadas desde la Conquista, y que esa sana política alcanzó incluso una importante región de la cordillera en el norte del Tolima.

Yo soy beneficiario de esa vieja reforma agraria de finales del siglo XIX. Si he crecido con la conciencia de tener un lugar en el mundo, si crecí en el amor de unas montañas, de unos pueblos, en la veneración de las cenizas de unos bisabuelos, en el respeto por las costumbres de una comunidad, y en los principios básicos de la civilización, es porque esas concesiones Aranzazu y Villegas y otras fueron repartidas entre colonos antioqueños que se volvieron caldenses y tolimenses, porque ese millón de hectáreas de tierras del Estado y de baldíos fueron entregados a los campesinos para ayudarles a vivir y para prevenir desórdenes sociales. Porque en algún lugar de la memoria tuvimos la certeza de tener una patria.

Es importante recordar que esos colonos no habían salido de Antioquia buscando sólo convertirse en agricultores: los arrastraba como a los viejos conquistadores la quimera del oro, y no exclusivamente del oro de las minas sino del oro de las guacas, que revelaba la conciencia de que nuestro mundo moderno reposa sobre los misterios de un mundo antiguo. Llegaron buscando minas y buscando guacas, y a veces pagaban las tierras de los indios con oro de los indios. Con oro de los indios pagó mi bisabuelo Benedicto las tierras de los indios.

Pero a todos esos colonos favorecidos por las tierras les ocurrió a fines del siglo XIX un milagro que, a través de ellos, le ocurrió a Colombia entera. Les dio por sembrar una planta que se cultivaba en Santander y en las vegas de Cundinamarca, una planta venida de Abisinia, y descubrieron que las tierras de la cordillera Central eran óptimas para ese cultivo. Cualquier enemigo de oficio de las reformas agrarias habría dicho que era una ociosidad repartirles tierras a los campesinos, que eso no era más que derrochar con holgazanes, pero de ese acto de generosidad oportuna y de política visionaria nació la zona cafetera, de esa experiencia generosa vivió Colombia por más de un siglo.

Qué elocuente ejemplo para demostrarles a los enemigos de las reformas sociales el poder político y el poder histórico que tienen a tiempo las soluciones generosas. Mientras los denunciadores de las repúblicas independientes, que exigían bombas y metralla contra la protesta campesina, y que siguen predicando lo mismo, llevaron a Colombia a un baño de sangre de proporciones bíblicas, una reforma agraria a tiempo no sólo produjo la economía más sólida del país sino la más democráticamente repartida que hayamos tenido nunca.

En esas tierras de la zona cafetera se construyó un país a fines del siglo XIX, y allí mismo se destruyó un país a mediados del siglo XX. La riqueza del café no dejó de encender la codicia de unos y la irresponsabilidad de otros, y aún no acabamos de saber cómo fue que esa región de gente laboriosa que sostuvo al país por un siglo fue víctima de una violencia apocalíptica.

Hay muchas explicaciones, pero a mí la que más me duele es la sospecha de que en algún momento de ese baño de sangre de la zona cafetera los políticos hayan considerado que era conveniente para la economía nacional que los campesinos fueran arrojados a las ciudades, para que se diera la gran industrialización y modernización del país, aunque más de un pensador ya había demostrado que aquello era imposible en ese momento, por la falta de vocación industrial de nuestras dirigencias. Pero es que a ellas les gusta adherir a las modas del mundo, mostrarse dóciles y muy obsequiosas con sus socios internacionales, y esta región sí que ha visto de qué modo la sumisión de nuestras élites al mercado mundial ha significado sacrificio y ruina para muchos.

El Tolima tuvo la vocación de ser una gran despensa agraria, y no podía ser de otro modo, teniendo esas llanuras del Magdalena y esas tierras templadas de las cordilleras. Tuvo y tiene oro, y sus minas fueron muy importantes, pero sobre todo estaba llamado a ser una gran despensa agrícola. Antes de vivir del café, Colombia vivió por un tiempo de los tabacales de Ambalema, aunque también allí la prioridad era, como siempre, el mercado externo. Nuestro destino ha sido el de ser repúblicas mineras, repúblicas tabacaleras, repúblicas cafeteras, repúblicas ganaderas, repúblicas bananeras, repúblicas marihuaneras y repúblicas cocaleras, dependiendo de qué están consumiendo los grandes mercados.

Hubo una época en que intentamos tener industria, y el Tolima tuvo sus campos de algodón, y mostró ser un gran productor de arroz, y de sorgo, y de ajonjolí, y de maíz, y de papa, y de frutas, además del privilegio de haber sido la gran reserva pesquera fluvial del país. El Tolima comparte con su hermano, el Huila, el privilegio de ser los dos departamentos que tienen tierras sobre las dos vertientes del río Magdalena. En esa medida son territorios centrales, y tienen la principal responsabilidad en la defensa del río.

¿De qué terrible cosa estoy hablando? Pues tal vez de la más terrible que nos ocurre hoy. Colombia es y debería ser sobre todo una potencia acuífera porque a Colombia le fueron dados la mitad de los páramos de este planeta. Somos una gigantesca fábrica de agua: el Macizo Colombiano es el templo mayor de ese sistema, los nevados de la cordillera Central son parte fundamental de ese sistema, esta muralla prodigiosa que se alza al occidente es nuestra responsabilidad, no sólo como sistema de tierras, de cultivos y de climas, sino como escenario vital del ciclo del agua en el territorio, pero el modo como el centralismo colombiano está tratando ese tesoro es verdaderamente alarmante.

Nos toca entender que la cordillera, los páramos, las cuencas, los cauces de agua, la llanura y el río no son cosas aisladas sino partes inseparables de un solo fenómeno. Y por eso es tan triste que haya políticos e instituciones que piensen que se pueden tomar decisiones sobre el río que no consulten los páramos y las cuencas, decisiones sobre la cordillera que no consulten el río, decisiones sobre la economía que no consulten la ecología.

No parece alarmarnos que esa riqueza pesquera de siglos que llamábamos la subienda haya desaparecido en dos décadas de un modo tan dramático. Si fuera necesario mostrar algún ejemplo de un manejo apocalíptico de la naturaleza, podríamos mostrar la muerte de la subienda como signo del deterioro de un territorio y de la extenuación de unas reservas vitales. Pero la desaparición de la riqueza pesquera del río es apenas una expresión de algo más profundo, de la destrucción del río mismo.

Yo no sé si alguien ha visto el Mohán, yo lo he visto. El Mohán es el símbolo de todo lo que el río significa: no recursos hidráulicos, no recursos hidroeléctricos, no sólo recursos pesqueros, no sólo sistemas de riego, no sólo bosques madereros de las orillas, no sólo la vida de las especies vegetales y animales, las garzas y los cormoranes, los bagres y los capaces, no sólo los caimanes, que murieron antes que los peces, no sólo las canoas y las chalupas, las balsas y las piraguas, no sólo los pescadores y sus amadas y sus bohíos, no sólo las flautas y las guitarras y los tiples, también el aroma, también la belleza, la noche, la gratitud, el descanso, la esperanza, el amor de unos paisajes, los colores de una vegetación, el agua y el aire, los cuentos y las leyendas y los rezos y los maleficios, la conciencia de que hay algo sagrado en el mundo que no está en cada una de esas cosas sino en la suma de todas ellas.

Que el río no es sólo un elemento de la economía y una fuerza de la naturaleza sino que es un ser, la voz de una cultura, la memoria de un mundo, un camino lleno de historias, un cauce que no puede servir para separar sino para unir, y no sólo para unir las orillas, los territorios, sino el pasado con el futuro, y a la humanidad con el universo natural.

El Mohán es para mí todo eso: la vida del río, el misterio del río, la magia del río, lo que no es simplemente útil en él, lo que no es solamente lucrativo en él, sino lo que conmueve el corazón, lo que educa la sensibilidad, lo que mueve a la celebración y a la gratitud. Yo llevo años diciéndoles a mis amigos que alguna vez tenemos que convocar a todos los músicos populares de Colombia para que en una noche de luna llena de extremo a extremo del país le demos una serenata al río Magdalena: una serenata que nos permita recordar que el río no es una cosa para utilizar sino un ser lleno de vida, de belleza y de memoria al que tenemos que proteger, porque protegerlo es proteger el territorio, es proteger a la humanidad que vive en sus orillas, es proteger a sus peces y a sus árboles, es proteger nuestra propia dignidad como habitantes de un mundo y como hijos de una cultura.

Pero ahora el río está en manos de los que sólo lo ven como fuente de energía eléctrica, como negocio y como autorruta. Una masa de agua envenenada que lleva su cromo y su mercurio, su cianuro y sus sedimentos, que recibe el principal o tal vez el único aporte que la capital de la república le hace al país, que es el veneno del río Bogotá, la contaminación más despiadada que una ciudad le brinde a un territorio.

Y es de todas estas cosas de las que tenemos que hablar con respecto al proceso de paz, porque la paz es hablar de todo esto, porque la paz es responder a todo eso, porque ya por fin en Colombia hemos descubierto que los problemas de nuestro país son los mismos problemas del mundo contemporáneo, que la agenda de Colombia ya coincide plenamente con la agenda del mundo, y en esa agenda las primeras tareas, dificilísimas pero inaplazables, son la defensa del agua, la defensa del entorno, la lucha contra el calentamiento global, la defensa de los bosques, de las cuencas, de los manantiales, y la defensa de la sacralidad amenazada a la que por ahora podemos darle el nombre de equilibrio, para que no les choque a los racionalistas.

Porque llevamos demasiado tiempo hablando de crecimiento, demasiado tiempo hablando de desarrollo, y cuanto más hablamos de crecimiento más acabamos con todo, y cuanto más hablamos de desarrollo más perdemos cosas esenciales, de modo que aprovecho que están apenas cerrando sus sesiones en París los encargados de decepcionarnos con la política mundial frente al calentamiento, para decir que la prioridad del equilibrio es la única que podría salvarnos, y que una región como el Tolima mucho hará si redefine sus proyectos, sus políticas y sus sueños en la defensa de lo que es esencial y en la formulación de un proyecto económico, social y político verdaderamente responsable, verdaderamente civilizado y verdaderamente democrático.

Yo tenía muchas más cosas de qué hablar, pero el problema es que me entusiasmo y el tiempo se acaba. Tenía que hablar de la Expedición Botánica, que marcó desde muy temprano el rumbo de nuestras posibilidades de investigación, y que fue a la vez una gran aventura científica y una gran aventura estética, una de las fuentes de nuestras artes. Tenía que hablar de los caminos, porque el Tolima es una región de grandes caminos históricos: de la ruta de Mutis, de la ruta de Belalcázar, de la ruta de Humboldt, de la ruta de Bolívar, de la ruta continental de Melo; hablar del camino de La Morabia, de la ruta de Quintín Lame, del camino de bueyes entre Manizales y Mariquita, del cable aéreo, del tendido de los ferrocarriles, del frustrado ferrocarril entre Armenia e Ibagué que alcanzó a ser diseñado para pasar sobre la depresión de Calarcá y que fue frustrado por la crisis del año 29, de la arquitectura, de la navegación por el Magdalena, de la casa de los ingleses de Ambalema y de la ciudadela inglesa de Mariquita, de las rutas de la colonización, de los caminos de la violencia, de las sendas de los guerrilleros, de las rutas de la cultura, de las regiones diversas, de la urgente necesidad de un diálogo científico, técnico y cultural entre los diferentes niveles del territorio —ese diálogo a cuya ausencia se debió la tragedia de Armero—, entre la llanura, las tierras medias y las cumbres nevadas, entre los páramos y las cuencas, hablar del Tolima como departamento de culturas distintas, y hablar incluso de nuestra necesidad de ese mar que no tenemos pero que es una de nuestras mayores nostalgias.

Porque no tenemos el mar pero todo nos lleva hacia el mar, así como no tenemos la selva pero todo nos habla de ella, así como estamos en el centro del país pero eso nos obliga a anhelar y a añorar las orillas.

Y, finalmente, tenía que hablar de la música. Pero tal vez es de eso de lo que he estado hablando todo el tiempo, porque el río es música, porque el agua es música, porque los vientos son música, las maderas son música, el amor por la tierra es fuente de música y las violencias y los destierros han sido y son profundos manantiales de música.

Pero como apenas estamos comenzando a soñar con esta fiesta de la paz, y con sus desafíos, vamos a tener la oportunidad de volver sobre todos estos temas, y convertirlos en tareas, en fiesta y en el motivo de grandes viajes, grandes retornos, grandes encuentros, y de nuevas y hermosas amistades.

19 y 20 de diciembre de 2015

39

Los recursos de la paz

El mismo Juan Manuel Santos que ha obtenido en Washington la dudosa promesa de 450 millones de dólares de ayuda para el posconflicto fue el que en 1998 puso en manos del presidente Pastrana el borrador elaborado en la sala de situación del PNUD de un "Plan Marshall" para la reconstrucción de Colombia.

Se han necesitado dieciocho años y miles de muertos más para que la negociación se hiciera posible, pero el plan de reconstrucción entre tanto se convirtió en un Plan Colombia que Pastrana utilizó para aprovisionar al Ejército, Uribe para su turbio proyecto de guerra total, y Santos para acercarse a las puertas de la paz negociada.

Hoy, cuando ese plan de reconstrucción volvería a estar en el orden del día, el presupuesto de varios miles de millones de dólares de ayuda externa amenaza reducirse a la expectativa de 450 millones de Estados Unidos, para lo que en adelante llamarán Paz Colombia.

Ahora todo el mundo se pregunta de dónde saldrán los recursos para el posconflicto, y todos los sectores comprometidos con la paz proceden a mostrar sus bolsillos vacíos. Es evidente que la firma del armisticio, la desmovilización y la reinserción de los combatientes tendrán sus costos, pero la construcción de la paz —si el propósito es sincero— costará muchas veces más.

Todo lo que ya se avizoraba en 1998: recuperación de la agricultura, distritos de riego, vías, infraestructura, inversión para llevar los beneficios básicos del Estado a las zonas siempre abandonadas, rediseño de un modelo económico que hace agua y que excluye a buena parte de la población, inversión en educación, ciencia y tecnología, inversión en seguridad preventiva más que en seguridad represiva, todo ello sigue siendo una prioridad dos décadas después, pero el mayor error consiste en pensar que el posconflicto tiene que pagarse preferentemente con recursos de la cooperación internacional.

Ello se debe a una equivocación de fondo en la concepción de la paz, nacida de la necesidad de nuestros gobiernos de mostrar a Colombia como un país donde todo es normal, salvo por el lunar de la guerra. Por eso manejan cifras irreales de disminución de la pobreza, tasas de ocupación en las que se desconoce la realidad aberrante del subempleo, balances macroeconómicos que sólo convencen a los que adentro y afuera se benefician de un modelo de economía improductiva, totalmente subordinado al interés de las multinacionales y del capital financiero, y donde todo sector que no recibe beneficios es borrado como excepción y anomalía.

Tal vez por eso ya prefieren hablar de posconflicto y no de la reconstrucción de un país devastado física y moralmente por décadas de inseguridad y desconfianza, por décadas de violencia y desamparo, por largos hábitos de exclusión y de anormalidad.

El gobierno se obstina en declarar que la paz no pondrá en entredicho el modelo económico, el modelo político, el orden institucional, para confirmar su versión mediática de que Colombia es un país bien construido y bien administrado, una democracia ejemplar a la que se le ha formado un apéndice violento llamado el conflicto, que hay que extirpar y sanar con algunos recursos adicionales. Por eso el proceso de paz parece a cada instante todo y nada, un conjunto de urgentes decisiones que no comportan ninguna transformación sustancial de nuestro modo de ser como país, y que por ello ni convocan ni despiertan el entusiasmo popular.

Qué extraño que no se pregunten por qué un proyecto de dimensiones históricas, que tiene en vilo a la comunidad internacional, que parece prometerles a sus protagonistas el Premio Nobel, y que se anuncia como un automático reactivador de la economía en términos de confianza inversionista, productividad y turismo, no entusiasma a una comunidad escéptica, cansada de desengaños históricos y que desconfía de la voluntad de las élites para hacer transformaciones en beneficio de todos.

La comunidad siente que su dirigencia no da puntada sin dedal, y que si está tomando la iniciativa de dejar atrás el conflicto no es porque le duelan mucho los muertos, ni porque se proponga corregir una manera de interpretar y administrar el país que nos ha vuelto marginales, faltos de ambición, proclives a la ilegalidad y pedigüeños, sino porque ha descubierto que el conflicto, que fue por décadas su seguro contra los cambios, ahora pone en peligro la continuidad de su poder.

Es triste ver que cuando por fin se lanzan a un modesto proceso de modernización de la infraestructura vial, no lo hacen como parte de un plan de corrección del antiguo aislamiento de los territorios y de sana circulación de gentes y riquezas sino como una inversión calculada que les ayude a reelegirse, y que confirme y fortalezca su modelo extractivo. Como ha dicho alguien, diseñan las carreteras colombianas para llegar más pronto a Miami.

Pero nadie consigue controlar todas las consecuencias de sus actos. Pastrana no sabía que su plan de paz le serviría a Uribe para hacer la guerra. Uribe no sabía que su plan de guerra le serviría a Santos para hacer la negociación. Y Santos no puede saber para qué, y a quién, le servirá su diálogo.

Ojalá sea al país, para lo cual el proceso de paz de Juan Manuel Santos tendría que exceder en mucho las intenciones actuales de la dirigencia colombiana, siempre tan mezquinas, y las intenciones de la guerrilla, siempre tan tortuosas.

Por lo pronto, Sergio Jaramillo ha dicho algo que vale la pena considerar. Ha dicho que ellos en La Habana pueden acordar el final del conflicto pero que la paz es algo que tienen que construir millones de ciudadanos. Y Humberto de la Calle ha dicho, para refutar las tesis de los enemigos de la negociación, según las cuales se le están haciendo muchas concesiones a la guerrilla, que los acuerdos de La Habana tendrían que aplicarse en el territorio aunque la negociación se rompiera, porque son cosas que necesita el país.

Lo cierto es que el país necesita mucho más de lo que se pueda acordar en La Habana, y uno se extraña de que cambios que se requerían desde hace décadas para hacer de Colombia un país moderno y funcional, sólo sean aceptados por la dirigencia como la manera de apagar un conflicto costosísimo en vidas y en recursos. Pero somos los ciudadanos pacíficos quienes tenemos el derecho y la responsabilidad de enumerar y emprender esas tareas, mil veces postergadas.

La paz no puede ser diseñada por guerreros ni por funcionarios: tiene que ser una apasionada construcción de la comunidad, que es la que sabe qué significaron estos cincuenta, estos ochenta años de violencia, de desconfianza, de incertidumbre, de soledad, de marginalidad, de desesperanza, de sangre, de orfandad, de desmemoria, de arbitrariedad, de corrupción, de zozobra, de pérdida de dignidad, orgullo y futuro.

Un país distinto, una nueva manera de estar juntos y de dialogar con el mundo tendrían que salir de este inminente esfuerzo por construir una paz después de la guerra, y por alcanzar una normalidad que acaso nunca hemos tenido. Recuerdo que cuando escribí sobre la franja amarilla, hace ya veinte años, dije que Colombia ha llegado a ser un país "donde los pobres no pueden comer, la clase media no puede comprar y los ricos no pueden dormir". Todos necesitamos un cambio, y ese cambio exige unas condiciones mínimas de dignidad para todos los ciudadanos.

Los medios pueden complacerse en denunciar cómo es de salvaje la conducta de esos jóvenes despojados de todo que atracan transeúntes y roban espejos retrovisores en las avenidas de nuestras ciudades, que exhiben su desamparo de bienes y de valores, de modales y de sueños en los separadores de las autorrutas y en los basureros de la exclusión, tanta gente despojada no sólo de propiedades, de educación, de salud y de esperanza, sino de un lugar en el orden del mundo.

Pero si algo puede decirse es que ellos, como los guerrilleros, los paramilitares, los sicarios, los delincuentes de las barriadas o las bandas del microtráfico no se han inventado sus deplorables destinos: son hijos de un desorden social insensible y perverso, y corresponden de un modo fatal a la sociedad más desigual del planeta. Sus sonrisas cariadas, sus mantas astrosas y sus cuerpos zarandeados por la adversidad son el correlato inevitable de las familias distinguidas e indiferentes, de los centros comerciales impecables y de los distritos opulentos, porque bajo el manto del conflicto y a la sombra de la exclusión centenaria una violencia engendra otra y los males de una larga miseria se multiplican y se retroalimentan sin tregua.

Si el gobierno colombiano aceptara que la paz no consiste en corregir males marginales de nuestra sociedad sino en enfrentar con grandeza el conjunto de nuestros desórdenes y rediseñar el país sobre supuestos de equidad, de dignidad y de superación de graves carencias en el orden institucional, sería muy fácil encontrar los descomunales recursos que exige, no el mero posconflicto, sino la instauración de la normalidad que nunca tuvimos.

Basta entender que el problema no es sólo el conflicto armado, sino que vivimos el desafío de una economía incluyente, el desafío de una justicia que abra oportunidades que no se dieron jamás; un sistema de salud pública que no puede entenderse separado del ingreso, de la higiene, de la educación, de la alimentación, de la salud afectiva, y del conocimiento del territorio y de sus climas. El desafío de una educación que nos permita entender el país, pensar con originalidad, dialogar con imaginación, interactuar con el mundo y responder a las urgencias de la época, libres de las supersticiones del formalismo académico. El desafío de una seguridad que sea empleo, solidaridad, reconstrucción de la memoria y fiesta de la reconciliación, contra el eterno recurso de las armas para asegurar en vano la convivencia. Y entender que la cultura no es apenas entretenimiento y espectáculo sino el florecer de los lenguajes de la vida en comunidad, los bálsamos de la memoria y las fiestas de la creatividad cotidiana.

El país tiene que convertirse en un espacio de encuentro y de fraternidad solidaria, necesitamos grandes expediciones a pie por el territorio, reconocer las potencialidades de la riqueza natural, construir una comunidad reconciliada en el esfuerzo de recuperar las cuencas, limpiar los ríos, salvar la mayor fábrica de agua del planeta y ser parte creadora de un territorio que mira por cada costado a una región distinta del continente.

¿Dónde están los recursos? En primer lugar, en el presupuesto nacional reorientado hacia las prioridades de la construcción de la normalidad económica, social y cultural del país. Una cosa es el presupuesto de la nación orientado hacia la perpetuación del inmovilismo social y de unos modelos fracasados de educación, de salud, de justicia, de seguridad, y de los círculos viciosos de la burocracia, de las filigranas paralizantes de un modelo fundado en la desconfianza, y otra cosa serían esos cientos de billones de pesos reorientados en función de la paz verdadera, irrigando los miles de soluciones que la comunidad pacífica sabrá proponer y emprender al primer llamado.

Basta proponerse tareas grandes, necesarias y generosas, para que increíbles fuerzas inesperadas hagan irrupción por todas partes. Basta ver el modo antiburocrático, imaginativo y participativo como se reconstruyó el Eje Cafetero, para saber que la innovación y la confianza son fundamentales a la hora de destinar los recursos. Basta saber que allí donde las formas habituales de gestión gastan fortunas en burocracia y formalismos, un modelo de estímulo directo a las comunidades puede multiplicar muchas veces en energía creadora y en entusiasmo civil los recursos invertidos.

Claro que será necesaria también la cooperación internacional, que no siempre se requiere en especie sino en alianzas creadoras, en brigadas artísticas, en ejercicios de cooperación científica y tecnológica, en interlocución y en visibilización de iniciativas, pero será más fácil obtenerla si el país abandona el hábito mendicante de su dirigencia, y da ejemplo de cómo optimizar sus propios recursos en la tarea urgente, no de superar meramente una guerra, sino de aprovechar el final del conflicto para diseñar un futuro de prosperidad y de verdadera reconciliación.

13 de febrero de 2016

40

Un mensaje para el papa Francisco

Después de cincuenta años de guerra y de cien años de soledad, la sociedad colombiana necesita urgentemente encontrarse con la normalidad de la vida, dejar surgir de su corazón y de sus manos el potencial creador largamente frustrado por el odio y anulado por la desesperanza.

Todo se encadena: antes de las cinco décadas de violencia de guerrillas, paramilitares y mafias hubo tres décadas de prédica del odio por parte de los partidos, y una larga tradición de irrespeto por la condición humana bajo las formas de la exclusión, el racismo, el clasismo y la intolerancia. Nuestra sociedad está ávida de las dulzuras de la convivencia, la recuperación de la confianza y la construcción de la solidaridad.

Es por eso que, al mismo tiempo que avanzan en La Habana los diálogos para poner fin al conflicto armado, el gobierno habría debido dar ya la señal para que comience el florecimiento de la iniciativa ciudadana, para que sople el gran viento democrático que debe abrir camino a la reconciliación.

Si no lo hace es porque estos cien años también dejaron en la dirigencia nacional y en el Estado una gran desconfianza en los procesos sociales. El viejo dirigente Laureano Gómez los identificaba con el tumulto y el desorden; el Frente Nacional de los años sesenta prohibió hasta los llamados al constituyente primario, que es como prohibir por decreto la voz del pueblo; toda protesta justificaba el estado de sitio, y todo reclamo social se volvió sospechoso de rebelión y fue calificado de terrorismo.

Ahora sabemos que en las raíces del sectarismo político estaba la manipulación de los electorados, la rapiña por el Estado como botín presupuestal y banco de empleos, y el proyecto antidemocrático de acallar o aniquilar las diferencias. Ahora sabemos que en las raíces de la corrupción está la exclusión de la crítica y el desprecio por la disidencia.

Ahora sabemos que en las fuentes de la violencia social está, no la sencilla pobreza, sino la oprobiosa desigualdad, y que en vano se pretenderá abrir camino a la convivencia si no se cierran las esclusas de la injusticia, si no se procura superar la inequidad, pero no con discursos ni con eslóganes ni con asistencialismo sino con hechos y oportunidades reales.

Hubo una mala época en que hasta la Iglesia se alió con los poderes más insensibles, permitió la discriminación, despreció a los hijos naturales, desamparó a los pobres o sólo los consideró dignos de caridad. Pero desde hace tiempo la doctrina social de la Iglesia ha sido clara en tomar la opción de los pobres, ver en ellos la riqueza escondida que puede salvar a unas sociedades agobiadas por el egoísmo, por la prédica irreal de la opulencia y por el saqueo de la naturaleza.

La Iglesia latinoamericana lleva décadas invocando la justicia social, y ahora usted, papa Francisco, es el abanderado en todo el planeta de la causa de la defensa del medio ambiente, del equilibrio natural, de la lucha contra el cambio climático, de la defensa de los más vulnerables, de la afirmación de la dignidad humana, y del esfuerzo de convivencia entre pobres dignos y ricos responsables, entre culturas y entre religiones.

En un país como Colombia, y en una encrucijada tan esperanzadora como el actual proceso de diálogo, usted, papa Francisco, tendría la oportunidad no sólo de mediar entre las fuerzas en pugna para agilizar los acuerdos, y entre los contradictores políticos para que lleguen a un entendimiento patriótico, sino sobre todo de ser vocero de la comunidad excluida para que por fin se tenga en cuenta el componente social de la paz, la necesidad de ahondar en la democracia como factor decisivo de la reconciliación.

Según una revista nacional, en este país con 48 millones de habitantes, el 53 por ciento de la tierra aprovechable está en manos de 2.300 personas, y el 58 por ciento de los depósitos bancarios está en manos de 2.681 clientes. ¿Cómo cree nuestra dirigencia que va a aclimatar una paz verdadera sin dar alguna oportunidad, hasta hoy desconocida, a una de las sociedades más escandalosamente desiguales del mundo?

¿Van a esperar que las iniciativas las sigan desencadenando sólo el resentimiento, la ignorancia y la barbarie? ¿Cómo no saben que uno de los deberes del Estado es propiciar la justicia verdadera, que abre horizontes, libera fuerzas creadoras, despierta talentos, deja fluir el río represado de la iniciativa económica, de la imaginación social y de la recursividad en todos los campos? ¿Cuándo convocarán a la sociedad a la gran fiesta de reinvención de la democracia?

Por su sentido de humanidad, por su responsabilidad con el planeta, por su decidida opción cristiana en favor de los pobres, usted, más allá de su dignidad eclesiástica, como ser humano ejemplar y como gran latinoamericano, se ha ganado esta vocería.

Papa Francisco: ayúdenos a despertar el sentido humano y la vocación de justicia de nuestra dirigencia.

41

El tercero

Cada vez es más evidente que ni Santos ni Uribe pueden hacer la paz de Colombia.

Ello se debe a que los sectores y poderes que ambos representan han sido los causantes de la guerra y los que más se han beneficiado con ella. Cada vez es más necesario que un tercer actor entre en el debate y en el diálogo, y se encargue de dirimir, para hacer posible el futuro, lo que estos dos sectores de la dirigencia colombiana presienten y anhelan pero no están en condiciones de alcanzar.

No es que Santos no quiera la paz: es que la quiere sólo para ciertos sectores, y sobre todo para el empresariado comprometido con el proyecto neoliberal. No es que Uribe no quiera la paz: es que la quiere sólo para ciertos sectores, y sobre todo para el minúsculo grupo de los dueños de la tierra. Ambos sólo quieren la paz para los 2300 nombres que son dueños del 53 por ciento de las tierras aprovechables del país, y para los 2681 que son dueños del 58 por ciento de los depósitos que hay en los bancos.

Es muy posible que sin contar con la voluntad de unos y de otros, no podamos alcanzar en Colombia ningún acuerdo que haga sostenible el presente, pero ya ni siquiera un acuerdo entre ambos hará posible en Colombia el futuro.

Uribe piensa que otros veinte años de guerra tal vez inclinarán definitivamente la balanza a favor de una victoria militar, que no haga necesario hacer concesiones a las odiadas guerrillas atravesadas en el camino. Santos piensa que la negociación inmediata le permitirá no solamente optar al premio Nobel, o a la secretaría general de la OEA o de la ONU, sino dejar por fuera a esos poderes que hoy le disputan el Estado a la vieja aristocracia.

Ambos quieren acabar con la guerrilla: uno arrodillándola, otro afantasmándola, pero ninguno de los dos quiere una paz que transforme el país, porque ninguno de los dos está descontento del país que tenemos.

Están reviviendo la vieja costumbre de las élites nacionales, de utilizar el Estado para debilitar a la oposición, de esgrimir la paz para golpear al adversario, de no ver en el Estado un instrumento para resolver los problemas de la sociedad, sino un botín, un banco de empleos y una herramienta para eternizar en el poder a los suyos.

La paz, el conmovedor anhelo de paz de todo un pueblo, es el instrumento que utilizan estos dirigentes para alcanzar sus objetivos parciales y ciertamente mezquinos. Nunca argumentos tan sagrados fueron utilizados para fines tan innobles. Nunca se abusó tanto del sufrimiento de unos, de la paciencia de otros y de la credulidad de todos los demás.

Viendo la extraña conducta de estos pacificadores y de estos pacifistas, uno termina sintiendo que la paz es el garrote implacable con que libran su guerra.

Pero no puede ser de otra manera, porque la verdadera paz tiene que ser la bandera de quienes la necesitan, y Uribe y Santos no necesitan la paz sino la victoria: o en las trincheras o en los tribunales. Y la guerra ha sido demasiado larga para que pueda ser resuelta con sangre o con sentencias.

En la pequeña mesa de La Habana es evidente que falta Uribe. Pero sobre la pequeña mesa de La Habana se proyectan las grandes sombras que arroja el otro conflicto, el que se libra entre las dos mitades de la dirigencia, y casi eclipsan los conmovedores esfuerzos de Humberto de la Calle y de Iván Márquez, de Sergio Jaramillo y de Pablo Catatumbo.

Para continuar el conflicto, para prolongar la incertidumbre, bastan Santos y Uribe, cada uno con sus vergüenzas y con sus venganzas, cada uno también con sus sueños y sus ilusiones. Pero para terminar el conflicto, y sobre todo para construir la paz, tan bien pregonada hoy, y tan mal concebida, hace falta otro protagonista, el más inadvertido y el más decisivo.

Ese protagonista es Colombia, es la sociedad, la que no cabe ni en los discursos furibundos de Uribe ni en los cálculos sinuosos de Santos. Y es que la pequeña paz que ellos quieren, ellos mismos se encargan de hacerla imposible. Tal vez porque en el fondo saben que esa pequeña paz no cambiará nada, y que más benéfico les resulta prometerla que alcanzarla.

Uribe, a punta de guerra, hizo inverosímil la victoria: tal vez por eso no advirtió que ni siquiera su heredero creía en ella. Santos, a punta de avanzar y retroceder, de desear la paz y de temerla, cada día se inventa un nuevo obstáculo, y está terminando por hacer inverosímil el acuerdo, o su refrendación, o su aplicación, o la paz que debe salir de él.

Ahora está pensando, como Alicia, que a la colina de la paz sólo se llega caminando en sentido contrario. Y sobre su cabeza se cierran las agujas del reloj de Damocles.

¿Llegará a tiempo el tercer personaje? Ambos, de verdad, lo necesitan. Y lo único que yo sé es que no habrá paz si no llega.

42

Un diálogo sobre la paz

Cátedra Manuel Ancízar, Universidad Nacional

Carlos Satizábal: Muchas gracias, poeta, por aceptar esta invitación. Con seguridad, ustedes han leído textos de William. Es una de las personas más destacadas de la literatura colombiana y latinoamericana. De la escritura en nuestra lengua. Y es un honor para la cátedra Manuel Ancízar, para la Universidad Nacional, para mis colegas y para mí, que tú estés aquí, William, y tengamos una conversación con los estudiantes sobre los desafíos que vive hoy nuestro país, sobre este momento tan rico, tan extraordinario, que nos ha tocado vivir, de la ilusión de la paz, de la construcción de un nuevo país.

Has dedicado tu vida y tu escritura a esa ilusión, a pensar lo que nos ha sucedido como pueblo, como cultura, y has escrito *Pa que se acabe la vaina*, una rica síntesis reflexiva que analiza desde la memoria poética, desde la literatura, el teatro, la poesía, la canción, las causas de lo que ha sucedido en Colombia. Un retrato de las élites políticas, unas élites clericales y militaristas, reacias a cualquier cambio a lo largo de los dos siglos de la república. Su título es un verso de un bellísimo vallenato de Emiliano Zuleta. Háblanos de este libro.

William Ospina: En primer lugar, muchas gracias por la invitación. Para mí es un honor muy grande estar en la Universidad Nacional, en esta cátedra, y ser invitado a este diálogo. Les agradezco a todos su presencia. Yo escribí hace como veinte años un ensayo que se llama *¿Dónde está la franja amarilla?* Era un esfuerzo por entender la situación del país en ese momento —que no era muy distinta del momento actual— a la luz de la historia del último siglo y a la luz de mi experiencia como escritor y como ciudadano. Ahora, veinte años después, he sentido la necesidad de retomar esos temas del ensayo *¿Dónde está la franja amarilla?*, y escribir este libro, ahondando un poco más en el cuadro de lo que ha sido la historia de Colombia en el último siglo, y en las causas de la crisis que actualmente vivimos, un libro escrito con más indignación y con más urgencia. La verdad es que los problemas de Colombia son muchos y muy graves, y las soluciones se han aplazado demasiado tiempo. Dentro de dos años se cumplen los setenta años de la muerte de Gaitán, y yo sostengo en mi libro que la vieja Colombia murió el 9 de abril de 1948, y la nueva Colombia no ha nacido todavía. Siento que en los sesenta y ocho años transcurridos entre la muerte de Gaitán y hoy el país ha estado —como lo dijo significativamente Eduardo Santos en su momento— en una pausa.

La supuesta Revolución en Marcha del Partido Liberal durante los años treinta propuso normalizar el país, en términos de reforma agraria, de reforma laboral, de reforma urbana. Propuso realizar al fin las reformas liberales que el país había aplazado por más de un siglo. Pero el gobierno siguiente, el de Eduardo Santos, decretó "la gran pausa" de esa Revolución en Marcha, y desde entonces el país ha estado en esa pausa, que posterga siempre la modernización, la apertura al mundo.

Aquí yo quisiera señalar un hecho que para mí es fundamental: las revoluciones de Independencia en toda América Latina quedaron en deuda con los pueblos de América Latina, los movimientos de Independencia acogieron el discurso liberal de la Ilustración y de la Revolución francesa, y los principios de igualdad, libertad y fraternidad, sólo como un instrumento ideológico para combatir a la monarquía española, pero no como un principio efectivo para construir una democracia moderna en nuestros países. A pesar del triunfo de los libertadores, de la revolución criolla, la Independencia quedó en deuda con los pueblos. Persistió en la esclavitud, persistió en la exclusión de la memoria de los pueblos indígenas, persistió de mil maneras en la negativa a la modernización de las conciencias, a la modernización de la vida pública y del debate público.

Dos siglos después de cumplida la Independencia, nuestros países no han construido verdaderas ciudadanías, no han construido verdaderas democracias. Y cuando digo nuestros países tal vez exagero, porque buena parte de los países de América Latina intentaron hacer reformas liberales que aproximaran la realidad al discurso que habían esgrimido desde el comienzo.

Nosotros entonces crecimos con la idea de que pertenecíamos a democracias ejemplares donde imperaba la igualdad de derechos y de oportunidades, y nuestra vida ha sido un continuo desengañarnos de la verdad de los principios sobre los cuales parecía fundada la república. No hacemos más que comprobar que una cosa son los derechos consagrados en los códigos y en las constituciones y otra cosa los derechos a los que pueden acceder verdaderamente los ciudadanos. Y si bien México avanzó algo en las reformas liberales con Benito Juárez a finales del siglo XIX, y si bien Ecuador avanzó con la reforma liberal de Eloy Alfaro a finales del XIX y comienzos del XX, y si bien en Argentina Roca e Irigoyen avanzaron un poco con reformas que se acercaron a cumplir las reformas liberales aplazadas desde la Independencia, Colombia es un país que nunca ha cumplido con las reformas liberales que ya eran un deber de la república desde el comienzo.

Aplazar la reforma liberal a lo largo del siglo XIX fue muy grave para nuestro país, pero aplazarla a lo largo del siglo XX, fue un crimen. Y la verdad es que desde el momento en que los liberales prometieron esas reformas durante los años treinta, y después decretaron "la gran pausa" de esas reformas, Colombia se convirtió en una olla de presión en la que por ninguna parte se liberaban las fuerzas sociales que permitieran desarrollar verdaderos procesos de transformación, de igualdad, democráticos. Y Colombia empezó a producir violencia, como la tiene que producir una sociedad frenada en sus impulsos sociales y en su capacidad de creación.

Colombia es un país donde hay que desplegar la capacidad de creación contra toda adversidad, donde toda iniciativa social está bloqueada por un Estado inmovilista que sólo sirve para mantener privilegios y para mantener a un sector de la sociedad apoderado de todo. Un sector de la sociedad que también ha aprendido a mantener a la comunidad en un estado de apatía o de indiferencia o de desaliento mediante muchos recursos. Y todos sabemos hoy que ganar las elecciones en Colombia supone simplemente tener mayor capacidad de movilizar electorados por la vía de la corrupción, por la vía de la compra de votos o por la vía de la compra de conciencias, y que en Colombia no existe electoralmente una democracia verdadera. Ya eso es grave. Más grave aún es que los orientadores de la opinión pública, los grandes medios de comunicación, legitimen esas prácticas.

Yo leí hace poco un balance que hacían en la revista *Semana* sobre las últimas elecciones, en el que decían: si Fulanito de tal logró un gran triunfo en estas elecciones, hay que reconocer que lo hizo recurriendo a la maquinaria, pero así es como funciona el sistema y las elecciones aquí, e incluso eso es lo que le da cierta fortaleza a su triunfo. Y pensé que si esto es lo que dicen los medios de comunicación, si dos siglos después de proclamar la democracia todos legitimamos una democracia corrupta, mezquina, y que sólo lo es en apariencia, pero que ha imperado durante mucho tiempo sobre un baño de sangre de proporciones inauditas, pues la verdad es que Colombia está necesitando con urgencia dejar de ser esa olla de presión, que produce violencia, desesperación y desaliento en todos los órdenes de la vida, donde el esfuerzo por ser ciudadano, por trabajar, por construir una sociedad de convivencia, es algo que hay que hacer contra la corriente y en medio de todas las dificultades en todos los campos. Lo saben los trabajadores, lo saben los agricultores, lo saben los profesionales, lo saben los intelectuales: aquí todo se hace contra la corriente. Hay cincuenta millones de colombianos aquí y diez millones de colombianos dispersos por el mundo y Colombia no ha logrado convertirse en una patria para sus ciudadanos. De manera que esos son los temas que me urge plantear en estas reflexiones. Me gustaría poder dedicarme exclusivamente a escribir novelas y poemas. Y lo hago, por supuesto, con mucho entusiasmo. Pero como ciudadano me siento en el deber de reflexionar sobre nuestro país y nuestra historia, y sobre las tremendas potencialidades que Colombia sacrifica cada día de llegar a ser un país extraordinario por su naturaleza, por sus culturas, por su gente, que se ven siempre arruinadas, negadas y ninguneadas por la mezquindad de una dirigencia que ni entiende el país ni lo administra.

Carlos Satizábal: Tu ensayo es un libro notable que todo colombiano tendría que leer. Es un esfuerzo de síntesis muy impresionante de la política, la literatura, la poesía, la canción, de cómo en Colombia hemos pensado el país. Pero ese pensamiento está silenciado: es un lenguaje cubierto por ideas y acciones como la gran pausa. El lenguaje público, el del poder, al que se tiene acceso colectivamente, el lenguaje que se comparte, es un lenguaje de la simulación y del encubrimiento. En tu libro citas una lista muy hermosa que hace el maestro Gabo en "Los funerales de la Mama Grande" de las expresiones de ese lenguaje que cubre y oculta. El poder ha usado ese lenguaje para producir silencio, para invisibilizar. E impedir que usemos el otro lenguaje que también hemos producido: el lenguaje de la resistencia, el lenguaje de la poesía, el que nos revela aquello que nos ha sucedido. Háblanos un poco de eso, de cómo construir —en el momento que estamos viviendo— un lenguaje para compartir y nombrar lo que nos pasa.

William Ospina: Es un tema muy amplio, que para mí ha sido central. Mi rebelión contra el modelo colombiano, mi desacuerdo con la manera como el país ha sido interpretado, relatado y manejado, nace de mi relación con la poesía. Mi relación con la poesía me enseñó que habíamos nacido en un modelo colonial que no habíamos superado nunca. Al llegar la lengua castellana a estas tierras, hace cinco siglos, se configuró lo que Germán Arciniegas llamaba muy brillantemente no un descubrimiento, sino un cubrimiento de América, que fue lo que produjo la conquista. Todo lo que había antes de la llegada de los conquistadores fue cubierto por lo que trajeron. Las religiones indígenas por las religiones europeas, las lenguas americanas cubiertas por el poder y la vanagloria de los lenguajes europeos, las cosmovisiones remplazadas, las economías sustituidas, y todo ese pasado milenario de América borrado de una manera persistente y violenta.

Por supuesto que se hizo un esfuerzo grande por reconocer al mundo desde la lengua que llegaba. Yo escribí un libro, *Las auroras de sangre*, para valorar la obra del poeta Juan de Castellanos, quien intentó, con esa lengua que llegaba, nombrar el mundo americano. Me parece que él fue el primero que comprendió las enormes dificultades que tenía una lengua tan rica como el español, que ya estaba en vísperas de escribir el *Quijote*, y que, sin embargo, enmudecía ante América, porque no tenía palabras para nombrar lo específicamente americano. No tenía palabras para los árboles, para los pájaros, para la naturaleza, para los climas, los lugares. La región equinoccial de América tiene la mayor variedad de plantas del mundo, es posible que haya cien mil variedades de plantas distintas. En Europa habrá veinte mil. ¿Cómo puede una lengua que viene de una cultura que solo tiene veinte mil variedades de plantas nombrar un mundo que tiene cien mil variedades de plantas? ¿Cómo puede una lengua acostumbrada a hablar solamente de ruiseñores y de alondras, nombrar la mayor variedad de aves del mundo? Ahí había una dificultad originaria de la lengua española. Pero más grave era que venía investida de autoritarismo, pensando que ella encarnaba la civilización y que las lenguas nativas eran la barbarie, entonces éstas tenían que ser borradas; la lengua ilustre, hija del griego y del latín, era la única con derecho a nombrar el mundo.

Por eso se configuró incluso una tradición, en nuestra literatura, que sólo era poético lo que era lejano, lo que venía de Europa, lo que venía de las viejas culturas y las viejas civilizaciones. Un ruiseñor siempre cabía en un poema, un toche no. Si uno ponía París o Viena en el poema, aquello era poético. Pero si uno decía Pereira o Bucaramanga, la cosa empezaba a ser más difícil. Sentí desde el comienzo que vivíamos en una realidad desautorizada, incluso en sentido estético. Que no teníamos derecho a vivir en el mundo en el que vivíamos, que nuestra naturaleza parecía deslegitimada por unas tradiciones y prestigios. El pájaro que más abundaba en nuestras canciones era el ruiseñor, que no existe aquí, que sólo existe en el diccionario, porque era un ave ilustre, de la tradición lírica europea, que como bien dijo Jorge Luis Borges, "Sentimos que se parece más al ángel que a la calandria".

Un día me encontré con estos versos de un poeta africano, que me conmovieron mucho:

> ¿Sienten ustedes este sufrimiento
> y esta desesperación que no tiene igual,
> de domesticar con palabras de Francia,
> este corazón que me dio el Senegal?

Y yo me dije "¡Cuántos poetas americanos no habrán sentido lo mismo durante tanto tiempo!". La necesidad de domesticar con palabras de España ese corazón que les había dado el mundo americano. Bueno, la historia de la literatura latinoamericana es la historia de la silenciosa y paciente conquista de una lengua propia. La lengua en la que finalmente hablaron y escribieron los autores del *boom* latinoamericano ya no era la lengua que había llegado hace cinco siglos. España no ha sido capaz de igualar la grandeza de la literatura latinoamericana del siglo XX, porque la lengua española está hecha para nombrar un mundo mucho más estrecho. A nosotros nos tocó utilizar la lengua castellana, domesticarla y alimentarla de la savia americana, hacer que esa lengua ampliara sus registros. Juan de Castellanos, ya en el siglo XVI, tomó prestadas palabras de las lenguas del Caribe y de los Andes para llamar todo lo que no tenía nombre en castellano. Entonces su poema, escrito en octavas reales ilustres, de la estirpe del *Orlando furioso* de Ariosto o de *Las lusiadas* de Luís de Camões, escrito en endecasílabos impecables y en octavas reales impecables, se fue llenando de palabras indígenas. Se fue llenando de bohíos, de canoas, de jaguares, de anacondas, de guanábanas, de yarumos, de tiburones, de huracanes, y de todas las palabras que venían de la tradición indígena de las lenguas del continente. Y cuando el poema llegó a España, nadie entendió nada, porque para ellos esas eran sonoridades monstruosas. Y todavía en el siglo XIX, Marcelino Menéndez y Pelayo, el gran pontífice de los letrados españoles y americanos, dijo que ese poema de Juan de Castellanos no era un poema sino una monstruosidad porque estaba lleno de palabras bárbaras y exóticas que afeaban la sonoridad clásica de la lengua. De esa manera se negó la tremenda importancia que tuvo desde el comienzo el mestizaje de la lengua, en la búsqueda de alcanzar nosotros por fin una lengua propia, una lengua capaz de nombrar este mundo, y no solamente capaz de legislar sobre él y de imponerle visiones y cosmovisiones.

A mí, ese me parece un hecho de la mayor importancia. Comprender que nacimos en un mundo que había sido destituido de su dignidad histórica, filosófica y estética, que nos hicieron creer que vivíamos en un mundo de segunda categoría, en una sociedad marginal, que la verdadera historia estaba en otra parte, junto con la cultura y la belleza, que si nos mirábamos al espejo y no aparecía el *Apolo* de Belvedere, entonces ya no teníamos derecho a existir ni a acceder a los bienes de la cultura y al privilegio de la belleza.

En todo el continente —pero más en algunas partes que en otras— crecimos en el apocamiento de quienes se sienten invitados de segunda al banquete de la historia. Y si algunos han alimentado esa actitud, han sido las élites colombianas, desde siempre, negándose a aceptar que la tradición indígena de nuestra cultura es una de sus mayores y más extraordinarias riquezas, que la tradición africana de nuestra cultura es una de sus mayores y más extraordinarias riquezas, que la tradición mestiza es algo extraordinario, que el mestizaje de la lengua, étnico, cultural, es lo que nos da nuestra riqueza, es lo que nos da la capacidad de ser interlocutores nuevos y distintos en una historia que ha estado demasiado marcada en el mundo entero por la hegemonía de unas razas, la hegemonía de unas lenguas y la superstición de la pureza. Afortunadamente, nosotros no podemos creer ya en la superstición de la pureza. Aquí, hasta hace poco, nos obligaban a celebrar el Día de la Lengua, el Día de la Raza. Pero aquí no se puede celebrar el Día de la Raza, aquí todas las razas conviven, se mezclan, todas aportan de manera maravillosa a este tejido extraordinario, a este colorido extraordinario que es nuestra cultura.

Padecemos la maldición del colonialismo, y yo diría que no sólo del colonialismo económico y político, sino de formas más sutiles del colonialismo. Del colonialismo como mirada, como actitud. Y del colonialismo estético. Aquí hay una teoría de la belleza y una teoría de la fealdad, hechas para negar nuestra sociedad, nuestra cultura, para negar lo que somos. Y por eso es tan valioso ver aventuras como la de los muralistas mexicanos, porque cuando Diego Rivera se propuso en México pintar la belleza, no quiso pintar Apolos griegos sino indios mexicanos, porque allí está el esfuerzo de reivindicar una raza, una cultura, la humanidad de una nación. Y eso lo han hecho todos los pueblos del mundo, cada pueblo tiene que dignificar su tipo, tiene que engrandecerse. Y mientras persista en Colombia la mirada mezquina de élites que se creen blancas y privilegiadas por no sé qué aureola de superioridad, seguiremos viviendo en una sociedad enferma de inautenticidad y de falta de respeto por sí misma. Y entonces, es por eso por lo que yo digo que mi rebelión contra este modelo mezquino y miserable, que nos ha mantenido primero en la subordinación histórica y después en la violencia, nace de una reflexión sobre la estética y la poesía.

En Colombia, a estas élites mezquinas que todo lo acallaban les daba pena que se notara que éramos mestizos, no querían que se les viera el cobre americano, querían llegar a Francia o a Estados Unidos hablando inglés y francés sin acento, alguno para que no se les notara de dónde venían. A diferencia de cuando vienen aquí los franceses y los norteamericanos, que no les importa hablar con acento porque no tienen vergüenza de su origen. Y aquí, ay de que uno pronunciara mal una palabra en inglés o en francés, porque eso inmediatamente revelaba que no éramos ingleses, no éramos franceses ni norteamericanos. En todas esas cosas estaba esa inautenticidad que caracterizó y sigue caracterizando a las élites colombianas.

Pero al mismo tiempo, ha habido en Colombia, por parte de las comunidades y del pueblo, una extraordinaria autenticidad, porque no se vive ya en el mundo de las simulaciones, ni de tratar que nos acepten aquí o allí, sino de vivir con plenitud lo que somos. Pues hay que estudiar la cultura popular colombiana para ver cómo se cumple eso que intentaba nombrar Juan de Castellanos en el siglo XVI: entender que también las guanábanas y también los jaguares y también los tiburones y también las canoas y también los bohíos forman parte del universo, del misterio del universo.

Hay un ensayo muy hermoso de Jorge Luis Borges, *Palermo de Buenos Aires*, en su libro sobre Evaristo Carriego, en el que Borges valora el hecho de que Evaristo Carriego —el poeta de los inquilinatos, de los conventillos de Buenos Aires, que había crecido en la veneración de la literatura francesa, en la veneración de *Los tres mosqueteros* y de la obra de Alejandro Dumas— un día descubrió la poesía de los malevos, de los conventillos y de las calles de Buenos Aires, y se dijo: yo le quiero cantar a esto, yo no quiero fingir que somos Francia, o que somos Inglaterra, quiero sentir que esto que estoy viendo también es poético. Como lo había sentido José Hernández cuando escribió el *Martín Fierro*. La pampa es poética. No solo la Selva Negra, o la abadía de Westminster. Dondequiera que estemos está el misterio del universo. Dondequiera que estemos está la dignidad del universo. Entonces Borges recordó una anécdota de la antigua Grecia: unos visitantes fueron un día a donde Heráclito de Éfeso, llegaron a visitarlo a su casa. Heráclito estaba en la cocina. Y ellos no se atrevían a entrar porque no querían avergonzar a Heráclito por estar en la cocina. Heráclito lo sintió, y les dijo: "Entrad, que aquí también están los dioses". Y entonces Borges dice: eso fue lo que sintió Evaristo Carriego, que aquí también están los dioses, que no necesitamos ser Europa para entender que nosotros también somos parte sagrada de la humanidad, y que si el arte existe tiene que existir aquí, y que si la belleza existe tiene que existir aquí. Que nosotros pertenecemos a este mundo y pertenecer a este mundo tiene que ser el secreto de nuestra salvación como pueblos y como individuos, el secreto de nuestra dignidad.

Cuando escribí *Pa que se acabe la vaina*, pensé en ponerle un título distinto. Pensaba llamarlo *Yo sueño un país*, una frase que aparecía ya en el ensayo *¿Dónde está la franja amarilla?* Pero en algún momento pensé que yo quería hacerle un homenaje a la cultura popular, no solamente una crítica a esa manera impostada, simuladora que utilizó el lenguaje al estilo republicano, de las grandes palabras, los grandes conceptos, hechos para enmascarar la realidad y no para dignificarla. Pensé que quería hacerle un homenaje a esa cultura popular que siempre supo valorar este mundo y siempre supo reconocerlo. Y encontré que el verso de la canción de Emiliano Zuleta *La gota fría*, era el nombre adecuado para ese libro, que forma parte de un estribillo que todos conocemos. Y que, al mismo tiempo, con ese título iba una crítica al lenguaje ampuloso de la vieja retórica republicana y un homenaje a esa cultura popular y a esa música popular que siempre interpretó a nuestro país y siempre lo sigue interpretando, y donde está toda la dignidad y la belleza posible, aunque aquí sigan tratando de hacernos creer que sólo cierta música sacramental, y sólo una música nimbada de ciertos atributos, merece el respeto y la dignidad. En los clubes de Barranquilla estaba prohibido que se tocaran porros y cumbias hasta los años sesenta, porque solo las orquestas internacionales eran verdaderamente dignas de tocar allí. Ha habido un esfuerzo muy grande de la cultura popular colombiana y de Colombia por construir otra versión del país, otro lenguaje de lo que somos, y ojalá ahora, cuando parece que estamos a las puertas de un cambio —que seguramente no va a ser decretado por las élites sino arrebatado por la gente—, vamos a ver cómo ha florecido la cultura colombiana en medio de la mayor adversidad, y cómo tenemos un lenguaje no sólo para comunicarnos entre nosotros sino para dialogar y decirle muchas cosas al mundo.

Carlos Satizábal: Quiero hacerte una última pregunta, para que los y las estudiantes y mis colegas conversen contigo. Y viene justo del punto en que has dejado la reflexión. Esta cátedra la hemos organizado con la idea de que la salud, la política, el arte y la cultura tienen que ser un camino para convertir los acuerdos de paz que están haciendo las élites colombianas con las insurgencias de este país en acuerdos sociales, en transformaciones efectivas. Pero el trabajo de transformar el país es —como tú lo acabas de decir— una tarea de la ciudadanía, de un gran movimiento cultural, social y político. Hace quince años, cuando tuvimos la ilusión de la paz en el gobierno de Pastrana, trabajamos contigo en un proyecto muy vigoroso y muy imaginativo que tuviste la lucidez de llamarlo *Colombia en el planeta*. Nos preguntábamos cuál era el gran proyecto de arte, de cultura, de educación, que necesitaba nuestro país para contarse lo que ha vivido y para transformar los acuerdos políticos en transformaciones efectivas. Háblanos un poco de eso. ¿Cuál sería el que necesitaríamos ahora, desde tu perspectiva? Acabas de escribir un ensayo, *Lo que falta en La Habana*, publicado por *El Espectador*. Háblanos de ese punto.

William Ospina: Bueno, a Colombia le han pasado algunas cosas muy interesantes en los últimos tiempos. Siempre fuimos un país muy encerrado, muy ciego al mundo exterior, porque esa era la vocación de nuestra dirigencia. Admitamos que el territorio mismo —como ya lo advertía Bolívar sobre los países de América Latina en la *Carta* *de Jamaica*— el territorio mismo parece como marcado por unas fronteras, existen en América unas fronteras naturales. Esa cordillera que separa Argentina de Chile, esa selva amazónica que debería unirnos pero que nos separa del Brasil. Y si uno mira Colombia, Colombia es un país que está junto a Panamá, pero no hay manera de pasar a Panamá, el tapón del Darién es verdaderamente un límite. Y para llegar a Venezuela —que curiosamente es buena parte de los Llanos Orientales, es un vecino enorme y dilatadísimo— solamente hay unos cuantos caminos por los que se puede pasar a Venezuela. Por eso basta que cierren dos o tres puentes y ya, se incomunicaron estos dos países. Con Ecuador sucede algo similar. Y ni se diga de nuestra relación con Perú o con Brasil. Entonces existen estas fronteras naturales, que eran mucho más importantes en tiempos en que no existía la aviación.

Pero aquí las élites latinoamericanas construyeron también unas fronteras mentales para impedir la libre circulación de ciudadanos entre nuestros países. Así como en Europa, donde siempre hubo fronteras que no eran naturales pero sí históricas y culturales, por razones de lengua, etc. Pero bueno, vivimos en los tiempos de la globalización —o del frenesí de ciertas formas de globalización, porque la globalización es muy antigua—, pero ahora existe el frenesí de ciertas formas de globalización, y algunas de esas fronteras han desaparecido para ciertas cosas. Por ejemplo, para el capital desaparecieron las fronteras en el mundo hace mucho tiempo, pero para los trabajadores las fronteras están cada vez más erguidas y más hostiles. El capital puede trabajar libremente entre Estados Unidos y México, pero vayan a pasar los ciudadanos, vayan a tratar de pasar los trabajadores para ver cómo se alzan enseguida no sólo las murallas que se han alzado ahora, sino las que quiere alzar Donald Trump de extremo a extremo. Por todas partes las murallas son muy visibles y terribles.

Crecimos en un aislamiento a medias dictado por la naturaleza y a medias dictado por la voluntad de las élites. No participamos como otros países de esa tendencia globalizadora que fueron las migraciones del siglo XIX y del siglo XX, que llenaron a la Argentina de alemanes, de judíos, de polacos, de italianos. Buena parte de los países de América Latina tuvieron esas grandes migraciones. Colombia fue de los pocos países que no las tuvieron. Aquí hace algunos siglos llegaron los españoles y cerraron la puerta. Fue muy difícil que después viniera más gente. Las regiones tropicales tenían cierta fama de malsanas y de tener muchas plagas, no eran tan codiciadas por los europeos como las regiones del norte y del sur, que tienen estaciones. Muchas de estas cosas contribuyeron a que Colombia creciera en un relativo aislamiento y a que nos acostumbráramos a creer en nuestras propias bendiciones y sobre todo en nuestras propias maldiciones, y a odiarnos aquí a nuestro antojo, lejos del mundo.

Pero si algo ha ocurrido en las últimas décadas es que el mundo se nos hizo presente. Colombia un día despertó como un personaje de Kafka, convertido en un monstruoso insecto. Se volteó a mirar y ya no se reconocía en lo que era tradicionalmente. Colombia estaba atravesada, de repente y sin que lo esperáramos, por todos los problemas de la modernidad. No nos modernizamos en el sentido de que hubiéramos modernizado nuestra arquitectura, nuestro urbanismo, nuestro decorado social, sino que nos modernizamos con todos los males de la modernidad. Hoy en Colombia están todos los problemas de la época: la droga, la pobreza, las migraciones, el terror, el armamentismo, la crisis y depredación del medio ambiente y la naturaleza, la extenuación de las fuentes de agua. Todos los grandes temas de la época nos atraviesan, nos pertenecen. Ya no podemos decir que la agenda colombiana sea distinta de la agenda del planeta. Creo que por primera vez en nuestra historia la agenda política, social y cultural de Colombia coincide con la agenda del planeta, que es el tema del calentamiento global, el tema del terror, del tráfico de armas, el tema de la extraordinaria inequidad en la distribución de la riqueza, el tema del agua, el tema del oxígeno. No estamos en condiciones de resolver nuestros problemas aquí encerrados. Es la hora de resolver nuestros problemas entrando decididamente en la agenda del mundo. Es un momento en que ya no son los conflictos entre naciones, entre razas, los asuntos centrales de las sociedades, sino la pregunta de cómo vamos a salvar este planeta, cada vez más dramáticamente amenazado por la aniquilación.

Es la hora en que la política sólo puede hablar de esos grandes temas, y superar esta discordia nacional, esta postración nacional, y este encierro en unos odios heredados y muy pacientemente elaborados por las élites para mantener a este país en la discordia, en la fragmentación y en la insolidaridad.

Superar todo eso exige asumir decididamente la tarea del reconocimiento del territorio, un territorio absolutamente extraordinario, una de las últimas grandes reservas de la naturaleza en este planeta. Colombia es una fábrica de agua muy seriamente amenazada. Colombia tiene la mitad de los páramos de este planeta, y la minería ilegal y las formas de la ganadería y las formas de una economía irracional están arrasando las fuentes del agua, una riqueza extraordinaria de nuestro país para el mundo. Colombia tiene unas tierras cultivables que podrían producir agricultura orgánica y alimentos para el mundo en un momento en el que más se necesitan. En una época dramática donde no sabemos qué estamos comiendo, no sabemos qué llega a nuestros platos porque no sabemos de qué se alimentan esas aves, esas carnes que nosotros comemos. Ya no sabemos hasta dónde el *lobby* de las industrias transgénicas se ha infiltrado en nuestra dieta. Colombia tendría la potencialidad de un montón de cosas que son no sólo la posibilidad de resolver los problemas nacionales sino de entrar decididamente en el diálogo mundial sobre las necesidades de la época.

Y, por supuesto, vivimos en un país inexplorado, desconocido, en un país que le ha sido infiel a la más urgente de las vocaciones. Colombia debería ser un país que fuera vocero ante el mundo de la América Latina por una razón fundamental: por cada costado Colombia forma parte de una región distinta. Colombia pertenece al mundo del Caribe, que, como decía García Márquez, es un mundo que va desde el delta del Mississippi hasta el delta del Orinoco, y que es una gran cultura, una de las culturas más extraordinarias del planeta. La cuenca del Caribe sólo es comparable a la cuenca del Mediterráneo en el número de razas, de culturas, de tradiciones, de mitos, de leyendas, de música, de literaturas, que ha producido. Pertenecer al Caribe es pertenecer a un mundo extraordinario. Y Colombia perdió mucho de su vocación caribeña cuando le fue arrebatado Panamá por su celoso amigo el imperio norteamericano. Pero por fortuna la costa caribeña colombiana siguió produciendo buena parte de nuestra más maravillosa cultura, y ha hecho que sigamos arraigados en ese mundo caribeño de una manera tan extraordinaria. Pero el poder central colombiano, siempre tan mezquino y siempre tan ignorante, no ha sido capaz de entender la importancia que tiene Colombia para el Caribe y el Caribe para Colombia.

Hacia el occidente pertenecemos a la cuenca del Pacífico. A los presidentes les encanta hablar del gran futuro del Pacífico, de la gran riqueza del Pacífico, de las grandes oportunidades del Pacífico. Pero por debajo de esos discursos tan elocuentes y tan bienintencionados, si queremos ver qué piensa el poder central del Pacífico podemos hacer un paseo a Buenaventura o a Tumaco, y entonces ahí sí comprenderemos cuál es la mirada verdadera que este poder mezquino y central tiene con respecto a la grandeza de nuestro territorio. Y lo mismo podemos decir respecto a las llanuras del Orinoco. José Eustasio Rivera se desesperaba en llamar a los poderes centrales del país, hace ochenta años, a que le prestaran atención a esa mitad del país que ni siquiera aparecía en los mapas. En los mapas de los colegios aparecía la zona central —el triángulo de oro del país— y en un cuadrito aparecían los llamados Territorios Nacionales. Una zona por allá donde seguramente para ellos no había sino malaria y serpientes, como dice la canción. Y donde estaba, sin embargo, la gran riqueza nacional, y de donde surgieron los grandes problemas de la nación, porque lo que uno no resuelve termina volviéndose un problema. Lo que sería una gran oportunidad y una gran solución termina volviéndose un problema para Colombia: esas extraordinarias tierras que son la reserva de la vida en este planeta. En la parte central la cordillera de los Andes, en la que ha vivido buena parte de la población, pertenece también a un mundo que se dilata hasta las regiones de Chile y Argentina, y es un mundo riquísimo, complejísimo, en términos literarios, en términos musicales, en términos antropológicos, arqueológicos, en términos de la gran memoria indígena continental. Y Colombia tampoco ha sido capaz de construir allí una gran mirada continental desde esa región. Y ni se hable de la selva amazónica, que es, con todo, la más importante de las regiones de Colombia.

Entonces, ningún país como Colombia estaría obligado por su propia naturaleza a interpretar el continente y a hablar con el continente, y a liderar procesos continentales, o por lo menos a participar en esos debates. Qué apasionante momento en nuestra historia despertar por fin para descubrir que no somos un monstruoso insecto sino que no conocíamos la grandeza, la enormidad de los desafíos que tenemos en las manos, las cosas que podríamos hacer si superamos esta costumbre mezquina de guerritas hechas para mantener unos poderes y unos privilegios, y si abrimos verdaderamente los ojos a la extraordinaria riqueza que representa Colombia en el continente. Y si abrimos por fin las fronteras.

Yo no entiendo cómo es posible que a comienzos del siglo XXI los jóvenes colombianos no tengan amigos en Caracas, en Manaos, en Rio de Janeiro, en Santiago de Chile, en Ciudad de México, en Ciudad de Guatemala, y no estén viajando continuamente en diálogo con el mundo. No entiendo por qué los creadores de Colombia tienen que estar pidiendo limosna aquí a unas instituciones que siempre se las niegan en vez de estar en un diálogo creador con las músicas del Caribe, con las músicas del Pacífico. Y, como decía el gran historiador Hermes Tovar, cómo es posible que no exista un vuelo directo entre Buenaventura y Tokio, cómo es posible que sigamos conformándonos con este paisito que nuestros gobiernos nos enseñan a ser. "Es que no hay platica", "no hay nada". Pero sí hay gente que aquí se enriquece colosalmente, y la estrategia consiste en hacernos creer que somos pobres y que vivimos en la pobreza.

Yo creo que en estos momentos se abre la oportunidad de que la democracia colombiana sea verdadera. Es decir, que negocien allá su guerra las élites guerreras de este país, pero que le abran las puertas a la creatividad nacional para que Colombia construya la paz verdadera, porque la paz no la construyen los ejércitos sino que la construye la sociedad.

Preguntas del auditorio

Pregunta: Las clases populares aparecen en su texto desde la cultura popular, como ha venido comentando; pero ¿qué pasa con la política? Tampoco podemos decir que las élites hayan hecho y deshecho a su antojo, sin resistencias, aun cuando las clases populares hayan sido derrotadas en sus aspiraciones. ¿Cuáles son sus apreciaciones sobre ese aspecto?

William Ospina: Por supuesto que ha habido en Colombia una gran resistencia popular. Cuando hablo de la creatividad en el campo de las artes, de la música, de los relatos, de los carnavales, de las fiestas, es porque el país colombiano ha estado muy vivo a pesar de la ideología de muerte que ha caracterizado al poder colombiano, un poder faccioso, de guerras, de partidos fanáticos y fanatizadores de la comunidad. Pero claro, existe una gran tradición de lucha popular. La gran tradición de la lucha indígena, que comenzó desde la Independencia misma y que no ha cesado desde entonces. El que haya sesenta comunidades indígenas en Colombia todavía hoy —así sea reducidas demográficamente— revela una enorme identidad de resistencia y de persistir en modelos culturales cada vez más indispensables para el mundo. Yo no veo a las culturas indígenas, como algunos las ven, como meros vestigios de edades pretéritas, como recuerdos que habría que salvar, como curiosidades culturales. Yo veo verdaderas respuestas a grandes problemas de la época.

La civilización técnico-industrial es extraordinariamente capaz de transformar el mundo y de producir milagros asombrosos, pero no ha descubierto cómo proteger al mundo, cómo mantener el equilibrio y cómo salvar la vida. Y si hoy el mundo está amenazado, está mucho más amenazado por nuestro saber que por nuestra ignorancia, es el conocimiento humano el que está más en capacidad de destruir el mundo que la vieja ignorancia, esa vieja ignorancia que también es una superstición. La humanidad siempre tuvo conocimiento, siempre tuvo destrezas, técnicas. El trazado de canales de los zenúes, de la región de La Mojana que regulaba las inundaciones hace siglos, no ha venido a ser superado por ninguna ingeniería hidráulica contemporánea. Hoy los inviernos arrasan nuestras tierras y los veranos hacen morir a los ganados porque nuestro conocimiento actual es mucho más imperfecto o mucho más imperfectamente aplicado que el conocimiento que tuvo la humanidad hace siglos. No pretendo negar la importancia de la ciencia y la tecnología, pero sí pretendo mostrar que en manos de la política y en manos de ciertos modelos económicos, hasta la más refinada ciencia se vuelve un instrumento de destrucción y no un instrumento de construcción, y hasta la más sofisticada técnica se vuelve apenas una fábrica de basura. De manera que es insensato tener un conocimiento científico y técnico sin dialogar con ese conocimiento ancestral; podríamos hacer cosas maravillosas si dialogaran.

Pero también está esa superstición de la academia: que sólo lo que hace la academia es conocimiento y lo que hace la gente en la calle no lo es. Eso tiene que ser superado. Si la humanidad ha sobrevivido ha sido más por lo que saben hacer los agricultores y los artesanos y los que trabajan duramente y parecen iletrados, que porque la humanidad haya sido salvada por la academia y la ciencia. Es más, yo estaba pensando esta semana en un hecho paradójico: tal vez nunca hemos sabido tanto, sobre los jaguares por ejemplo, nunca la biología, la ciencia y la técnica han tenido un conocimiento más riguroso de lo que son los jaguares, pero tal vez nunca ha habido tan pocos jaguares. Cuando sabíamos menos de los jaguares había muchos más jaguares. Cuando sabíamos menos de los cóndores, había muchos más cóndores cuando sabíamos menos de los cocodrilos había más cocodrilos. No es necesariamente una era privilegiada aquella que más sabe del mundo pero destruye más el mundo. Recuperar ese equilibrio es fundamental, y eso no habla mal de la ciencia ni de la técnica sino de nuestra manera de utilizarlas, y de la insensatez del mundo, que, como decía Estanislao Zuleta, es absolutamente racional en los detalles y absolutamente irracional en su conjunto. Ahí es donde nos falta sabiduría y conocimiento.

Ha habido en Colombia grandes luchas populares: la gran lucha de los indígenas, de los pueblos africanos. Ya a mediados del siglo XVI hubo una rebelión de esclavos cimarrones en Panamá que hasta nombraron rey y obispo, y fue exterminada. Yo traté de rastrear esa historia en las campañas de Pedro de Ursúa. Aquí ha habido grandes movimientos de resistencia de los pueblos africanos. La libertad de los esclavos, de la que se envanece tanto nuestro canapé republicano, haber decretado la libertad de los esclavos en 1852, fue un proceso harto imperfecto. Porque, como decía Estanislao Zuleta, decretar la libertad de los esclavos sin avanzar en un proceso de integración a una sociedad de convivencia, de respeto, sin una dignificación cultural, sin la creación de oportunidades en términos económicos, sin incorporarlos a un proyecto de nación, es sólo dejarlos libres de comida y de techo. Y eso fue lo que ocurrió. De manera que este país sigue en deuda con la comunidad de origen africano, que es una de las que más le han dado a Colombia, y no sólo musical y culturalmente, en su colorido del vivir y en su falta de resentimiento, sino también porque el trabajo físico de buena parte de lo que se ha hecho en Colombia lo hicieron esos esclavos traídos de África. No deja de ser doloroso visitar Villa de Leyva, y ver esas calles empedradas y saber quién tuvo que poner todas esas piedras. O en Santa Fé de Antioquia. O quién construyó buena parte de la grandeza de este país, en el Valle del Cauca, en Antioquia. Somos muy poco agradecidos; si hasta crearon aquí la leyenda de que las comunidades de origen africano eran perezosas. Las comunidades que construyeron este país. Y los llamaban perezosos quienes estaban desde sus poltronas dando las órdenes para que las legiones de esclavos trabajaran y construyeran esta sociedad.

De manera que luchas, y luchas grandes, de los trabajadores, de los artesanos, de los campesinos, se han dado. Y si el país se sostiene como se sostiene, no es por el triunfo de las élites. Porque más allá de que sus movimientos hayan sido o no derrotados, las comunidades indígenas han persistido en mantener este país, su agricultura, su artesanía, su capacidad de trabajo. Colombia es un país laborioso, verdaderamente laborioso. Si lo sabrán los venezolanos, donde cinco millones de colombianos trabajan desde hace mucho tiempo, y no viven de los subsidios sino de su capacidad decidida de trabajar. Ahora, si la laboriosidad colombiana tiene que resolverse —y desde hace mucho tiempo— en el rebusque, en la improvisación, en la invención de la subsistencia, es porque no hay una economía construida para favorecer toda esa laboriosidad. Eso es otra cosa. Les debemos una gratitud muy grande y un respeto muy grande a las luchas populares en Colombia, que han sido muchas. Y al mismo tiempo una gratitud muy grande a que, en medio de tanta adversidad, nuestro pueblo haya tenido el tiempo y la energía para crear culturalmente tanto como ha creado.

Pregunta: Sigo su obra hace mucho tiempo, y en general coincido con usted, como por ejemplo en este análisis magnífico a partir de la poesía y de la lengua que usted nos contó acá y está en otros textos suyos. Me parece muy importante que el rescate de lo nuestro, el reconocimiento de lo nuestro sea, digamos, un punto de apoyo para todo lo que puede ser un futuro. Porque necesariamente tenemos que hablar de un futuro que estará vinculado a nuestra adscripción a la cultura mundial. Uno de sus héroes, Borges, demuestra esa síntesis entre lo propio y lo extraño. Su discurso me remitía a dos expresiones de Rabelais que tienen que ver con esto. Primero una del lenguaje, que dice Gargantúa: "Si os chocan y molestan las palabras, cómo os chocarán y molestarán las cosas a las que ellas remiten". Es decir, detrás de ese problema del lenguaje existe lo que usted denuncia, el desprecio por nuestra realidad material y espiritual. Y otra frase que

Gargantúa le dice a su hijo cuando está estudiando en la Universidad de París: "Ciencia sin conciencia no es más que la ruina del alma". Esta última remite a otro de sus puntos, que es el problema de lo que significa el desarrollo tecnológico sin conciencia, sin cuidado, y movido solo por el interés y la ganancia. Un poco lo que expresó Peñalosa en la reciente campaña electoral, que cree que todo se resuelve con tecnología. Pero al final de su intervención me quedó una inquietud que yo quisiera que usted precisara. Usted se refirió a las negociaciones de La Habana como "esas conversaciones entre los guerreros", allá, entre las élites de los guerreros de ambos bandos. A mí me parece —como hemos visto aquí en la cátedra— que este proceso de diálogos tiene una enorme importancia para el futuro de Colombia y para el rescate de todos estos asuntos, que usted lúcidamente ha señalado, no solamente hoy sino en toda su obra.

William Ospina: Sí, yo creo que ese proceso de paz es muy importante, ese proceso de paz es fundamental. Y es urgente que se firmen esos acuerdos, es urgente que se dé esa desmovilización y que se silencien las armas. Pero por supuesto que yo siento que de ahí a la paz hay un trayecto muy largo. Si Colombia padeciera solamente el conflicto del Ejército colombiano con las FARC, y no, a la sombra de ese conflicto y alimentado por él, una degradación de la vida en todos los campos, una serie de violencias encadenadas de toda índole, uno podría esperar que la sola firma de los acuerdos ya significara, como a veces quiere darlo a entender el gobierno, la paz.

El gobierno le prometió a la ONU en su discurso de hace poco, que el año próximo llegaría con el legajo de papeles firmados y la noticia de que Colombia es por fin un país en paz, después de cincuenta años de guerra. Mi opinión personal es que ese proceso es muy importante, pero que sólo lo podemos acompañar de manera útil si es una compañía crítica. Que no sólo se pliegue a lo que se está discutiendo allá, sino que les haga llegar a quienes están discutiendo allá la noticia de cuántas cosas tendrán que cambiar para que esos acuerdos sean exitosos y tengan utilidad práctica. El proceso de paz, convertido en un mero diálogo entre guerreros, sin convocar a las comunidades, o convocarlas sólo a que aplaudan, a que apoyen, a que digan "sí", como ahora quieren, sin convocarlas a que aporten sus energías creadoras y sus capacidades de construir paz, puede ser un error.

Yo no tengo la menor duda de que lo que está intentando la élite colombiana con este proceso de paz es quitarse un problema de encima, para seguir ejerciendo la eterna dominación que ha ejercido sobre Colombia y para acabar de venderle este país al mejor postor, sin obstáculos. Y por eso para Colombia no cualquier paz es una paz verdadera. Veo la urgente necesidad de los acuerdos, pero porque creo que el final de esa guerra puede abrir un horizonte de participación, de creatividad de la sociedad, que hasta ahora ha sido paralizada por esa guerra, no sólo por los costos económicos, sino por los enormes costos sociales, el enorme lastre de dolor que esa guerra significa para toda la sociedad. Pero cometeríamos un error al pensar que nuestro papel frente al proceso de paz es el papel de apoyar y de aplaudir. Sin una sociedad activa, vigorosa, entusiasmada, comprometida con la transformación del país, y comprometida con abrir las puertas y las ventanas para que Colombia dialogue con el mundo y ajuste su reloj al reloj planetario, podríamos seguir aquí en manos de los mismos, padeciendo lo mismo, y esperando la guerra siguiente. Porque esas guerras no son fruto de la voluntad de éste o de aquél, sino como yo decía al comienzo, de una olla de presión de reformas aplazadas. Es decir, no basta con firmar un acuerdo entre guerreros, aquí hay que resolver las causas de ese conflicto y las condiciones que lo hicieron posible durante cincuenta años. Si no, nos estaríamos llamando a error. Es ahí donde yo pienso, sin pretender ser irrespetuoso ni desdeñoso, que esa negociación de La Habana es importantísima, y que es preciso que avance, pero que nuestro papel no puede ser el simple papel de espectadores. Si algo tiene que hacer la juventud colombiana es tomarse el libreto de la paz sin permiso de nadie y construir un país distinto.

Pregunta: Buenos días. Al principio se planteó el tema de los procesos de independencia que hubo en América, y me surgió esta pregunta. Ese proceso de independencia que hubo aquí en Colombia, ¿qué tanto contribuyó a construir sujetos políticos? O en verdad fue un proceso irrealizado o irrealizable, un pajazo mental que lo que hizo fue transmitir la dependencia a otras entidades.

William Ospina: Generalmente, en la historia nunca se dan fenómenos únicos o unívocos. Se lograron cosas importantes con esa independencia. A mí no me gustaría hoy ser una colonia de España, me siento muy orgulloso de lo que hicieron esos jefes, y sobre todo esos peones y esos campesinos que libraron esa lucha en condiciones tan terribles. Es que derrotar a esos ejércitos —que habían derrotado a Napoleón— no era tarea fácil, y estos llaneros y estos esclavos y campesinos latinoamericanos obraron ese prodigio. Y haberse propuesto construir repúblicas modernas en América Latina en el mismo momento en que se estaban construyendo en Europa era una obra monumental. Es más: yo veo a Simón Bolívar como un personaje casi sobrehumano cuando aprecio algunas de sus tentativas, porque es que Europa al proponer la República en tiempos de la Revolución francesa y durante el siglo XIX, no tenía una tradición de indígenas menospreciados y anulados ni tenía un régimen de esclavitud como el que sí había en América. Pretender fundar repúblicas aquí con los principios de la libertad, igualdad y fraternidad era una quimera asombrosa para la época. Y que alguien lo haya intentado es digno de memoria y de celebración. Pero no era fácil. Era más fácil expulsar a los españoles que construir de verdad repúblicas modernas aquí. Cuando en la segunda mitad del siglo XIX Benito Juárez tomó la decisión, con sus indígenas mexicanos, de hacer una república liberal que de verdad aproximara la república mexicana al ideal de la republica moderna, estaba dando un paso adelante, que era necesario y no se habría podido dar sin las independencias a principios de siglo. Y todos los países que intentaron hacer reformas liberales lo hicieron dando un paso adelante sobre lo que ya habían construido los señores que nos dieron la independencia.

Con todo, las tareas eran muchas, no sólo para hacer repúblicas —como las soñaban en Europa Voltaire, Montesquieu, incluso los románticos como Byron—, no nos bastaba con construir repúblicas modernas, sino que era preciso que fueran distintas, porque aquí estaba la huella de otra humanidad y la memoria de otras tradiciones y de una naturaleza distinta. No nos bastaba imitar entonces el modelo republicano que intentaban copiar nuestros próceres. Por eso Santander no entendió nunca la tarea que había que cumplir, porque él quería hacer aquí una republiquita francesa, con todo el respeto de la ley y los poderes públicos y las escuelitas bien pintadas y los uniformes, pero no veía la complejidad del mundo, la naturaleza y la humanidad americana, que era mucho más compleja que esa humanidad europea, pienso yo. América, al fin y al cabo, es el continente donde se dieron cita los otros continentes. Aquí llegaron los africanos hace cuatro siglos o los trajeron, aquí llegaron los europeos hace cinco siglos, pero habían llegado los asiáticos hace veinte mil años. Aquí no hay poblaciones nativas, en el sentido estricto, que hayan tenido origen en este continente. Aquí se dieron cita los mundos, y eso le da a este continente su especificidad: no pertenecemos a una sola tradición. No pertenecemos sólo a la tradición europea, sino también a la africana, y también a esa tradición asiática, matizada y enriquecida por milenios de habitar el territorio americano. Nuestras repúblicas no podían ser las repúblicas europeas que proponía la Ilustración, tenían que ser experimentos aún más audaces y por eso fue tan visionaria —y tan difícil al mismo tiempo— la tarea. Todavía estamos en ella. Todavía no hemos configurado lo que pueden ser las naciones latinoamericanas.

Cuando Jorge Luis Borges empezó a escribir su obra y avanzó en ella, muchos lo descalificaban diciendo: "Ese es un europeo, un europeísta". ¡Pero qué error! Si alguien no puede escribir lo que escribió Borges es un europeo. Porque nadie tiene un tan sincero interés por las tradiciones europeas, por las tradiciones nórdicas, pero también por la cábala judía, por el islam, y por las tradiciones del Indostán, y por las leyendas del Japón, y por la tradición de los pueblos indígenas, y por la poesía gauchesca. Hay que ser latinoamericano —perdón por la vanidad— para ser tan universal. De manera que yo creo que, en esa medida, la construcción de esas repúblicas universales que no están agobiadas por la superstición de la pureza y la superioridad es una tarea de los pueblos de América Latina y mucho hemos avanzado en ello.

Sólo quiero añadir, como gesto final de gratitud por lo que ha sido nuestra historia, que es hermoso ver que en estos momentos dos de las voces más importantes del mundo contemporáneo, tanto en la prédica de la necesidad de construir una relación distinta con la naturaleza, como en la prédica de construir una relación distinta con la vida cotidiana y con esos ideales de la opulencia que predica la sociedad industrial, y con la necesidad de una austeridad afectiva y sencilla, que es lo que la humanidad tiene que vivir hacia el futuro, dos de las grandes voces en el mundo contemporáneo, la del papa Francisco y la de José Mujica, son voces latinoamericanas, porque Latinoamérica tiene cosas nuevas que decirle al mundo.

Pregunta: Gracias, William, por estar acá. Respecto a la independencia, creo que si bien era necesaria tuvo también muchos conflictos. Las primeras constituciones desconocían a los indígenas y los campesinos. También surgen movimientos indígenas en Pasto que se oponen al régimen criollo que se venía a implantar después de la independencia. Seguían insistiendo en ser colonia porque les reconocían derechos que los regímenes nuevos no les reconocían. Había más comunidades indígenas con los españoles.

Lo segundo es: cómo podemos empezar a implantar nuestra cultura —vallenato, porros— viendo que todo lo que se nos vende es algo que no es de acá, que no es propio, como el reguetón. La cultura de la que nosotros hablamos acá son vainas implantadas. Lo de nosotros son los cantos indígenas. Un día, en la cátedra, un poeta indígena nos comentaba un verso que decía: "Miré mi mano, la cerré y decidí hacerla puño por lo que me habían quitado". Entonces son esas las cosas que hay que rescatar. Pero cómo hacerlo en una sociedad que nos bombardea con información innecesaria, que se indigna por lo que pasa en París —que es indignante— pero donde no se habla de nuestras cosas y problemas con la misma indignación. La cantidad de litros de agua que consume el Cerrejón habiendo indígenas y niños muriendo de hambre al lado del Cerrejón. ¿Cómo hacerlo? Y muchas gracias por lo que has hecho, me gusta mucho la manera tuya de hablar de lo nuestro.

William Ospina: Muchas gracias. En nuestros países es muy difícil hablar de lo nuestro y de lo ajeno, porque buena parte de lo nuestro era ajeno. Hubo una época en que aquí los gobiernos, para quitarse de encima a los muchachos revoltosos de la Universidad Nacional que hablaban de Marx y de Mao, decían: "Es que eso son ideas foráneas, son ideas que vienen de afuera; así no se puede pensar, hay que hacer lo propio, lo autóctono". O como decía Julio César Turbay —que entre otras cosas era libanés de origen—, "lo más vernáculo". Pero la verdad es que aquí es muy difícil saber qué es lo propio y qué es lo ajeno, porque buena parte de lo que somos llegó de afuera. Y por eso decía yo ahora que los pueblos africanos llegaron de África, los pueblos españoles llegaron de Europa, pero los pueblos indígenas llegaron de Asia, y en esa medida, ¿qué es lo más nativo y lo más autóctono que hay aquí? Pues yo creo que los sietecueros, los guayacanes, los ríos, los caimanes y los jaguares, que llegaron un poco más del norte.

Buena parte de las criaturas que pueblan este territorio no estuvieron encerradas nunca en la superstición de las fronteras. Uno de los mitos fundadores del pueblo u'wa de la Sierra Nevada del Cocuy —con Carlos lo hemos estudiado juiciosamente— es el mito de las tijeretas, unas águilas que vienen volando desde el Canadá y van hasta la Argentina y que al sobrevolar el Cocuy en su migración descienden a la sierra y hacen unos vuelos que para los pueblos indígenas son vuelos rituales, son vuelos fundacionales: porque los u'was sienten que ellos son hijos de esas águilas y que esas águilas fueron las que les trazaron el territorio y les dijeron dónde vivir. Si nosotros fuéramos demasiado supersticiosos con la idea de lo nuestro, no aceptaríamos que en la sierra del Cocuy los mitos fundadores de los pueblos indígenas estén dictados por unas águilas que vienen del Canadá y que van para la Argentina. Toda la historia es mucho más amplia que nuestra pequeña existencia personal y el mundo está mucho más mezclado de lo que parece desde el comienzo. Y la globalización es más grande de lo que sueñan las multinacionales —afortunadamente— hasta el punto de que aunque los reyes de Europa y los papas de Roma no supieran que la selva amazónica existía, el aire que respiraban se lo debían a esa selva amazónica que aún no había sido descubierta por los europeos, y a esa América que aún no había sido pisada por Cristóbal Colón.

El mundo es un globo y está globalizado desde el comienzo. Nuestras culturas empiezan a globalizarse y a veces avanzan y a veces retroceden en ese proceso. Uno podría decir de nuestros bambucos y nuestros pasillos que eso sí es lo nuestro. Pero si se va a ver, los bambucos y los pasillos vienen de los viejos valses europeos, así como los tangos vienen de las habaneras que venían de yo no sé dónde. Aquí todo es mezclado, hace mucho tiempo. De manera que está muy bien amar las cosas en las que crecimos, pero no de manera excluyente, porque cuando oíamos bambucos en nuestra adolescencia —yo, por supuesto, soy mucho más viejo que la mayoría de los que están aquí— también oíamos la música *rock* que llegaba en esos tiempos, y las rancheras mexicanas y los tangos argentinos y los boleros cubanos. Y no tenía por qué molestarnos que se oyera música griega que alguien traía, o mantras hindúes, o canciones chamánicas siberianas. También pertenecemos a la humanidad. Y así como pertenecemos a la nación, y la amamos, también pertenecemos a un continente, también pertenecemos a un mundo, y no tienen por qué excluirse de nuestros gustos tantas cosas. Ahora: hay tangos buenos y tangos malos, pasillos buenos y pasillos malos, y debe haber en todos los géneros cosas dignas de ser oídas y ser amadas y cosas dignas de ser menospreciadas y olvidadas. Si hay una manipulación mercantil de ciertos ritmos, y cierta tendencia a anular músicas extraordinarias, contra eso creo que es importante luchar. Creo que es importante que las músicas convivan, pero también que dialoguen. Y en esa medida, cuando se mezclaron instrumentos europeos con la tradición musical africana, se dieron fenómenos mucho más interesantes que cuando se enfrentaron los ejércitos europeos con los ejércitos africanos. La política casi siempre produce catástrofes, la cultura casi siempre produce flores nuevas. Y entonces, cuando dialogaron los instrumentos europeos con la tradición musical africana nació el *jazz*, algo extraordinario, una flor nueva, que ni anula a los instrumentos europeos y su vieja tradición sinfónica, ni anula la vieja tradición africana, pero le añade algo nuevo a la historia. Creo que esa es la manera como la cultura nos enseña que los diálogos entre las tradiciones enriquecen al mundo, mientras que las confrontaciones de la política o de la religión a menudo lo empeoran o lo empobrecen.

Sábado, 21 de noviembre de 2015

AGRADECIMIENTOS

En 1996, José Raúl Jaramillo, de la Universidad Autónoma Latinoamericana de Medellín, me invitó a hablar en la universidad. Allí
presenté el texto "Colombia y el futuro", que da comienzo a este
libro. En 1997, Ana María Cano, de *La Hoja de Medellín*, me invitó a
participar en el seminario "Ay país", para hablar de la franja amarilla.
Allí nació la exposición "De chigüiros y cipreses", que marcaría la
pauta de buena parte de mis reflexiones posteriores sobre Colombia
y la paz. En 1999, con Gabriel García Márquez, comenzamos a soñar
un gran proyecto cultural para la paz de Colombia, y con un numeroso grupo de amigos emprendimos los diálogos que darían origen
al ensayo *Colombia en el planeta*, publicado por la Gobernación de
Antioquia, con el apoyo entusiasta de un querido amigo, el entonces
gobernador Guillermo Gaviria, más tarde asesinado en medio del
conflicto. El texto *Colombia en la encrucijada* fue leído en Londres, en
The London School of Economics, en el año 2000, y presentado
por el entonces embajador Humberto de la Calle. En esos años,
Álvaro Lobo, de la Dann Regional de Medellín, me invitó repetidas
veces a reflexionar sobre el tema de la paz. De allí salieron buena
parte de los textos que aquí se reúnen con el título "En tiempos del
Caguán", publicados en Medellín por Dann Regional en el libro *Lo*

que se gesta en Colombia. La mayor parte de los textos de la sección "En tiempos de La Habana" han sido publicados en mi columna semanal de *El Espectador*, y en artículos especiales para el mismo diario. La "Oración por la paz" fue escrita para la Marcha por la Paz del 9 de abril de 2013, y fue leída por Piedad Córdoba en la plaza de Bolívar de Bogotá. El "Diálogo sobre la Paz", que cierra este libro, tuvo lugar en la cátedra Manuel Ancízar de la Universidad Nacional, en noviembre del 2015.

Índice